儒/學/의
욕망론과 인간해석

儒/學/의 욕망론과 인간해석

서종호 지음

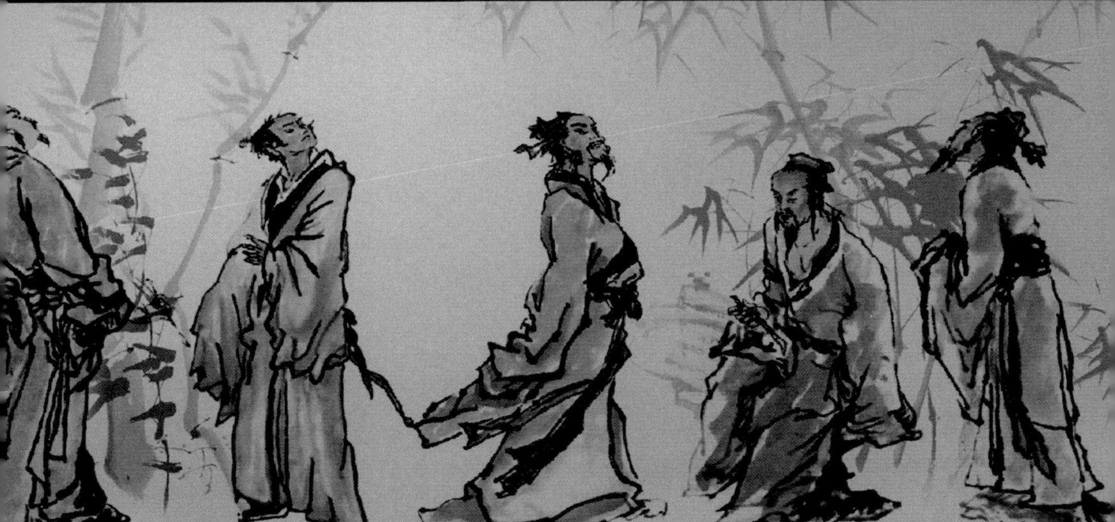

한국학술정보㈜

오래 전의 일이었던 걸로 기억된다. 내가 석사과정의 시절로 거슬러 올라간다. 어느 날 저녁식사를 마치고 수업에 들어갔다. 지금의 지도교수님의 수업시간이었는데 그 날의 주제가 바로 중국유학에 나타나는 인간의 욕망과 관련한 것이었다. 수업시간 중에 교수님께서는 "정말 좋은 주제인데 동양사상에서는 잘 다루어지고 있지 않고 있으며, 인간에게 있어 욕망이란 것은 정말 분석하기 어려운 것 같다."라고……

그 당시 철없고 용기만 있었던 나에게 이런 말씀은 나의 호기심을 충분히 자극하였던 걸로 기억된다. 그러고 "내가 만약 이 주제로 논문을 쓴다면 참 잘할 수 있을 텐데……"라는 철없는 용기가 생겼던 것 같다. 그러나 막상 용기만을 가지고 논문을 작성하는 순간 나의 무지함과 철없었던 용기가 후회되기 시작하였다. 그렇게 『순자와 주자의 인욕관 비교연구』라는 주제로 석사학위 논문을 통과하고 박사과정을 거치면서 나에게 다시 용기가 생기기 시작했다. "지난 번 석사논문에 부족했던 것을 박사논문과 연관해서 쓴다면 지난 번에 부족했던 부분을 보완하여 더 나은 논문을 쓸 수 있을 거야!"라는 용기가 다시 발동하기 시작하였고 인간의 욕망에 대한 선행논문들을 참고하면서 박사논문을 준비했었다.

그러나 이마저 '나의 철없었던 용기였다'는 것이 얼마 지나지 않아서 밝혀졌다. 지도교수님과의 오랜 협의를 거쳐 제목을 수차례 바꿔가며 『주희와 대진의 인욕관 비교연구』라는 제목으로 논문을 집필하였다. 그러나 이때까지만 해도 나의 무지함을 나 스스로 잘 파악하지 못했다. 그러나 심사과정을 거치면서 드디어 무엇인가를 깨닫기 시작했다. 용기만으로 나의 무지함을 감출 수 없으며, 학위논문이라는 것이 패기만으로 쓸 수 있는 것이 아니라는 것을 아는 순간부터 너무나 부끄러웠고 나의 무지함이 참으로 원망스러웠다.

하지만 지도교수님과 심사를 맡아주셨던 교수님들의 도움으로 무사히 논문을 통과하게 된 점에 대해서 정말 평생을 두고 감사해야 할 것 같다. 그리고 오랜 기간 동안 심사를 거치면서 지금까지 배워왔던 것보다 너무나 많은 것을 가르쳐주신 교수님들께 정말 감사의 말을 전하고 싶다.

그리고 마지막 심사를 마치고 인준서에 도장을 찍은 날은 정말 내 생애 잊을 수 없는 날이다. 이유인즉 회식을 마치고 차에 올라탔을 때, 지금까지 심사를 하면서 힘들었던 순간들이 머리 속을 스치면서 나의 눈에서는 하염없이 비가 쏟아지기 시작했다. 이날 난 태어나서 처음으로 가슴에서 흐르는 눈물을 흘렸던 것 같다. 그 당시의 기억을 되돌려보면 감사와 행복의 눈물이었던 것 같다. 지금까지 아무말없이 지켜봐 주셨던 부모님과 나보다 더 논문을 고민해 주신 조남욱 교수님께 정말 감사의 마음을 전하고 싶다.

이 책에 담겨져 있는 내용은 『주희와 대진의 인욕관 비교연구』의 내용을 기반으로 해서 심사과정 중에 쓰여 졌으나 논문의 내용에는 포함되어 있지 않은 내용들을 취합하여 구성하였다. 비록 부족한 논문임에는 부정할 수 없으나 필자가 5년의 시간을 투자하여 나타난 결과물이다. 사실 책으로 출판하기에 많은 망설임도 있었다. 과연 이런 졸작이 후학들에게 얼마나 도움을 줄 수 있을까? 하고 말이다. 부족하지만 '인간의 욕망'을 연구하는 연구자들에게 조금의 길잡이가 되었으면 한다.

마지막으로 부모님께 감사하단 말을 한 번도 한 적이 없는 불효자를 씩씩하게 성장시키기 위해 몸과 마음을 다 바치신 부모님께 감사의 말씀을 올리고 싶다. 또한 필자에게 학문과 인격을 전달해 주셨으며 박사논문을 지도해주신 부산대학교 윤리교육과 조남욱 교수님과 멀리 대구에서 부산까지 힘드심을 무릅쓰고 오셔서 지도해주신 계명대학교 이동희 교수님께 깊은 감사의 말을 전하고 싶다. 또한 심사에 참여해 주신 부산대학교 김용환 교수님, 장현오 교수님, 한흥식 교수님께 감사의 말을 전하고 싶다.

2008년 벚꽃이 질 무렵 금정산 자락에서.... 서종호

❧ 차 례

Ⅰ

인간에게 욕망이란 무엇인가? / 11

Ⅱ

先秦時代의 욕망론 / 31

　1. 孔子의 인간과 욕망 / 32

　2. 孟子의 인간과 욕망 / 51

　3. 荀子의 인간과 욕망 / 67

　4. 老莊의 인간과 욕망 / 82

Ⅲ

理學에서의 욕망론 / 97

　1. 시대적·사상적 배경 / 98

　2. 周敦頤의 욕망 / 102

　3. 張載의 욕망 / 107

　4. 二程과 胡宏의 욕망 / 115

　5. 朱熹의 욕망 / 124

　　1) 理氣心性論 / 124

　　2) '天理'와 '人欲'의 意味 / 148

　　3) '去人欲存天理'論 / 171

心學과 氣學에서의 욕망론 / 195

　Ⅳ

1. 시대적·사상적 배경 / 196

2. **王陽明의 욕망 / 202**

　1) 天理와 心 / 202

　2) 心과 人欲－善惡皆天理 / 214

3. **王夫之의 理欲一元論 / 224**

　1) 生理의 性 / 224

　2) 性命日生日成과 人欲 / 234

4. **戴震의 욕망 / 244**

　1) 혈기심지(血氣心知)론 / 244

　2) '天理'와 '人欲'의 意味 變化 / 261

　3) 私蔽論 / 279

理學과 氣學의 욕망론 비교 / 299

　Ⅴ

1. 理學 人欲觀의 특성 / 300

2. 氣學 人欲觀의 특성 / 311

3. 理學과 氣學 人欲觀의 동이점과 그 의의 / 319

　Ⅵ

유학에 나타난 욕망 / 337

參考文獻 / 353

Ⅰ. 인간에게 욕망이란 무엇인가?

인간을 살아가게 하는 동력은 무엇인가? 사막을 걷는 사람은 오아시스를 보고 발걸음을 옮긴다. 허망할지라도 오아시스를 보지 않으면 인간은 사막을 걷지 못한다. 이러한 것처럼 꿈이 없으면, 목적이 없으면, 얻으려는 대상이 없으면 인간은 삶을 지속시킬 수 없다. 또한 그것만 얻으면 아무런 욕망도 없으리라 생각했던 사람은 그것을 가지는 순간 그것에 대한 욕망은 저만치 물러나고 또 다른 무엇을 욕망한다. 학문, 돈, 권력, 사랑도 이러한 맥락에서 이해할 수 있다. 그러므로 프로이드(Sigmund Freud)는 『쾌락원리를 넘어서』에서 욕망을 충족시키는 유일한 대상은 죽음뿐이라고 한 것이다. 우리들이 살아가고 있는 이 시대는 욕망의 시대이다. 정보통신 기술의 발달이나 사회문화적 교류의 확대로 인하여 우리들은 언제든지 손쉽게 우리들의 욕망을 채울 수 있는 정보를 획득하고 있다. 나아가 인간의 삶에 있어 욕망은 언제나 문젯거리로 남는다. 욕망은 삶의 원동력이거나 활력소이기도 하지만 불화와 투쟁 그리고 전쟁과 환경파괴의 주원인

이기도 하다. 그러므로 욕망이라는 단어는 흔히 뭔가 좋지 않은 느낌들을 주고 있는 것 또한 사실이다. 그러나 욕망이라는 단어가 부정적 의미를 많이 나타낸다고 하여 욕망이라는 것이 부정적인 단어로 인식된다는 것은 지나친 편견이다. '欲'에도 지식욕이라는 훌륭한 것이 있고, '望'에도 희망, 대망이라고 하듯이 긍정적인 것들이 많이 있음을 볼 수 있다. 따라서 욕망은 생명의 증거이며 일체의 생명활동·생산활동의 원천이다.[1)

이러한 점에서 볼 때 철학사 전반에 있어 욕망의 문제는 언제나 화두로 남아 있다. 동서양의 철학의 전개에 있어 근대 이전까지의 경향은 인간의 욕망에 대한 부정적 견해로서 금욕(禁欲)을 덕(德)으로 보는 종교나 사상이 압도적이었기에 욕망을 죄악시하여 말살하려는 경향을 띄고 있었다. 이러한 점은 서양철학에 있어 이성중심적 철학 전개로 인하여 이성이 욕망의 상위개념이기에 이성이 인간의 욕망을 제어할 수 있다고 믿었기 때문이며 욕망을 단순히 결핍의 상태로 파악했던 학풍과도 연관이 있다. 그러나 근대철학에 있어 욕망의 문제는 결핍 상태가 아닌 인간의 존재성에 대한 본질적 이유로 고찰되고 있다. 따라서 인간본질의 탐구에 있어 욕망의 문제는 중요한 화두로 작용하고 있다. 나아가 중국유학사(中國儒學史)에 있어 욕망에 대한 견해는 "알인욕 존천리(遏人欲 存天理)"를 토대로 인간의 욕망을 제거하여 천리(天理)를 보존하고자 하는 것이 중국인성론(中國人性論)에 있어 주류를 이루고 있었다. 그러나 청대(淸代) 이후

---

1) 김기곤, 『욕망의 인간학』, 세종출판사, 1997, p.16.

경제의 발전과 서구문명의 교류로 인하여 인간의 욕망은 단순히 天理를 보존하기 위하여 제거되어야 하는 것으로 판단하는 것이 아니라 욕망의 사회적 확대를 통하여 천리(天理)를 더 확연히 할 수 있다는 논리를 전개시키고 있다.

먼저 서양 철학사에 있어 욕망에 대한 담론은 플라톤으로부터 시작한다. 플라톤은 욕망을 결핍으로 파악하여 욕망을 이성에 의해 제어하려는 로고스중심주의적인 욕망담론을 명확하게 수립한 최초의 서양철학자이다. 이러한 플라톤의 욕망담론은 2500여 년 동안 서양철학의 주류를 형성하면서 서양철학의 전통에 엄청난 영향력을 행사하면서 서양철학을 주도해 왔다.[2] 이러한 결핍으로서의 욕망을 체계적으로 탐구한 근대의 철학자는 스피노자(Baruch de Spinoza)이다. 스피노자는 코나투스(conatus)라는 개념을 통하여 욕망을 설명하고 있는데, 욕망을 인간의 현실적 본질로 규정하고 욕망의 존재인 인간이 어떻게 해야 덕 있는 삶을 살 수 있는가를 탐구하고 있다. 여기서 욕망이란 자기보존의 힘 혹은 충동이며, 자기를 보존하려는 이러한 힘을 '코나투스'(conatus)라고 한다.[3] 나아가 스피노자는 어떤 것을 좋아하기 때문에 욕망하는 것이 아니라 욕망하기 때문에 좋아하는 것이라고 본다. 이러한 관점은 욕망을 결핍이나 결여로 개념화하는 전통적 욕망이론의 관점에서 보면 이단적이다. 또한 라캉(Jacques Lacan)은 구조언어학적 관점에서 프로이트의 정신분석학을 재해석하

---

2) 조홍길, 「욕망의 형이상학과 그 새로운 가능성」, 『대동철학』 제35집, 2006, p.258.
3) 전경갑, 『욕망의 통제와 탈주』, 한길사, p.46.

고 있는데, 그는 욕구(欲求)와 요구(要求) 그리고 욕망을 분리하여 고찰하고 있다. 그에 따르면 욕구(need)가 식욕(食欲)이나 성욕(性欲)과 같은 생리적 충동이라면, 요구(demand)는 생리적 욕구의 언어적 표현이요 상징적 표현이다. 그러나 언어로 표현하는 순간, 언어로 표현할 수 없는 욕구는 의식적 언어의 이면으로 억압되어 무의식적 욕망을 형성한다고 한다. 결국 생리적 욕구와 언어적 요구 간의 메울 수 없는 심연에서 욕망(desire)이 형성되는 것이다. 그러므로 라캉은 욕망을 결핍으로서 나타나는 부정적 개념으로 이해하였다. 그러나 들뢰즈(Gilles Deleuze)는 결핍으로서 파악된 욕망의 개념을 비판하고 욕망의 생산성과 창조성을 강조하였다. 따라서 인간의 욕망은 정착을 싫어하는 유목적 흐름이요, 인격적 주체와 무관한 기계적 흐름이며, 결핍과 무관한 생산적 흐름이고, 의식적 주체와 무관한 리비도의 흐름이며, 신들린 듯이 흐르는 분열적 흐름이라는 것이 전통적 욕망이론과 다른 들뢰즈의 유물론적 욕망이론의 전제이다.

살펴본 바와 같이 서양철학사에 있어 욕망을 해석하는 방향은 크게 세 가지 정도이다. 첫째, 욕망은 결핍으로 해석된다는 것과 다음으로 욕망은 금지로부터 나오는 위반의 욕망으로 해석된다는 것 마지막으로 욕망은 결핍이나 금지와 관계없는 순수한 에너지로 해석된다는 것이다.[4]

다음으로 중국인성론(中國人性論)에 있어서 인성론(人性論)의 전개는 인간에게 내재해 있는 이(理)와 성(性)과 정(情)의 관계를 밝히

---

4) 조홍길, 「욕망의 형이상학과 그 새로운 가능성」, 『대동철학』 제35집, 2006, pp.270−271.

는 것이다. 이(理)와 성(性)과 정(情)의 관계는 결국 인간의 본성(本性)에 내재해 있는 욕(欲)을 어떻게 이해할 것인가의 문제이다. 그러므로 선진시대(先秦時代)에도 인간의 욕(欲)에 대한 고찰은 인간의 본성을 파악함에 있어 중요한 위치에 있었다.

공자(孔子)는 "종심소욕불유구(從心所欲不踰矩)"[5]라 하여 인간의 내재적 본성 속에 欲이 있음을 인정하였다. 그러므로 인간의 본성에 욕(欲)이 있으나 이 욕(欲)은 선(善)과 악(惡)을 말하기 이전의 본성의 욕(欲)이며 인(仁)을 실천함에 있어 마땅히 조절 가능한 것으로 이해하고 있다.[6] 따라서 인간의 본성에 내재되어 있는 욕(欲)은 '인(仁)'이라는 절대가치를 통하여 조절할 수 있음을 말하고 있고, 보편

---

5) 『論語』, 「爲政」: "子曰 吾十有五而志于學, 三十而立, 四十而不惑, 五十而知天命, 六十而耳順, 七十而從心所欲不踰矩."

6) 李相殷 「儒家의 根本思想과 禮樂의 位相」, 『儒教思想研究』 제7집, 儒教學會, 1994, pp.268−269.에서 공자에게 있어서는 천, 인, 성이 일관되게 인식되고 있다고 하였다. 이는 천이 인간에게 덕을 부여했고, 인은 모든 덕의 총화이며, 성에는 인의 내용이 포함되어 있다는 것으로 천이 선한 것이라면 인과 성도 선한 것이다.
최영갑, 「先秦儒家의 道德哲學에 관한 研究−孔子와 孟子를 중심으로」, 성균관 대학교 박사학위논문, 1999, pp.34−41.에 따르면 『논어』에 나오는 구절을 통하여 공자가 성선을 주장했는지 성악을 주장했는지에 대해 명확히 규정할 수는 없으나, 첫째, 인간의 자율의지를 긍정하고 있는 점(人能弘道 非道弘人) 둘째, 사람은 선천적으로 정직한 본성을 타고 났다는 점(人之生也直) 셋째, 인간과 하늘의 관계를 도덕적인 연관성 속에 파악하고 있다는 점(獲罪於天 無所禱也)을 들어 공자의 인성에 대한 결론은 맹자의 성선과 같은 의미로 규정하고 있다. 그러므로 공자에게 있어서는 하늘이 인간에게 덕을 부여하여 선천적으로 선하기에 인간이 태어나면서 가지는 자연스러운 욕은 선악의 개념을 통하여 규정할 수 있는 욕이 아니라 단지 도덕본성을 함의하고 있는 인간의 자연스러움인 것이다.

적 인간애(人間愛)가 인(仁)으로 실현될 때 인간의 욕(欲)은 제어 가능하리라 생각하고 있다. 이러한 공자(孔子)의 인(仁)을 계승한 맹자(孟子)와 순자(荀子)는 자신의 철학을 전개함에 있어 인간의 본성을 달리 해석하고 있다. 맹순(孟荀)의 성론(性論)이 정반대의 길로 향하게 되는 배경은 욕(欲)을 어떻게 해석하고 있는가의 차이이다. 맹자(孟子)는 인간의 본성이 선(善)함을 논증함에 사단(四端)을 둔다. 따라서 사단(四端)이 이미 인간의 본성에 내재해 있기에 인간은 선(善)할 수밖에 없으며 인간이 행위함에 드러나는 욕(欲)은 단지 물질적, 환경적 영향이라 하여 사단(四端)의 선(善)함을 통해 과욕(寡欲)할 수 있음을 주장하나 순자(荀子)는 맹자(孟子)의 사단(四端)을 인정하지 않고 있으며 인간의 본성은 행위(行爲)를 통해 드러나고 그 행위(行爲)의 배경에는 욕(欲)이 내재해 있음을 주장하고 있다.[7] 요컨대 맹자(孟子)의 인성론(人性論)은 선험적 이성(先驗的 理性)의 측면에서 인간의 본성을 이해했다면 순자(荀子)는 정감적(情感的)으로 인간을 이해하였다.[8]

---

7) 『荀子』「性惡」편에 '인간의 본성은 악하다'고 표현하고는 있으나 이것은 '악의 본성을 가지고 있다'는 것이 아니라 '자연적 본성을 조절하지 않고 방임하여 두면 쉽게 악의 결과를 초래할 수 있다는 것으로 순자는 인간의 자연적 본성의 면, 즉 감성적 欲과 정신적 利欲을 긍정한다는 것이다. 따라서 '자연스러움'과 '자연발생적 욕'이라는 표현을 순자의 성악 편에 미루어 사용하고 있다.

8) 김기현, 「맹자의 성선설과 순자의 성악설에 대한 현대적 조명」, 『철학논구』 제79집, 대한철학회, 2001, pp.53-57.에 따르면 맹자의 성선에 대한 증명은 이성의 사실로서의 선한 마음을 들고 있고 순자의 성악에서 성은 이목구비지성의 자연적 본성에 한정하고 있다고 한다. 따라서 맹자에 있어 도덕행위는 인의예지의 성에 근거하고 있으나 순자에 있어서는 인

공자(孔子) 이후로 제자백가(諸子百家)의 사상을 거치면서 맹순(孟荀)의 성론(性論)은 정치와 사회, 그리고 학문이 안정기에 접어들면서 북송오자(北宋五子)를 중심으로 본격적으로 논의되기 시작한다. 따라서 인간의 존재 근거 및 인간의 본성에 선(善)과 악(惡)이 존재한다면 그 근거는 욕(欲)에 있다고 보고, 욕(欲)의 발현처와 작용을 중심으로 인성론(人性論)을 전개하였고 나아가 천(天)의 주재성(主宰性)을 중심으로 본체론(本體論)을 전개하게 된다. 물론 천(天)의 주재성(主宰性)은 인성론(人性論)의 형성에도 영향을 미치고 있는 것은 주지의 사실이다.

그런고로 천(天)의 주재성(主宰性), 즉 자연천(自然天)의 의미가 아니라 주재천(主宰天)의 의미로서의 고찰을 통한 欲의 분석과 함께 주돈이(周敦頤)로부터 장재(張載)와 이정(二程)의 철학을 거쳐 주희(朱熹)에서 완성된 성리학(性理學)에서 제시하고 있는 도심(道心)과 인심(人心)의 문제, 나아가 성(性)과 정(情)의 분속과 기질지성(氣質之性)과 본연지성(本然之性)에 대한 차이에서 오는 욕(欲)의 본질적 의미와 내용을 고찰하고 학문과 사상이 발전했던 송대(宋代)와 명대(明代)를 지나 청대(淸代)에 와서는 혼란한 시대적 분위기와 학풍 속에서 주희(朱熹)가 제시한 정리적 엄격주의를 탈피하고자 하는 노력이 있었다. 이 노력은 왕부지(王夫之)를 거쳐 대진(戴震)으로 이어

의예지는 성으로 말해지는 경우는 없고 다만 인의예지는 도덕의 성취(결과)와 관련하여 말해지며 도덕의 근원으로서의 용법은 보이지 않고 있다고 하고 있다. 따라서 순자의 성악은 '인지성악(人之性惡)'을 주장하는 것으로, '결과'를 두고 한 말임을 지적하고 있다.

지면서 인간의 욕(欲)을 성(性)으로 보는 사상으로 전개되어 주희(朱熹)의 인성론(人性論)을 정면으로 반박하게 되었다.

인간에게 있어 욕(欲)은 당위의 법칙처럼 마땅히 존재하는 것이다. 그렇다면 인간에게 있어 욕(欲)은 무엇인가 또는 인간의 욕(欲)을 어떻게 이해해야 하는가의 문제가 남을 것이다. 나아가 "인간의 마음에 있어 부족을 채우려는 마음을 욕망이라고 한다."9)는 것처럼 인간에게 욕(欲)이 존재하지 않는다면 대진(戴震)의 말에서와 같이 문화의 발전은 존재하지 않을지도 모른다. 또한 사람이란 생리(生理)와 심리(心理)를 겸한 존재이다. "생리방면을 가리켜 보통육체라 하고 심리방면을 가리켜 흔히 정신이란 말을 쓴다."10)는 것처럼 인간의 욕(欲)은 생리(生理)와 심리(心理)에 동시에 작용한다. 그러므로 이러한 욕망이 있기에 문화가 발전하는 긍정적 측면도 존재하지만 욕망의 충돌로 인하여 갈등이 야기되고 있는 것도 주지의 사실이다. 욕망의 충돌이 경쟁을 유발하여 발전적 측면으로 나아갈 수도 있지만 지나친 욕망의 확장으로 인하여 남의 욕망을 억압하는 경우도 발생할 것이다. 그러므로 욕망이란 무엇인가에 대해 철저한 철학적 분석이 요구되며, 이 같은 요구에 대한 중국철학사상 조명(中國哲學史上 解明) 과정이 곧 본 저서의 주된 과제이기도 한 것이다. 따라서 욕망은 인간 본연의 순수한 모습이다. 인간의 삶에 있어서 욕망을 떼어내고서는 인간의 본질과 인간의 삶을 제대로 규명할 수 없을 것이다. 나아가 인간이 도덕적 존재로서 자아완성을 함에 있어서도 욕망

---

9) 韓㳓劤, 『欲望과 慾心』, 일조각, 1881, p.96.
10) 李相殷, 「人心·道心의 原始解釋」, 한국철학회, 『哲學』, 1955, pp.53−54.

은 필요악(必要惡)인 것이다. 이처럼 인간의 삶에 있어 욕망의 문제는 삶의 질의 문제와도 연관되어 있다.

그렇다면 인간에게 욕망이란 무엇인가에 대한 의문에 도달하게 된다. 사전을 통하여 보면 欲이라는 단어는 욕망(欲望), 욕구(欲求), 요구(要求), 욕심(欲心), 사욕(私欲) 등등으로 다양하게 표현되고 있다. 설문(說文)에 의하면 "욕이라는 것은 '欠'(부족함)을 따름이요, '곡(谷)'은 발음이다."라고 되어 있다. 이것은 생명체에서 정신이나 감각적으로 무엇인가 부족함을 느끼고 그것을 채우려는 의도에서 자용하는 행위의 근본동인으로 파악할 수 있을 것이다. 또한 국어사전[11]에 나타나 있는 욕(欲-慾)과 관련된 단어를 살펴보면 욕구(欲求), 욕념(欲念), 욕기(欲氣), 욕망(欲望), 욕심(欲心), 사욕(私欲), 욕정(欲情), 이욕(利欲), 탐욕(貪欲), 기욕(嗜欲) 등으로 나타나고 있는데 이 단어들이 내포하고 있는 공통점은 "무엇인가 가지고 싶거나 희망하거나 하고 싶은 마음"을 지칭한다는 것이다. 그래서 '하고자 함'을 표현하는 단어에 욕(欲)과 욕(慾)이 있는 것이고 전자는 정적인 의미를 가지고 있고 후자는 동적인 의미를 가지고 있다.

나아가 본문에서 다시 고찰이 되겠지만 본 저서에 있어 '사욕(私欲)'의 의미 또한 중요한 단어이다. 사욕(私欲)은 "사사로운 욕심으로 또는 자기 한 몸만의 이익을 꾀하는 욕심."으로 풀이되는데 이 또한 긍정적인 면과 부정적인 면을 내포하고 있다. 나아가 탐욕(貪欲) 역시 "사물을 지나치게 탐하는 욕심."으로 풀이되어 긍정의 의

---

11) 이기문 감수, 『동아 새국어사전』, 동아출판사, 2001.

미와 부정적 의미가 동시에 나타나고 있다. 이러한 단어는 개인적인 관계의 성질을 띠고 있기에 사사로움 그 자체로는 부정적인 의미를 내포하고 있지 않다. 다만 사회에 어떠한 나쁜 영향을 줄 수도 있다는 사회적 관계의 문제가 내포되어 있는 것이다. 그러므로 ‘사욕(私欲)’이나 ‘탐욕(貪欲)’을 분석함에 있어 합당성의 기준인 道, 理, 正 등의 이치론이 거론되어야 할 것이다. 또한 한한(韓漢)사전에 의하면 하고자 함,12) 탐내거나 욕심냄,13) 아끼거나 사랑함을 하고자 함,14) 필요함(장차 무엇을 하고자 함) 등으로 설명하고 있으며, 『중문대사전(中文大辭典)』에는 탐욕(貪也),15) 아낌(愛也),16) 기대하며 원함(期願之辭),17) 장차 하려 한다는 의미(將也),18) 물욕(物欲)19)의 의미로 구분하여 欲의 의미를 설명하고 있음을 볼 수 있다. 이로써 볼 때 동양사상에 있어 ‘욕(欲)’의 쓰임은 ‘무엇을 기대하거나 바라는 것, 어떤 것을 희망하거나 사랑함’의 의미로 사용되었음을 알 수 있다. 나아가 서양사상의 들뢰즈(Gilles Deleuze)는 욕구(need)와 욕망(desire)을 구분하여 욕구는 욕망과는 달리 생산과 연결되는 개념이 아니라

---

12) 『論語』, 「述而」: “我欲仁.”
13) 『孟子』, 「梁惠王 上」: “將以求吾所大欲也.”
14) 『孟子』, 「盡心 下」: “可欲之謂善.”
15) 『周易』, 「損卦」: “以懲忿窒欲.” / 『禮記』, 「曲禮 上」: “欲不可從.”: 「疏」, “心所貪愛爲欲.” / 『禮記』, 「禮運」: “何謂人情, 喜怒哀懼愛惡欲 七者不學而能.” / 『呂氏春秋』, 「論威」: “人情欲生而惡死.”
16) 『禮記』, 「曲禮 上」: “與人者 不問其所欲.”
17) 『大學』: “欲明明德於天下” / 『論語』, 「爲政」: “從心所欲不踰矩.”
18) 『助字辨略』: “欲將也, 凡云欲者, 皆願之而未得, 故又得爲將也.”
19) 『禮記』, 「樂記」: “人生而靜 天之性也, 感於物而動, 性之欲也.” / 『道德經』, 3장: “不見可欲, 使心不亂.”

결핍과 획득과 관계되는 개념이다. 그리하여 욕구는 현실적인 것과 결부되는 것이 아니라 환상의 영역과 결부되므로 사회적으로 조작된다. 그러므로 욕망은 욕구로부터 파생된 것이 아니라 욕구가 욕망의 파생적 효과이다. 욕구는 욕망을 생산하는 것이 아니라 현실적인 것을 생산한다.[20] 그러므로 결핍에 의하여 발생하는 것이 욕망이라는 전통적인 견해를 부정한 들뢰즈에 의하면 결국 인간의 욕망은 기계적인 것으로서 하나가 만족되고 나면 또 다른 것을 끊임없이 갈망한다는 것이다. 따라서 들뢰즈는 욕망을 무의식적 에너지의 능동적 흐름과 고정된 표상세계에 구속될 수 없는 역동적 에너지의 흐름[21]으로 파악하고 인간의 삶에 있어 욕망은 인간의 지탱하고 있는 동력원으로 파악하고 있다.

나아가 인간에게 있어 삶을 영위함에 있어 욕망을 어떻게 바라볼 수 있는가의 문제도 남는다. 철학사의 전반에 걸쳐 인간의 욕망을 탐구하고 있지만 명쾌한 해답을 주고 있지는 못하다. 역사발전의 원동력으로 파악할 수도 있지만 인간 스스로를 파멸에 이르게 하는 것 역시 욕망이다. 그러므로 인간의 본성이나 마음속에 내재해 있는 욕망의 다양한 분석과 철학적 검토가 요구되고 있다. 그러므로 매슬로우(Abraham H. Maslow)는 자신의 동기이론에서 인간의 욕구를 다섯 가지의 단계로 나누어 고찰하고 있다. 첫째, 생리적 욕구 둘째, 안전의 욕구 셋째, 소속감과 사랑의 욕구 넷째, 자기존중의 욕구, 마지막

---

20) 조홍길, 「욕망의 형이상학과 그 새로운 가능성」, 『대동철학』 제35집, 2006, pp.267-268.
21) 전경갑, 『욕망의 통제와 탈주』, 한길사, 1999, pp.231-233.

으로 자아실현의 욕구를 들고 있다.22) 또한 이러한 욕구들은 서로 연결되어 있으며 강도와 우선권에서 위계적이고 발달적인 방식으로 되어 있다. 예를 들면 사랑보다는 안전이 더 강하고 더 긴박하며 더 중요한 욕구이고 음식에 대한 욕구도 보통 다른 욕구에 비해 더 강하다. 또한 하나의 기본적인 욕구를 충족시키면 더 높은 수준의 다른 욕구가 자신의 의식을 지배한다. 그렇기 때문에 그 사람에 관한 한 위계적이고 구조화된 욕구 중에서 특정 기간 그 사람을 지배하는 요구가 무엇이든 간에, 그 욕구는 이 사람의 절대적이고 궁극적인 가치, 즉 인생 그 자체가 된다.23) 그러므로 욕구충족의 가장 기본적인 결과는 하나의 욕구가 사라지고 새로운 상위 욕구가 나타난다. 예를 들면 생리적 욕구, 즉 배고픔을 해결하고 나면 인간은 좀 더 나은 곳에 거처하고 싶어지고 좀 더 안전한 곳에서 쉬고 싶어 한다. 그러나 인간은 사회적 동물이기에 남과 더불어 살아가고 있다. 남과 더불어 살아가기에 이러한 욕구는 마땅히 조절되어야 한다는 것이 윤리학적 명제이다.

또한 '유가사상(儒家思想)'이라 하면 '도덕'이라는 말이 연상되듯이, 특히 '어떠한 모습으로 살아야 하는가?'라는 문제가 중시되어 왔다. 이에 대한 응답은 '인간이란 무엇인가?' 즉 인간해석으로부터 출발한다. 그러면 또 그 인간해석은 어디서부터 비롯하는 것이었던가?

---

22) Abraham H. Maslow, 조대봉 역, 『인간의 동기와 성격』, 교유과학사, 1992, pp.47 – 68.
23) Abraham H. Maslow, 정태연 역, 『존재의 심리학』, 문예출판사, 2005, pp.308 – 309.

이러한 문제는 결국 『시경(詩經)』의 "하늘이 뭇 백성들을 낳았다."24)라는 입장으로 정리된다. 즉 유가(儒家)의 인간해석은 하늘로부터 시작한다는 점이다. 이것은 "하늘이 나에게 덕을 낳았다."25) "하늘이 명령한 것을 일러 性이라 한다."26)라는 등의 발언과 성격을 같이한다. 뿐만 아니라 유가(儒家) 고전에는 "하늘이 백성을 낳을 때부터 욕(欲)이 있었다."27)라는 표현도 있었다. 여기에서 전자(前者)가 인간 내면의 이치적인 측면으로서 이를테면 '본성'적 요소를 밝히고 있는 경우라면, 후자(後者)는 사물과 관련한 생동의 감성적인 측면, 즉 '본능'적 요인을 적시하고 있는 경우이다. 그 양면의 모든 것이 선천적으로 해석되고 있었던 것이다.

그러한 관점의 종합적인 양상은 『예기(禮記)』에서 다음과 같이 나타난다.

> 인간이 태어나 고요함은 하늘의 성(性)이요, 사물에 감발하여 움직임은 성(性)의 욕(欲)이다. 사물에 이르러 지력으로 안 연후에 좋아함·싫어함이 형성된다. 좋아함·싫어함이 내면에서 절제되지 못하고 앎이 밖으로 꾀여져서 몸을 반성할 수 없으면 천리(天理)가 없어진다. 무릇 사물이 사람을 감동시킴은 한이 없으니 사람이 좋아함·싫어함에 절제가 없으면 사물이 이름에 곧 사람이 사물로 된다. 사람이 사물로 되는 것이란 천리(天理)를 없애고 인욕(人欲)을 끝없이 쫓아가는 것이다.28)

24) 『詩經』, 「大雅」 <蕩之什>: "天生烝民 有物有則."
25) 『論語』, 「述而」－23: "子曰, 天生德於予."
26) 『中庸』－1: "子曰, 天命之謂性."
27) 『書經』, 「商書」 仲虺之誥: "惟天生民有欲."
28) 『禮記』, 「樂記」: "人生而靜 天之性也, 感於物而動 性之欲也. 物至知

　이에서 보이듯이 인간의 본래성 확인으로부터 인간의 사물화 여부의 문제를 서술함에 있어서 특히 '천리(天理)'와 '인욕(人欲)' 두 가지를 키워드로 삼고 있는 것이다. 즉 위 글에서 우리는 인간 욕망의 연원(淵源)은 본성으로부터 말해지고 있다는 점과, 그것이 절제되지 못할 경우에는 인간 본유의 천리(天理)를 상실하여 결국은 사람이 사람답지 못하고 물질로 변화되어 버릴 수밖에 없다는 점을 지적하고 있음을 보게 된다. 거기에서 '천리(天理)'와 '인욕(人欲)'은 대칭적 상대관계로 설정되고 있는 것이다. 하지만 인간의 욕망 그 자체를 제거의 대상으로 삼는 것은 아니었다.

　그러나 이러한 선진시대의 욕망론에도 불구하고 송대(宋代)의 성리학(性理學)에 이르러서는 그 '천리(天理)'와 '인욕(人欲)'의 양자관계를 더욱 심화시켜서 서로 용인할 수 없는 상극관계로 간주한다. 정호(程顥－字는 伯淳, 시호는 明道, 1032～1085)의 이른바 "인욕(人欲)에 가리면 天理를 잊는다."[29]라는 말이나 주희(朱熹－字는 元晦, 호는 晦庵, 1130～1200)의 "덕(德)을 닦는 실제는 인욕(人欲)을 제거하고 천리(天理)를 보전하는 데에 있다."[30]라는 말이 그러한 예이다. 그 이전의 주돈이(周敦頤－字는 茂叔, 호는 濂溪, 1017～1073)는 '무욕(無欲)'을 말하기도 했으니,[31] '욕(欲)'에 대한 부정적 시각은

　　知, 然後好惡形焉, 好惡無節於內, 知誘於外, 不能反躬, 天理滅矣. 夫物之感於人無窮, 而人之好惡無節, 則是物至而人化物也. 人化物也者, 滅天理而窮人欲者也."

29) 『二程全書』, 「明道先生語錄」: "人心莫不有知, 有蔽於人欲 則忘天理也."

30) 『朱子大全』, 卷37, 「與劉共父」: "蓋修德之實, 在乎去人欲存天理."

31) 周惇頤는 「太極圖說」 속 '主靜立人極'의 自註에서 '無欲故靜'이라고

더욱 깊어갔다. '욕(欲)'의 극복이야말로 천리(天理) 보존을 향한 인격함양의 기본 과제로 천명되고 있었던 것이다.

이와는 달리 청대(淸代)에 이르면 오히려 그 반대적인 모습을 보게 된다. 즉 대진(戴震 - 字는 東原, 1723~1777)은 "무욕(無欲), 무위(無爲)에서는 또한 어찌 이(理)가 있을 수 있으리오."[32]라고 하면서, '욕(欲)'이 없는 곳에서는 소위 '천리(天理)'도 말하기 어렵다는 견해를 분명히 하였다. 즉 욕망이 없는 곳에서는 어떠한 존재도 어떠한 생명 현상도 말하기 어렵다는 입장이다.

이러한 과정에서 우리는, 유가(儒家)로서의 공맹학(孔孟學)을 중시하면서도 세부적으로는 서로 견해가 같지 않음을 볼 수 있다. 그 이유는 어디에 있는 것일까? 그 답으로서는 물론 시대에 따른 학풍의 같지 않음과, 학자에 따른 강조점의 상이함을 들 수 있을 것이다. 그러면서도 특히 '욕(欲)'이라는 문자를 같이 활용하면서도 그에 포함된 의미는 동일하지 않았다는 점에 유의하지 않을 수 없다.

왜냐하면, 만일 『예기(禮記)』나 정주학(程朱學)에서 보는 '인욕(人欲)'의 의미로 공자(孔子 - 이름은 丘, 字는 仲尼, B.C.551~479) 70세의 이른바 '從心所欲不踰矩(마음이 하고자 함을 따라서도 법도에 어긋남이 없다).'에서의 '욕(欲)'을 이해하려 한다면 그것은 불가능할 것이기 때문이다. 뿐만 아니라 맹자(孟子 - 이름은 軻, 字는 子輿,

---

말했으며, 또 聖學論에서 "聖可學乎, 曰可, 有要乎, 曰有, 請問焉, 曰一爲要, 一者無欲也."(『周子全書』 卷5 「聖學」-20)"라고 하여 '無欲'을 그 핵심으로 강조했다.

32) 『原善』, 卷 上: "無欲無爲, 又焉有理."

B.C.372~289)에서는 "마음을 함양하는 것은 욕(欲)을 줄이는 것보다 좋은 것이 없다."고 하면서 또 "욕(欲) 할 만한 것을 일러 선(善)이라 한다."라 했으니,33) 같은 인물 속에서도 경우에 따라 '욕(欲)' 字의 의미가 달리 사용되고 있음을 보게 된다.

그러므로 '욕(欲)' 字를 해석함에 있어서는 그 의미의 다양성에 유의하지 않을 수 없다. 따라서 이 연구는 위에서 밝힌 바와 같이 유가(儒家) 인간해석의 심층적 이해의 일환으로서 시작된 것이다. 그동안 유학계(儒學界)에서 전개된 인간에 대한 논의들을 보면 특히 욕망의 측면이 간과되고 있었다는 사실을 알게 된다. 이로 말미암아 경전상의 논지가 실체적으로 드러나기 어려웠고 또 오늘날의 감성적 인간관과는 더 멀어지게 되었던 셈이다.

그러나 각각의 원론을 더욱 자세히 살펴보면, 오히려 인간의 욕망의 측면이 언제나 주목되어 왔다는 사실을 알 수 있다. 위에 소개한 『예기(禮記)』의 경우만 하더라도 '인욕(人欲)'이 '천리(天理)'와 상대적 대칭 개념으로 설정되고 있었지만, '인욕(人欲)을 없애야 한다.'고 말하는 것은 아니었으며, 또 정주학(程朱學)에서도 인욕(人欲)을 향하여 '거(去)'와 '알(遏)' 字를 쓰지만34) '완전히 없앰[滅, 無]'의 대상으로 여기지는 않았던 것이다.

이것은 인간에 있어서 그 '욕(欲)'이 없다면 곧 삶으로서의 생명활

---

33) 『孟子』, 「盡心下」-35: "孟子曰 養心 莫善於寡欲" / 「盡心下」-25: "可欲之謂善."

34) '去'자의 경우는 앞의 각주 30)에서 확인되고, '遏'자의 경우는 다음과 같다. 『朱子語類』 卷62: "問 不睹不聞與謹獨何別, 曰 上一節說存天理之本然, 下一節說遏人欲於將萌."

동이 불가능하다고 보는 기본 입장을 전제하여 드러나는 모습이다. 이러한 점에서 유가(儒家)는 도가(道家)나 불가(佛家)와 다르다. 유가(儒家)에서는 인욕(人欲)을 완전히 없애야 한다고 말하지 않았으며 또한 그대로 방치할 수도 없다고 본다. 그대로 방치할 수 없다고 보는 데에는, 앞서 보았듯이 그 확장으로 말미암아 인간 본성 근거로서의 '천리(天理)'가 보존되기 어렵다는 논리가 작용한다.

그러나 만일 인욕(人欲)이 도덕적으로 정화되어 그처럼 천리(天理)에 상충되는 성격의 것이 아니라면 문제될 것이 없다. 이러한 경우가 바로 孔子 '종심소욕불유구(從心所欲不踰矩)'에서의 '욕(欲)'이 뜻하는 바이다. 하지만 이것은 본능적 욕망 그대로이거나 도덕적 인격 성숙이 미진한 사람들 모두에게서 기대할 바의 성격은 아니다.

그러므로 유가(儒家)의 일반에서는 '욕(欲)의 방임'보다는 그 '억제와 절제'의 태도를 요구하지 않을 수 없다고 보는 것이다. 그렇다면 그 '억제와 절제'는 과연 어떻게 가능한 것일까? 그것은 결국 '욕(欲)'의 현상 일부를 따르지 않음으로써만 가능한 것이다. 여기서 등장하는 용어가 바로 '사욕(私欲)'이다. 따라서 유가(儒家)에서는 '사욕(私欲)'은 당연히 극복 대상으로 여기게 된다. 순자(荀子－이름은 況, 존칭은 卿, B.C.313~238)의 이른바 "군자는 공의(公義)로써 사욕(私欲)을 이길 수 있다."[35]라는 데에서의 '사욕(私欲)'이 뜻하는 바가 바로 그러한 예이다.

따라서 이러한 문제들이 송대(宋代)와 청대(淸代)를 대변하는 큰

---

35) 『荀子』, 「修身」: "君子之能以公義勝私欲也."

유학자의 세계에서는 과연 어떻게 논의되면서, 수양(修養)의 논리와 관련한 인간해석이 어떻게 심화되고 있는 것이었던가 하는 점을 밝혀 보는 데에 연구의 목적을 설정하고 있다. 즉 욕망의 측면에서의 인간해석이 선유(先儒)의 원론에서는 부단히 추구되고 있었다는 사실을 따라, 약간 다른 관점에서 전개되는 논의의 실상을 파악함으로써 더욱 넓은 차원에서의 유가적 인간관 정립에 기여하고 나아가 그 인격수양의 기반을 확충하는 데에 기여해 보려는 것이다. 끝으로, 용어사용에의 신중성을 기한다는 점이다. 앞에서도 언급했듯이 '욕(欲)'이라는 하나의 한자(漢字)에 대한 현대적 표현은 그 문맥에 따라 다양하게 나타날 수 있다. 따라서 그것을 오직 하나의 단어로 대체시킨다면 본지를 곡해시키기 쉽다. 그럼에도 불구하고 최대한 서술상의 일관성은 유지되어야 한다.

이러한 난점에 유의하면서, 필자는 원전의 본의에 충실한다는 입장에서 '욕(欲)'으로 표기된 것은 해석의 본문에서도 '욕(欲)'으로 표시하되, 그 의미를 풀어서 표현할 때에는 일단 '욕망'이라는 용어를 사용하고자 한다. 그리고 원전에 '인욕(人欲)'으로 표기된 것은 본문에서도 그대로 '인욕(人欲)'으로 표기하고, 그 의미를 해석할 경우에는 '욕망'으로 해석하되, 다만 그 의미가 사사로움을 나타내는 경향이 강한 경우에는 괄호 속에 '사욕(私欲)' 字를 병기하여 이해를 돕고자 한다. 위에서 보았듯이 순자(荀子)가 '공의(公義)'와 상반적 의미로 '사욕(私欲)'의 단어를 썼듯이 주희(朱熹)에서는 '인욕지사(人欲之私)'라는 표현으로써 바로 그 의미를 지향하고 또 그러한 요소는 경우에 따라 '욕(欲)' 자에 내포되기도 했기 때문이다.

II. 先秦時代의 욕망론

❧ 1. 孔子의 인간과 욕망

선진유가(先秦儒家)의 인성론(人性論)을 논함에 있어, 공자(孔子)의 학설을 인간관(人間觀)이라 하는 것은 공자(孔子)의 철학 전반을 살펴볼 때 공자(孔子)는 인성(人性)에 대하여서는 많은 언급을 하지 않았기에 인성론(人性論)이라 하지 않고 인간관(人間觀)이라 한다. 인성(人性)에 대한 본격적인 논의가 된 것은 맹자(孟子) 이후부터이다. 비록 맹자(孟子) 이전에 공자(孔子)의 사상에서 이미 인성(人性)에 대한 문제가 인식되기 시작하였지만 이것은 인성(人性)에 대한 초기적 성격을 띠고 있다. 따라서 현재까지 진행된 공자(孔子)의 인성론(人性論)에 대한 연구를 살펴보면 그 경향은 세 가지 정도이다.

먼저 성선(性善)과 성악(性惡)이 아닌 성근론(性近論)으로 보는 주장으로 엽경주(葉經柱)는 "공자(孔子)의 인성론(人性論)은 성선론(性善論)도 성악론(性惡論)도 아닌 성근론(性近論)이다."[36]고 하였다. 다

---

36) 葉經柱, 『孔子的道德哲學』, 正中書局印行, 臺灣, p.294.

음으로 채원배(蔡元培)는 공자(孔子)의 인성론(人性論)은 성선적(性善的) 경향이 있는 것[37]으로 보고 있으며, 최근덕(崔根德)은 "성(性)은 공자(孔子)에 의해서도 이미 선(善)으로 정립되고 있었음을 추론할 수 있고, 그렇지 않으면 선지향(善指向)이라고 말할 수 있다."[38]고 하였으며, 이강수(李康洙)는 "예(禮)에 따른다는 것은 단순히 외재적인 규범에 따른다는 것을 의미하는 것이 아니라 자기의 순수한 본성에 따른다는 것을 의미한다."[39]고 하였다.

마지막으로 성선(性善)이나 성악(性惡)을 말하지 않았기 때문에 당연히 성선(性善)과 성악(性惡) 모두 다 인정할 수 있다고 하는 견해로, 진대제(陳大齊)는 "공자(孔子)는 마음속으로 일반인의 성(性)은 당연히 선(善)할 수 있고 악(惡)할 수도 있다고 생각했으리라는 것을 추론해서 알 수 있다."[40]고 했으며, 김충열(金忠烈)도 "공자(孔子)의 성론(性論)은 맹자(孟子)의 성선(性善), 순자(荀子)의 성악(性惡)이 파생할 가능성을 지니고 있었다."[41]고 하고 있다. 그러나 이러한 연구의 결과에도 불구하고 공자(孔子)는 『논어(論語)』의 전편에 인성(人性)에 대한 언급을 거의 하지 않았기 때문에 『논어(論語)』에 나타나 있는 공자(孔子)의 언급을 토대로 추론할 수밖에 없다. 따라서

---

37) 蔡元培, 『中國倫理學史』, 東方出版社, 北京, 1996, p.11.
38) 崔根德, 「孔子의 心性論」, 한국동양철학회, 『東洋哲學』 제3집, 1992, p.6.
39) 李康洙, 「원시유가의 인간관」, 연세대학교출판부, 『동양철학의 본체론과 인성론』, 1996, p.199.
40) 陳大齊, 『孔子의 學說』, 안종수 역, 이론과 실천, 1995, pp.108-109.
41) 金忠烈, 「동양인성론의 서설」, 연세대학교출판부, 『동양철학의 본체론과 인성론』, 1996, p.173.

『논어(論語)』에 나타나 있는 인성(人性)에 대한 직적접인 언급과 '인
(仁)'의 개념을 고찰함으로써 공자(孔子)의 인간관(人間觀)에 접근해
보자.

『논어(論語)』 전편에 걸쳐 '성(性)'자는 두 번 보인다. 그러나 「공
야장(公治長)」의 "공자(孔子)의 말씀 중에 성(性)과 천도(天道)에 대
하여서는 얻어서 들어보지 못했다."[42]는 구절은 자공(子貢)이 한 말
이기에 공자(孔子)가 한 말은 다음 한 구절뿐이다.

> 인간의 성품(性品)은 가까우나 습성(習性)은 서로 멀다.[43]

이 구절을 주희(朱熹)는 해석하기를 "여기서 이른바 '성(性)'이란
기질(氣質)을 겸(兼)하여 말한 것이다. 기질지성(氣質之性)에는 진실
로 아름다움과 악(惡)함의 같지 않음이 있다. 그러나 그 처음으로 말
한다면 모두 심히 서로 먼 것은 아니다. 다만 착함에 익숙하면 착하
게 되는 것이요 악(惡)함에 익숙하면 악(惡)하게 되는 것이니, 이에
서 비로소 서로 멀어질 뿐이다."[44]고 하였다. 또한 정자(程子)는 "이
말은 기질지성(氣質之性)을 말한 것이요 성(性)의 근본을 말한 것은
아니다. 그 근본을 말할 것 같으면 본성은 곧 이(理)이고 그 이(理)
는 불선(不善)함이 없어서 맹자(孟子)의 이른바 '성선(性善)'인 것이

---

42) 『論語』, 「公治長」－12: "夫子之言性與天道, 不可得而聞也."
43) 『論語』, 「陽貨」－2: "性相近也, 習相遠也."
44) 『論語集註』, 「陽貨」－2: "此所謂性, 兼氣質而言者也, 氣質之性, 固有美
    惡之不同矣, 以其初而言, 則皆不甚相近也, 但習於善則善, 習於惡則惡,
    於是始相近耳."

니, 어찌 '서로 가깝다' 함이 있을 수 있겠는가?"45)라고 하였고, "본성은 동일한 것인데 어찌 '서로 가깝다(相近)'라고 말할 수 있겠는가? 이르건대 이것은 다만 기질지성(氣質之性)을 말한 것으로서 세속에서의 이른바 '성격이 급하다 성격이 느리다.'라는 유형과 같은 것이다. 본성에 어찌 느리고 급함이 있겠는가?"46)라고 하였다. 따라서 주희(朱熹)와 정자(程子)는 이 세 구절에서의 성(性)의 의미를 모두 기질(氣質)의 성(性)으로 이해하였다.

그러나 이와는 반대로 「공야장(公冶長)」의 구절에 대하여 주희(朱熹)는 "성(性)은 사람이 부여받은 천리(天理)요, 천리(天道)는 천리자연(天理自然)의 본체(本體)이니 그 실상은 한 이치이다."47)라고 하였다. 이 구절을 따라 성(性)을 이해하면 여기서의 성(性)은 '의리지성(義理之性)'임을 알 수 있다. 따라서 주희(朱熹)의 해석을 따르면 『논어(論語)』에 나오는 두 구절의 性은 하나는 의리지성(義理之性)으로 다른 하나는 기질지성(氣質之性)으로 나눌 수 있다. 성(性)을 의리지성(義理之性)으로 이해하면 선(善)으로 기질지성(氣質之性)으로 말한다면 성(性)에는 선(善)과 악(惡)이 혼재되어 있음을 알 수 있다. 그러나 이와 같은 견해는 후대의 송유(宋儒)들의 사유형태에 의하여 나타나는 경향으로 도식적인 틀에 맞추어 사유한 송유(宋儒)들의 의

---

45) 『論語集註』, 「陽貨」－2, 程子註: "程子曰, 此言氣質之性, 非言性之本也, 若於其本, 則性卽是理, 理無不善, 孟子之言性善是也, 何相近之有哉."
46) 『程書』, 卷18, 「伊川語錄」: "性一也 何以言相近 曰此只是言氣質之性 如俗言性急性緩之類也 性安有緩急."
47) 『論語集註』, 「公冶長」－12: "性者人所受之天理, 天道者天理自然之本體, 其實一理也."

도를 강하게 반영한 결과로 파악된다.

공자(孔子)의 이러한 성(性)에 대한 불확실한 언급은 후대의 학자들에게 성(性)에 대한 다양한 견해를 나타내게 하는 요인으로 작용하였다. 이에 고자(告子)는 맹자(孟子)와의 논쟁을 통하여 "성(性)은 여울물과 같다. 그리하여 이것을 동쪽으로 터놓으면 동쪽으로 흐르고, 서쪽으로 터놓으면 서쪽으로 흐르니, 인성(人性)이 착함과 착하지 않음의 구분은 마치 물이 동과 서의 구별이 없는 것과 같다."[48]고 하였고 "생긴 그대로(生)를 성(性)이라고 한다."[49]라고 하여 사람이 타고난 그대로의 본성에는 선(善)도 불선(不善)도 없다는 설(說)을 주장하여, 선악(善惡)이란 후천적인 것이고, 생득의 性에 있어서는 어디로 향할 것인가 하는 경향성을 가지지 않았다고 보았다.

또한 한대(漢代)에 이르러 동중서(董仲舒)는 음양오행설(陰陽五行說)을 수용하여 '성(性)에는 선단(善端)과 악인(惡因)이 함께 있으니 미발(未發)일 때의 성(性)을 놓고 성(善)이니 악(惡)이니 해서는 안 된다.'고 하는 설(說)을 주장하였고, 양웅(楊雄)은 '성선악혼설(性善惡混說)'을 주장하였다. 또한 왕충(王充)은 사람됨에 따라 품성(品性)의 차이가 있음을 주장하여 '성삼품설(性三品說)'을 주장하였으며, 한유(韓愈)는 성(性)은 오상(五常－仁義禮智信), 정(情)은 칠욕(七欲－喜怒哀樂愛惡欲)이라고 말하여 왕충(王充)의 성삼품설(性三品說)을 계승하였다. 이러한 인선(人性)에 대한 경향이 이고(李翱)에

---

48) 『孟子』, 「告子上」－2: "告子曰, 性猶水也, 決諸東方則東流, 決諸西方則西流, 人性之無分於善不善也, 猶水之無分於東西也."
49) 『孟子』, 「告子上」－3: "告子曰, 生之謂性."

와서 성정이원론(性情二元論)은 성선정악(性善情惡)의 멸정론(滅情論)이 표방되었으며 이후 송유(宋儒)들의 '거인욕존천리(去人欲存天理)'를 표방하는 인성론(人性論)의 기초를 이루게 되었다.

요컨대 『논어(論語)』의 두 문장을 통하여 보면 공자(孔子)에 있어 성(性)에 대한 자신의 견해와 인간관이 분명히 드러나지 않는다고 볼 수 있으나 이것은 인(仁)의 개념과 인(仁)의 본질적인 설명을 통하여 잘 드러나고 있다. 따라서 인(仁)의 개념을 고찰하여 공자(孔子)의 인간관(人間觀)에 대하여 좀 더 접근해 보자.

공자(孔子)는 인생을 알고 인간을 섬기는 것[50]이 가장 중요하다고 생각하였다. 또한 공자(孔子)는 사람다움의 그 근본으로서 인(仁)을 들고 있다.[51] 따라서 인(仁)은 곧 사람(人)이며 인간이 사회적 인간으로 형성될 수 있는 가능 근거이다. 공자(孔子)가 말하는 인(仁)은 스스로 끊임없이 노력할 뿐만 아니라 남을 헤아려 자기를 완성하고 남을 완성하여, 자기완성과 타인의 행복을 추구하고자 하는 것이다. 이에 최영갑은 "공자(孔子)에게 있어 인(仁)이란 지극히 선(善)하고 본래적인 것으로 인간이 태어날 때부터 지니게 되는 인간 고유의 속성인 것이다."[52]고 하였다.

공자(孔子)는 『논어(論語)』에서 인(仁)을 여러 차례 말하고 있으나 인성론(人性論)으로서의 인(仁)의 본질을 이해할 수 있는 언급을 살

---

50) 『論語』, 「先進」-11: "季路 問事鬼神 子曰 未能事人 焉能事鬼 敢問死 曰 未知生 焉知死."
51) 『中庸』-20: "仁者人也."
52) 최영갑, 「先秦儒家의 道德哲學에 관한 硏究-孔子와 孟子를 중심으로」, 성균관대학교 박사학위논문, 1999, p.59.

펴보면 다음과 같다.

> 인자(仁者)는 자기가 서고자 하면 남을 세워주고, 자기가 달성하고
> 자 하면 남을 달성시킨다. 가까운 데서부터 취해 비유하면, (그것을)
> 인(仁)의 방법이라 이를 만하다.53)

이 구절을 주희(朱熹)는 주석하여 "가까이 자신에게서 취하여 자기가 하고자 하는 것을 가지고 타인에게 비유하면 그 하고자 하는 바가 나와 같은 것임을 안 연후에 하고자 하는 바를 사람들에게 미쳐야 하니 이는 서(恕)의 일로써 인(仁)을 행하는 것(방법)이다. 여기에 힘쓴다면 인욕(人欲)의 사사로움을 이기고 천리(天理)의 공정함을 온전히 할 수 있다."54)고 하였다. 즉 인(仁)을 행한다는 것은 천리(天理)의 공정함을 온전하게 한다는 것이며 이로써 인욕(人欲)의 사사로움마저도 제거한다는 것을 의미한다. 따라서 인(仁)의 본질적 의미는 사사로움을 이겨 천리(天理)의 공정함을 온전하게 하는 데에 있음을 알 수 있다.

또한 공자(孔子)는 "남이 자신을 알아주지 못함을 걱정하지 말고, 내가 남을 알지 못함을 걱정해야 한다."55)고 하였으며 "지위가 없음을 근심하지 말고, 그런 지위에 서지 못함을 근심하라. 남이 자기를

---

53) 『論語』, 「雍也」－28: "夫仁者 己欲立而立人, 己欲達而達人, 能近取譬, 可謂仁之方也已."

54) 『論語集註』, 「雍也」－28: "近取諸身, 以己所欲, 譬之他人, 知其所欲亦猶是也, 然後推其所欲, 以及於人, 則恕之事而仁之術也, 於此勉焉, 則有以勝其人欲之私而全其天理之公矣."

55) 『論語』, 「學而」－16: "子曰, 不患人之不己知, 患不知人也."

알아주지 않는 것을 근심하지 말고, 내가 남에게 알려질 수 있는 능력을 구하라."56)고 하였다. 이로써 볼 때, 공자(孔子)가 말하는 인(仁)은 스스로 끊임없이 노력할 뿐만 아니라 남을 헤아려 자기를 완성하고, 남을 완성하여 자기완성과 타인의 행복을 추구하고자 하는 것이다. 그러므로 공자(孔子)는 인간에게 보편적인 인간애가 있다는 인간성에 대한 낙관적인 견해이며, 이것은 또한 인간의 본질을 성선(性善)이나 성악(性惡)의 존재로 규정지어 본 것이 아니라 인(仁)이 각 개인의 본성에 내재해 있다는 것을 인정하고 이러한 인(仁)을 개인의 수양(修養)을 통한 자아성찰과 교육(教育)을 통한 확충으로써 완성해 나가는 것이라 보고 있다.

그러하기에 인(仁)은 인간에게 있어 인간다운 인간이 되려면 빠뜨릴 수 없는 기본 요소이다. 또한 인간다운 인간이 되기에 가장 중요한 요인이 인(仁)이라면 이러한 인(仁)에는 '하고자 함'이 내재되어 있음을 볼 수 있다. 이는 "자신이 서고자 하면 타인을 세워주는 것."이 '욕망'과 관련되기 때문이다. 내가 서고자 하는 것은 인간이 가지는 마땅함이다. 그러나 남을 세워주고자 함은 본능적인 마땅함이 아니라 남을 배려하고, 나와 남이 동일한 인격을 가진 존재라는 의식이 반영된 것이다. 따라서 여기에는 나만의 본능적인 마땅함만이 존재한다면 인(仁)은 아무 의미가 없을 것이나 '남과 함께' 또는 '나와 남일 동일함'의 의미를 내포하고 있기에 이것은 선(善)을 지향하는 것으로 인(仁)의 본질적인 모습인 것이다. 그러므로 공자(孔子)가 말

---

56) 『論語』, 「里仁」－14: "不患無位 患所以立, 不患莫己知 求爲可知也."

한 인(仁)에는 인간으로서 마땅히 그러해야 하는 본능적 요소뿐만 아니라, 공평함과 공정함의 의미를 함께 지니고 있음을 알 수 있다. 나아가 공자(孔子)는 인(仁)한 마음이 없다면 예(禮)와 낙(樂)도 공허할 뿐[57]이라고 하였다. 그렇다면 공자(孔子)는 인간의 욕망에 대해서는 어떻게 바라보았는가를 살펴보자.

공자(孔子)에게 있어 욕망은 인간 본성에 기초하여 선(善)을 실현하고자 하는 마음으로 모든 사람에게 같은 것이라 본다. 공자(孔子)에게 있어 선(善)을 지향하는 것은 본성 그 자체이다. 그러므로 "자기가 하고 싶지 않은 것을 남에게 하지 말라."[58]는 것은 내가 하고자 하지 않는 바와 남에게 하지 말아야 하는 바는 동일한 것이며 이것은 인간은 모두 동일한 성(性)을 가지고 있기에 그러하다는 것이다. 인간은 누구나 다 동일한 마음과 감정 상태를 지니고 있다. 선악미추(善惡美醜)에 있어 선(善)과 미(美)를 악(惡)과 추(醜)보다 더 좋아한다는 사실에 대해서는 이견이 없다. 따라서 공자(孔子)의 인성론(人性論)에 있어 선(善)을 향한 마음은 모든 인간에게 보편적으로 적용되고 있는 공통요인이다. 이것이 인(仁)의 모습이며, 인(仁)이 지향하는 것이다.

이와는 달리 욕구본능으로서의 욕망도 인간에게 내재되어 있음을 말하고 있다. 공자(孔子)는 "무엇을 인정(人情)이라 하는가? 기쁨, 노여움, 슬픔, 두려움, 사랑, 미워함, 욕망이니, 이 일곱 가지는 배우지 않아도 할 수 있는 것이다."[59]라고 하여 인간에게는 태어날 때부터

---

57) 『論語』, 「八佾」-3: "子曰, 人而不仁, 如禮何, 人而不仁, 如樂何."
58) 『論語』, 「顏淵」-2: "己所不欲 勿施於人."

내재되어 있는 본능적인 욕망이 있다고 하였다. 이러한 욕망에는 선(善)과 악(惡)의 의미가 내포되어 있지 않다. 그러므로 공자(孔子)는 인간은 태어날 때부터 본능적으로 내재되어 있는 욕망이 있다는 인정하였으며 생존을 위한 욕망은 선(善)과 악(惡)의 기준으로 나눌 수 있는 것이 아니라 단지 본능으로 파악하고 있었던 것이다.

그러나 이와는 달리 인간에게 있어서는 본능적인 욕망만이 존재하는 것이 아니기에 선(善)을 지향하는 욕망과 개인의 사사로움에서 나오는 사욕(私欲)으로 나누어짐을 볼 수 있다.

그렇다면 공자(孔子)에게 있어 사사로움으로부터 나오는 사욕(私欲)은 무엇을 의미하는 것이며 어떻게 생겨나는 것인가? 공자(孔子)는 자기 자신의 이익을 밝히려는 마음, 즉 사리(私利)를 앞세우고자 하는 마음으로 안분지족(安分知足)하지 못하는 모습으로 이해하였다.

공자(孔子)가 위(衛)나라의 공자 형(公子 荊)을 일러 말하되 "그는 집살이를 잘했다. 비로소 소유함에는 '그런대로 모아졌다'고 하고, 조금 더 가짐에는 '그런대로 갖추어졌다' 하고, 많이 가짐에는 '그런대로 아름답다'고 했다."[60)]

양시(楊時)는 말하기를 "완전히 아름답기를 힘쓰면 물질에 연루되어 교만하고 아끼는 마음이 생긴다. 공자 형(公子 荊)은 모두 '그런대로'라고 말할 뿐이었으니 외물로써 마음을 삼지 않아 그 욕망이 쉽게

---

59) 『禮記』, 「禮運」: "何謂人情, 喜怒哀懼愛惡欲, 七者不學而能."
60) 『論語』, 「子路」－8: "子謂衛公子荊 善居室, 始有 曰苟合矣, 少有 曰苟完矣, 富有 曰苟善矣."

만족할 수 있었기 때문이다.”라고 했다.61)

이것은 공자(孔子)가 위(衛)나라 공자 형(公子 荊)의 안분지족(安分知足)을 말한 것이다. 재물이 작은가 많은가의 문제가 아니라 내가 얼마나 만족하고 있는가에 달려 있다는 것이다. 인간에게 있어서 욕망은 없을 수 없다. 그러나 인간의 욕망은 끝없이 무엇인가를 추구하고 있고 만족하지 못하고 있다는 것이 문제이다. 양시(楊時)가 말한 것에 의하면 사람은 물욕(物欲)에 마음이 얽매여 교만하고 인색하게 된다고 하였다. 따라서 ‘구(苟)’ 字에서 알 수 있듯이 인간은 무엇인가를 가지고도 스스로 만족하기보다는 좀 더 나은 것, 좀 더 많은 것을 원한다는 것이다. 그러므로 ‘그런대로 이만하면’이라고 하는 안분지족(安分知足)의 자세가 물욕(物欲)으로부터 마음을 빼앗기지 않는 자세라는 것이다. 인간의 본능적인 것에 있어서는 없앨 수 있는 것이 아니기에 나 스스로 얼마나 만족하고 있는가의 자세와 수양(修養)의 문제가 제기되는 것이다. 또한 이러한 수양(修養)의 문제가 해결되고 난 연후에는 마음이 하고자 하는 대로 하여도 어긋남이 없다고 하여 다음과 같이 말하였다.

나는 열다섯에 학문에 뜻을 두었고, 서른 살에 자립하였으며, 마흔 살에 미혹되지 않았으며, 쉰 살에 천명을 알았고, 예순 살에 귀로 들으면 그대로 이해되었으며, 일흔 살에는 마음에 하고자 하는 바를 좇

---

61) 『論語集註』, 「子路」－8: “楊氏曰 務爲全美 則累物而驕吝之心生, 公子荊 皆曰苟而已, 則不以外物爲心, 其欲易足故也.”

아도 법도에 어긋남이 없었다.[62]

이는 공자(孔子)가 자신의 인생살이 과정을 간략히 언급한 것이다. 이 구절에서 "마음이 하고자 하는 대로 하여도 어긋남이 없었다."는 구절이 중요하다. 마음이 욕망하는 대로 하여도 어긋남이 없다는 것은 이미 수양(修養)을 통하여 그 마음이 조절되었다는 것을 나타낸다. 그러므로 이 구절에서 알 수 있는 것은 인간에게 있어 욕망은 마땅히 있어야 하는 것이나, 그것은 반드시 수양공부를 통하여 조절되어야 한다는 것이다. 또한 공자(孔子)는 음악(音樂)을 즐김에 대하여 다음과 같이 말하고 있다.

> 음악(音樂)이란 즐김이다. 군자(君子)는 그 도(道) 얻기를 즐기고 소인(小人)은 그 욕심 채우기를 즐긴다. 도(道)로써 욕심을 절제하면 즐기면서 혼란함이 없으나 욕심으로 도(道)를 잊으면 미혹되고 즐기지 못한다.[63]

이는 공자(孔子)가 인간의 사사로움으로부터 나오는 사욕(私欲)을 말함이다. 군자(君子)와 소인(小人) 그리고 도(道)와 욕망을 상대적으로 대칭하여 인간의 사사로운 욕망이 도(道)를 망치고 즐거움을 망친다고 하는 것이다. 따라서 공자(孔子)에게 있어서 사사로운 사욕

---

62) 『論語』,「爲政」-4: "子曰, 吾十有五而志于學, 三十而立, 四十而不惑, 五十而知天命, 六十而耳順, 七十而從心所欲不踰矩."
63) 『禮記』,「樂記」: "樂者樂也, 君子樂得其道, 小人樂得其欲, 以道制欲, 則樂而不亂, 以欲忘道, 則惑而不樂."

(私欲)은 도(道)와 대칭되기에 제거의 대상인 것이다. 그러므로 공자(孔子)에 있어서 인간의 욕망에 대한 견해는 선악(善惡)을 분별할 수 없는 본성적인 것과 물욕(物欲)에 가려진 사욕(私欲)으로 나누어 살펴볼 수 있는데 이는 '인(仁)'과 '군자(君子)'의 개념과 관계를 통하여 드러난다.

따라서 공자(孔子)가 말하는 제거대상으로서의 욕망은 두 가지로 나타난다. 첫째, 인성론적(人性論的) 측면으로 인(仁)의 구현과 인간의 욕망의 대응구조에서 찾아볼 수 있다. 공자(孔子)에게 있어서 인(仁)을 구현함에 있어서 방해 요인이 사사로움으로부터 나오는 사욕(私欲)이다.

> 군자(君子)는 道를 꾀하지 음식을 꾀하지 않는다. 밭을 맨다면 굶주림이 그 속에 있고 공부한다면 봉급이 그 속에 있다. 군자(君子)는 도(道)를 걱정할지언정 가난을 걱정하지 않는다.[64]

이 구절에서 나타나는 것처럼 의식주의 해결이 하위개념이라면 군자(君子)의 도(道), 즉 인(仁)의 실현이 상위 개념임을 알 수 있다. 인간은 먹지 않고 자지 않고는 살아갈 수 없다. 공자(孔子)도 이러한 인간의 기본적인 욕망의 충족은 당연하게 받아들였다. 그러나 도(道)를 도모하고 밥을 도모하지 않는다는 것은, 도(道)의 도모가 더 중요하다는 것이지 밥을 도모하지 말라는 것은 아니다. 따라서 공자

---

64) 『論語』, 「衛靈公」-31: "子曰 君子謀道不謀食, 耕也 餒在其中矣, 學也 祿在其中矣, 君子 憂道不憂貧."

(孔子)의 견해는 기본적인 욕망을 충족하고자 하는 인간의 욕망을 버리고 인(仁)을 구현하자는 것이 아니라 인(仁)의 구현이 욕망의 충족보다 더 우선시 되어야 하며, 이러한 노력을 통해서 인(仁)을 구현할 수 있다는 것이다.

다시 말해 인(仁)을 구현하고자 하는 것은 본성이다. 그러므로 본성에 충실하고자 하는 것이 물질적 욕망보다 우선시 되어야 한다는 것이다. 이에 공자(孔子)는 "군자(君子)는 식사에 배부르기를 추구하지 않고 거처에서는 편안하기를 구하지 않는다."65)고 하여 물질적 욕망을 경계(警戒)할 것을 강조하였다. 의식주의 해결은 인간의 생존을 위해 필수불가결한 요소임에는 이견이 없다. 그러나 기본적인 의식주의 해결이 수반된다면 비록 가난하거나 남보다 더 풍요롭고 부유한 삶은 살 수 없다 하더라도 학문에 힘써야 함을 나타내고 있다. 이러한 열정과 노력이 인(仁)을 실현하는 것이다.

다음으로 수양론적(修養論的) 측면으로, 군자(君子)의 실현과 인간의 욕망과의 대응구조에서 찾아볼 수 있다. 인간은 군자(君子)로 나아가고자 하는 욕망이 있지만 이와는 반대로 물욕(物欲)에 가려진 사욕(私欲)도 있다. 인간이 삶을 영위하면서 반드시 가져야 하고 배양(培養)해야 하는 욕망은 군자(君子)로 나아가기 위해 수양공부(修養工夫)를 하고자 하는 욕망인 것이고, 사사로운 사욕(私欲)과 물욕(物欲)에 치우친 욕망은 의식주의 안락함을 추구하는 것으로 철저하게 절제해야 하는 욕망이다. 따라서 군자(君子)가 되기 위해서, 군자

---

65) 『論語』, 「學而」—14: "子曰 君子 食無求飽 居無求安."

(君子)로 살아가기 위해서 선행되어야 할 것은 사사로움으로부터 나오는 사욕(私欲)을 억제하는 것이다. 인(仁)은 구현하는 실체가 바로 인간이고 인(仁)이 제대로 구현된 모습이 군자(君子)이기에 군자(君子)가 나아가야 할 길은 사사로운 사욕(私欲)을 억제하고 학문에 정진하는 것이다.

군자는 의(義)에 밝고, 소인은 이(利)에 밝다.[66]

이 구절을 주희(朱熹)는 주석하여 말하기를 "의(義)는 천리(天理)의 의당함이요 이(利)는 인정의 욕(欲 – 하고자 하는 바)이다."[67]라고 했다. 즉 군자(君子)는 천리(天理)에 순응하는 존재요 소인(小人)은 욕망에 사로잡힌 존재이다. 소인(小人)이 '인정이 하고자 하는 바에 밝다는 것'은 천리(天理)에 순응하지 못하고, 공자(孔子)가 이상적 인간의 본질로 제시한 인(仁)을 구현하고자 노력하는 존재가 아니라 눈앞의 이익을 좇아가는 존재라는 것이다. 이것은 태어날 때부터 인간의 존재가 군자(君子)와 소인(小人)으로 구분되는 것이 아니라 개인적인 노력(努力)과 수양(修養)의 유무(有無)에 따라서 규정되는 것[68]이다. 그러나 천리(天理)에 순응하고자 하는 것은 인간으로서의 마땅함이요, 이익을 추구하고자 하는 것은 욕망이다. 따라서 인간의 본성에는 인간으로서 마땅히 해야 함과 이익을 추구하고자 하는 욕

---

66) 『論語』, 「里仁」－16: "子曰, 君子喩於義, 小人喩於利."
67) 『論語集註』, 「里仁」－16: "義者 天理之所宜, 利者 人情之所欲."
68) 『中庸』－20: "君子 不可以不修身."

망이 공존하나 무엇을 추구해야 하는가의 문제가 반드시 수반된다. 그러므로 이러한 경계점에 반드시 필요한 것이 자기 스스로의 수양(修養)임을 공자(孔子)는 강조하고 있다. 여기에서 공자(孔子)의 수양론(修養論)을 살펴보자.

최영갑은 "공자(孔子)의 수양론(修養論)은 극기복례(克己復禮)에 집약되어 있다."[69]고 하였다. 따라서 공자(孔子)의 극기복례(克己復禮)는 안연(顔淵)과의 대화를 통해 알 수 있는데, 안연(顔淵)이 공자(孔子)에게 인(仁)에 대하여 묻자 공자(孔子)는 "자기 자신을 극복하는 것을 일러 인(克己復禮爲仁)."이라 하였다. 이를 윤사순은 "원래 극기(克己)란 곧 본능적 욕망으로서의 이기적 욕망의 극복을 의미한다."[70]고 하였다.

인간에게는 두 가지의 욕망이 있다. 하나는 이기적(利己的)인 동물적 욕망이요, 다른 하나는 인간으로서의 도덕적(道德的) 욕망이다. 인간으로서의 도덕적(道德的) 욕망이란 학문에 힘쓰고자 하는 것 그리고 수양(修養)을 통하여 자신을 성찰(省察)하고자 하는 욕망을 말한다. 따라서 공자(孔子)가 극복해야 할 대상으로 여긴 욕망은 동물적 속성으로서의 이기적(利己的) 욕망이다. 그러므로 이기적(利己的) 욕망을 극복하고 순수한 자기 본연의 마땅히 해야 함을 회복해야 한다. 나아가 인간의 이기적(利己的) 욕망을 극복하기 위해서 공자(孔子)는 예(禮)를 통하여 이기심(利己心)을 극복해야 하며 그 구체적인 내용이 보고, 듣고, 말하고, 행동하는 모든 것을 예(禮)에 맞게 하는

---

69) 최영갑, 앞의 논문, p.70.
70) 윤사순, 『東洋思想과 韓國思想』, 을유문화사, 1996, p.70.

데 있다. 또한 공자(孔子)는 이기적 욕망의 억제를 위하여 교육의 역할을 강조한다. 따라서 "배우기만 하고 생각하지 않으면 얻음이 없고, 생각하기만 하고 배우지 않으면 위태롭다."71)고 하여 배움은 배움에서 그치는 것이 아니라 부단히 고민하고 깊이 생각하여야 함을 강조하고 있다.

공자(孔子)는 이상적 인간상으로 성인(聖人)을 말하고 있다. 성인(聖人)의 사회적 실현 가능한 인물상, 도덕적 실천주체로 군자(君子)를 말하고 있다. 군자(君子)는 소인(小人)과 대비되는 개념으로 개인의 이익만을 돌보지 않고 대중의 공익(公益)을 함께 돌보는 존재이다. 군자(君子)라는 것은 인간의 본질인 '인(仁)'을 개인적으로나 사회적으로 실현시킬 수 있는 사람을 말한다. 인(仁)은 개인적 실현을 '수기(修己)'라고 하고 그 사회적 실현을 '안인(安人)'이라고 했다.

> 자로(子路)가 君子를 물으니 공자(孔子)는 "자신을 경(敬)으로 수양(修養)하는 것이다."라고 하자, 자로(子路)는 "그런 것뿐입니까?" 하니, 공자(孔子)는 "자기를 수양(修養)함으로써 사람들을 편안케 하는 것이다."라고 하였는데, 자로(子路)는 또 "그런 것뿐입니까?" 하니, 공자(孔子)는 "자기를 수양(修養)함으로써 백성들을 편안하게 함이로다. 자기를 수양(修養)하여 백성들을 편안하게 하는 일은 요(堯)임금 순(舜)임금도 오히려 부족하게 여겼다."고 말했다.72)

---

71) 『論語』, 「爲政」－15: "學而不思則罔, 思而不學則殆."
72) 『論語』, 「憲問」－45: "子路問君子, 子曰 修己以敬, 曰如斯而已乎, 曰修己以安人, 曰如斯而已乎, 曰修己以安百姓, 修己以安百姓, 堯舜其猶病諸."

　따라서 ‘수기(修己)’와 ‘안인(安人)’을 실천할 수 있는 사람이 이상적 인간상이고 곧 군자(君子)라고 하고 있다. 또한 인간에게 공통적인 덕(德)으로서의 ‘인(仁)’을 깨쳐 실천할 수 있는 사람이기 때문에 ‘인(仁)’을 떠나서는 군자(君子)를 논할 수 없다.[73]

　먼저 공자(孔子)가 말하는 ‘수기(修己)’는 다음과 같이 나타난다. 말을 삼가는 것, 어질지 못한 것을 보면서 스스로 반성해 나가는 것[74]이 공자(孔子)가 말하는 수기(修己)의 모습이다. 이러한 자아에 대한 반성적 모습을 통하여 스스로에게 인(仁)하고, 나아가서는 인(仁)을 사회적으로 확충해 나가고자 하는 것이 공자(孔子)가 인(仁)을 말함에 있어서 성인(聖人)으로 나아갈 수 있는 도덕적 자아로서의 가능태인 것이다. 수기(修己)로서의 인(仁)을 말함에 있어서는 자기완성의 동기로부터 출발하기 때문에 타인이 알아주는가에 대한 것은 크게 관여치 않고,[75] 스스로의 반성과 자아성찰이 요구될 뿐이다. 그래서 공자(孔子)는 “남들이 알아주지 않아도 노여워하지 않는다면 또한 군자(君子)가 아니겠는가?”[76]라고 하여 남이 알아주기 때문에 인(仁)을 행하거나, 남에게 자신을 드러내기 위해 인(仁)을 행하지 않는다고 하였다. 남에게 자신을 드러내기 위한 인(仁)이 아니기에 인(仁)은 스스로의 반성하는 모습, 스스로의 자아성찰을 통한 모습에서 인(仁)의 구현을 이룰 수 있는 것이다. 뿐만 아니라 이러한 수기

---

73) 『論語』, 「里仁」－5: “君子去仁, 惡乎成名.”
74) 『論語』, 「里仁」－17: “見賢思齊焉, 見不賢而內自省也.”
75) 『論語』, 「顔淵」－1: “爲仁由己, 而由人乎哉.”
76) 『論語』, 「學而」－1: “人不知而不慍, 不亦君子乎.”

(修己)의 모습을 통해 욕망을 억제할 수 있는 것이다. 스스로에 반성하고 스스로 자아 성찰을 할 수 있다면 욕망의 억제는 너무나도 쉽게 이루어질 것이다.

앞에서도 언급했듯이 공자(孔子)에게 있어서 욕망은 도덕적 실천주체로서의 인간을 군자(君子)로 나아감에 있어 방해 요인이기에 수기(修己)를 통한 욕망의 절제(節制)는 이상적 인간으로 나아가는 기초이다. 또한 사회적 영역으로의 인(仁)은 '안인(安人)'이다. 안인(安人)은 부모형제(父母兄弟)에서부터 출발하여 점차 인류 전체(人類全體)에게로 확대되어 나간다. 그러므로 공자(孔子)는 "군자(君子)는 근본에 힘쓰는 것이니 근본이 서면 방도가 생긴다. 효성과 우애는 인(仁) 실천의 기본이다."77)고 하였으며 "번지(樊遲)가 인(仁)에 대해 묻자, 공자(孔子)는 사람을 사랑하는 것."78)이라고 하였다. 따라서 효(孝)에서 출발한 인(仁)은 인류의 모든 사람을 사랑하는 것으로 나타난다. 그러므로 사회적 역할로서의 안인(安人)은 이타행(利他行)이다. 따라서 공자(孔子)가 말하는 수양론(修養論)의 핵심은 도덕적 실천주체로서의 인간이 인(仁)을 구현하여 성인(聖人)으로 나아가기 위해 마땅히 해야 할 것이 '수기(修己)', '안인(安人)'임을 알 수 있다.

---

77) 『論語』, 「學而」-2: "君子務本, 本立而道生, 孝悌也者, 其爲仁之本與."
78) 『論語』, 「顏淵」-22: "樊遲問仁, 子曰 愛人."

❧ 2. 孟子의 인간과 욕망

앞에서 살펴보았던 바와 같이 『논어(論語)』의 두 문장을 통하여 보면 공자(孔子)에 있어 성(性)에 대한 자신의 견해와 인간관이 분명히 드러나지 않는다고 볼 수 있으나 이것은 인(仁)의 개념과 인(仁)의 본질적인 설명을 통하여 잘 드러나고 있다. 따라서 공자(孔子)의 인(仁)에 근거한 인간관은 맹자(孟子)에게로 이어졌으며 맹자(孟子)는 인성(人性)을 말함에 있어 '인(仁)'과 '의(義)'로 인간의 본성을 설명해 나가고 있다.

그러므로 공자(孔子)의 사상을 이어받은 맹자(孟子)는 자신의 대인론(大人論)과 성선론(性善論)을 통하여 인성론(人性論)을 전개하고 있다. 이에 모종삼(牟宗三)은 "맹자(孟子)는 공자(孔子)의 인(仁)에 근거하여서 성선(性善)을 말하였다."[79]고 하였다. 또한 배종호는 "맹자(孟子)는 현상학적 방법으로 인심(人心)을 직관함으로써 성(性)을

---

79) 牟宗三, 정인재·정병석 공역, 『中國哲學特講』, 형설출판사, 1985, p.86.

선(善)이라 하였다."[80]고 하였다. 그러므로 맹자(孟子)가 말하는 성선(性善)은 인간의 행위(行爲)의 전체가 무조건적으로 선(善)하다는 것이 아니라 사람은 모두 선천적으로 선한 본성(本性)을 가지고 있다는 것이다. 또한 인간의 생존본능(生存本能)은 선악(善惡)을 판단할 수 없는 것이며, 이것은 본성이나 '명(命)'에 달려 있는 것이라 하였다.

맹자(孟子)가 말하고 있는 성선(性善)으로의 성(性)은 사단(四端)에 근거한 것이다. 그러므로 성선(性善)의 근거인 인의예지 사단(仁義禮智 四端)은 천(天)으로부터 부여받은 고유의 속성이며 이것은 인성(人性)에 깊이 내재해 있는 것이기 때문에 인간은 누구나 다 본성으로 사단(四端)을 갖고 있다는 것이다. 따라서 맹자(孟子)는 사단(四端)에 대하여 다음과 같이 말하고 있다.

> 측은(惻隱)한 마음은 사람들이 모두 가지고 있고 부끄러워하는 마음도 사람들이 모두 가지고 있고 공경(恭敬)하는 마음도 사람들이 모두 가지고 있고 시비(是非)하는 마음도 모두 가지고 있다. 측은(惻隱)한 마음은 인(仁)이다. 부끄러워하는 마음은 의(義)다. 공경(恭敬)할 줄 아는 마음은 예(禮)다. 시비(是非)할 줄 아는 마음은 지(智)다. 인의예지(仁義禮智)는 밖으로부터 주어진(나를 향해 들어오는) 것이 아니라 내가 본래 가지고 있는 것이다. 단지 이것을 생각하지 못할 뿐이다.[81]

---

80) 배종호, 「동양 인성론의 의의」, 동양사상연구회, 『동양철학의 본체론과 인성론』, 서울, 연세대학교출판부, 1996, p.345.
81) 『孟子』, 「告子上」－6: "惻隱之心人皆有之, 羞惡之心人皆有之, 恭敬之心人皆有之, 是非之心人皆有之, 惻隱之心仁也, 羞惡之心義也, 恭敬之心禮也, 是非之心智也, 仁義禮智非由外鑠我也, 我固有之也, 弗思耳矣."

측은(惻隱)·수오(羞惡)·사양(辭讓)·시비(是非)의 마음은 인의예지(仁義禮智)의 본성에서 나오며, 이러한 사단(四端)은 인간의 마음 밖에서 주어지는 것이 아니라 인간이 본래부터 가지고 있는 것이라 하였다. 따라서 맹자(孟子)는 인의예지(仁義禮智)의 사단(四端)을 인간 본성(本性)의 근본(根本)이라고 보고 있음을 알 수 있다. 맹자(孟子)의 성선설(性善說)은 바로 이 점에서 시작한다. 그러나 맹자(孟子)가 말하는 것처럼 인간의 본성이 사단(四端)에 근거하여 전부 선(善)하다면 맹자(孟子)의 성선론(性善論)은 아무 의미가 없다. 여기에서 맹자(孟子)의 성선론(性善論)을 좀 더 명확히 하기 위해 사람이 불선(不善)을 행(行)하고 악(惡)하게 되는 까닭을 밝혀 보자.

맹자(孟子)는 본래의 그 착한 마음을 간직해서 이를 잘 기르지 못하고 잃어버려서 인간 스스로가 악(惡)해진다고 하여 인간이 악(惡)해지는 요인으로 환경의 요인과 물욕(物欲)의 요인으로 설명하고 있다. 인간의 본성을 선(善)하다고 말한 맹자(孟子)에게 있어서 인간이 악(惡)해질 수 있는 요인은 당연히 제거의 대상이다. 인간이 악(惡)해질 수 있는 요인으로 언급한 환경적 요인과 물욕(物欲)은 결국 인간의 욕망에 의해서 나타난다. 따라서 이 두 요인을 살펴본다면 맹자(孟子)의 성선론(性善論)을 좀 더 쉽게 접근할 수 있다. 먼저 환경적 요인을 살펴보면 다음과 같다.

사람의 본성이 착한 것은 마치 물이 아래로 나아가는 것과 같다. 사람에게 착하지 않음이 없는 것은 물이 아래로 흐르지 않음이 없는 것과 같다. 그러나 물을 쳐서 튀어 오르게 하면 높이 솟아 이마를 넘게 할 수도 있고 물을 꽉 막았다가 확 터서 흘려보내면 산 위로 오르게 할 수도 있다. 그러나 이것이 어찌 물의 본성이겠는가? 그 세(勢)에 의해 그렇게 되었을 뿐이다. 사람이 착하지 않은 일을 하게 될 수도 있는 것은 본질적으로 역시 이와 같은 이치 때문이다.[82]

인간의 본성은 물의 흐름과 같아서 선(善)한 본성은 물의 흐름과 같이 항상 선(善)하게 나아가며, 거기에는 어떠한 악(惡)의 요인도 내재되어 있지 않음을 말하고 있다. 또한 물이 튀어서 넘쳐나는 것은 외력의 작용에 의한 것이지 본성에 의한 것이 아니다. 따라서 맹자(孟子)는 환경이나 외력의 작용을 세(勢)라고 표현하고 있으며 이러한 세(勢)는 인간의 의사나 노력의 여하에 관계없이 진행되는 것이기에 인간의 본성(本性)이 아니다. 그러므로 세(勢)에 의하여 인간이 본성(本性)이 흐려지는 일을 할 수는 있으나 이것을 일러 성(性)이라 하지 않는다는 것이다. 따라서 인간은 언제나 선(善)한 본성(本性)을 간직하고 있으나 이것은 외력의 작용으로 인하여 변화되어 나타날 수 있음을 지적하고 있다.

뿐만 아니라 맹자(孟子)는 자연적 변화의 요인에 따라 인간의 마음도 달라진다고 하여 아래와 같이 말하고 있다.

풍년이 들면 아이들이 신뢰가 깊어지고 흉년이 들면 아이들이 난폭해지는 것은 하늘이 내린 재질이 각각 다르기 때문이 아니라 그 마음

---

82) 『孟子』, 「告子上」-2: "人性之善也, 猶水之就下也. 人無有不善, 水無有不下. 今夫水搏而躍之可使過顙激而行之, 可使在山, 是豈水之性哉. 其勢則然也. 人之可使爲不善, 其性亦猶是也."

을 (物欲에)빠뜨림으로써 그렇게 되는 것이다.[83]

흉년에 사람들이 포악해진다는 것은 의식이 부족하기에 그 마음을 빠뜨림이 있어서 그러하다는 것이다. 따라서 인간에게 있어서 의식이 부족해지면 인간의 마음은 물욕(物欲)에 치우치게 되며, 남을 돌아보지 않음이 나타나게 됨을 말하는 것이다.

인간은 이러한 환경적, 자연적 요인의 변화에 의해 언제나 마음을 빠뜨릴 수 있는 존재이다. 마음을 빠뜨린다는 것은 물욕(物欲)에 치우침을 말하는 것이다. 그러므로 맹자(孟子)에 있어서 환경적, 자연적 요인은 인간이나 군주(君主)가 바꿀 수 없는 요인이기에 개개인의 노력과 수양(修養)을 통해 물욕(物欲)을 억제해야 함을 말하고 있다. 따라서 孟子는 사람이 각각의 감각기관이나 생물적 욕망, 즉 물욕(物欲－감성적 욕망)에 가려지는 것을 불선(不善)의 요인이라고 보고 있다.

한 그릇의 밥과 국을 얻으면 살고 이를 얻어먹지 못하면 죽는다고 해도 노엽게 소리를 지르면서 주면 길가는 사람도 받지 않을 것이고 걷어차면서 주면 걸인도 달갑게 여기지 않을 것이다. 그러나 만종(萬鍾)의 녹이라면 예의(禮義)를 가리지 않고 덮어놓고 받는다. 도대체 만종이 나에게 무슨 보탬이 되는가? 궁실의 아름다움을 위하고 처첩의 받듦과 또 알고 있는 궁핍한 사람이 내게 와서 얻어 가도록 하기 위해서이다. 전에 몸을 위해서는 비록 죽더라도 받지 않았거늘 이제

---

83) 『孟子』, 「告子上」－7: "富歲子弟多賴, 凶歲子弟多暴, 非天之降才爾殊也, 其所以陷溺其心者然也."

는 집의 치장을 위해 받고 전에 몸을 위해서는 비록 죽더라도 받지 않았거늘 이제는 처첩을 거느리기 위해 받으며 전에 몸을 위해서는 비록 죽더라도 받지 않았거늘 이제는 주위의 궁핍한 사람들에게 베풀어주기 위해 받으니 이것이 어쩔 수 없어서 받은 것이라 할 수 있겠는가? 이를 일러 본심을 잃었다고 하는 것이다.[84]

인간의 물욕(物欲－감성적 욕망)은 끊임없이 증가하기에 처음에는 명분을 내세워 물욕(物欲)에 치우치지 않고 분별지심(分別之心)을 잃지 않다가도 점점 물욕(物欲)에 자신의 본분을 망각하고 물욕(物欲)에 치우치게 된다는 것이다.

또한 물욕(物欲)을 제외한 인간의 기본적인 생존욕(生存欲－食欲과 色欲)에 대해서는 맹자(孟子)는 다음과 같이 말하고 있음을 볼 수 있다.

예(禮)와 음식은 어느 것이 중요한가라고 물었다. 예(禮)가 중하다. 예(禮)와 색(色)은 어느 것이 중한가라고 물었다. 예(禮)가 중(重)하다. 예(禮)대로 먹으면 굶어죽고 예(禮)대로 먹지 않으면 음식을 얻을 수 있다 하더라도 반드시 예(禮)로 해야 하는가? ……음식의 중한 것과 예(禮)의 가벼운 것을 취하여 비교한다면 어찌 음식이 중할 뿐만이겠으며 색(色)의 중한 것과 예(禮)의 가벼운 것을 취하여 비교한다면 어찌 색(色)이 중할 뿐만이겠는가?[85]

---

84) 『孟子』, 「告子上」－10: “一簞食一豆羹, 得之則生 弗得則死, 嘑爾而與之, 行道之人弗受, 蹴爾而與之, 乞人不屑也. 萬鍾則不辨禮義受之, 萬鍾於我何加焉. 爲宮室之美, 妻妾之奉, 所識窮乏者得我與, 鄕爲身死而不受, 今爲宮室之美爲之鄕爲身死而不受. 今爲妻妾之奉爲之鄕爲身死而不受, 今爲所識窮乏, 者得我而爲之, 是亦不可以已乎. 此之謂失其本心.”
85) 『孟子』, 「告子下」－1: “禮與食孰重 曰 禮重, 色與禮孰重 曰 禮重, 曰

이처럼 맹자(孟子)는 식욕(食欲)과 색욕(色欲)을 예(禮)와 대치시키면서 예(禮)의 보존(保存)과 존양(存養)을 위해 식욕(食欲)과 색욕(色欲)마저도 예(禮)를 통하여 조절해야 하며, 그 경중(輕重)에 있어서도 예(禮)가 더 무거움을 지적하고 있다. 그러나 생존욕(生存欲)은 인간에게 필수조건이기에 예(禮)의 중요성을 강조하면서 생존욕(生存欲)을 버리라고 하지는 않는다. 다만 생존욕(生存欲)도 중요하지만 예(禮)의 실현도 생존욕(生存欲)만큼이나 중요하다는 것이며 그 경중(輕重)에 있어서는 두 가지 모두 인간에게 있어 중요함을 지적하고 있는 것이다. 따라서 '예(禮)'는 인간의 보편적 도리(道理)이자 행위의 규범(規範)이며 도덕적 자아로서 당연히 실천해야 하는 소당연(所當然)인 것이기에 '생존욕(生存欲)'과 '예(禮)'와 대치시켜 말하고 있는 것이다. 나아가 그는 또한 그의 대인론(大人論)에서 대인(大人)으로서 실천해야 할 규범으로써 물욕(物欲)의 억제를 주장하고 있다.

몸에는 귀천(貴賤)이 있으며 크고 작음이 있으니 작은 것을 가지고 큰 것을 해치지 말며, 천(賤)한 것을 가지고 귀(貴)한 것을 해치지 말아야 하니, 작은 것을 기르는 자는 소인(小人)이 되고, 큰 것을 기르는 자는 대인(大人)이 되는 것이다. ……음식을 밝히는 사람을 사람들은 천(賤)히 여기나니, 작은 것을 기르고 큰 것을 잃기 때문이다. 음식을 밝히는 사람이 잃음이 있지 않다면 구복(口腹)이 어찌 다만 한 자나 한 치의 살이 될 뿐이겠는가? 공도자(公都子)가 물었다. 똑같은 사람인데 혹은 대인(大人)이 되고 혹은 소인(小人)이 되는 것은 어째

以禮食 則飢而死, 不以禮食 則得食, 必以禮乎, ……取食之重者 與禮之輕者而比之 奚翅食重, 取色之重者 與禮之輕者而比之 奚翅色重."

서입니까? 맹자(孟子)가 말하기를 그 대체(大體)를 따르는 사람은 대인(大人)이 되고 그 소체(小體)를 따르는 사람은 소인(小人)이 되는 것이다.86)

이것은 孟子가 대체(大體)와 소체(小體)를 말하는 것으로 주희(朱熹)는 대체(大體)와 소체(小體)를 "대체(大體)는 마음이요, 소체(小體)는 이목(耳目)의 종류이다."87)라고 하였다. 이는 입이 좋은 것을 먹고자 하고 눈이 좋은 것을 보고자 하는 것을 말한 것으로 인간이 좋은 음식을 먹으려고 하는 것과 좋은 것을 보고자 하는 것은 알 수 있으나, 끝내 이러한 이목(耳目)의 작은 것으로 큰 것, 즉 마음을 해치고, 천(賤)한 것으로써 귀(貴)한 것을 해쳐서는 안 됨을 말하는 것이다. 따라서 인간에게 있어서 기본적인 의식주의 욕망이 존재한다는 것과 그 욕망도 마땅히 충족되어야 할 점이지만 작은 물욕(物欲)에 치우쳐 도덕적 자아로서 나아가야 할 길(그 마음)을 혹시 잃지 않을까 하는 우려에서 경계함을 말하고자 함이다. 그러므로 孟子는 '과욕(寡欲)'을 주장하며 다음과 같이 말하고 있다.

마음을 수양함은 욕심을 적게 하는 것보다 더 좋은 것이 없다. 그 사람됨이 욕심이 적으면 비록 보존되지 못함이 있더라도 (보존되지

---

86) 『孟子』, 「告子上」-15: "體有貴賤 有小大, 無以小害大 無以賤害貴, 養其小者爲小人, 養其大者爲大人, ……, 飢食之人 則人賤之矣, 爲其養小以失大也, 飢食之人 無有失也則口腹, 豈適爲尺寸之膚哉. 公都子問曰 鈞是人也, 或爲大人, 或爲小人, 何也. 孟子曰從其大體爲大人, 從其小體爲小人."

87) 『孟子集註』, 「告子上」-15: "大體心也, 小體耳目之類也."

　　　못한 것이) 적을 것이고, 사람됨이 욕심이 많으면 비록 보존됨이 있더
　　　라도 (보존된 것이) 적을 것이다.[88]

　　이 구절은 孟子(맹자) 과욕론(寡欲論)의 핵심적인 구절이다. 맹자
(孟子)는 수양론(修養論)으로 '구방심(求放心)'을 주장하고 있는데,
그 마음을 수양(修養)함에 있어 제일 중요한 것이 '욕심을 적게 하
는 것'이라 하였다. 따라서 욕심을 적게 하면 비록 보존되는 것이
적어 보이나 실상은 그렇지 않으며, 욕심이 많다고 하여 보존된 것
이 많은 것은 아니라는 것이다. 이에 주희(朱熹)는 이 구절을 주석
하여 "욕(欲)은 입, 코, 귀, 눈의 네 가지의 하고자 함이니 비록 사
람에게는 없을 수 없는 것이다. 그러나 많이 하고 절제(節制)하지
않으면 그 본심을 잃지 않을 자가 없으니 배우는 자가 깊이 경계(警
戒)해야 할 것이다."[89]라고 하였다.

　　이로 미루어 볼 때, 맹자(孟子)가 주장하고자 하는 것은 마음을
기르고 참다운 인간, 즉 성인(聖人)에 이르기 위해 과욕(寡欲)하자는
것이지 욕망의 전체적 부정은 아님을 볼 수 있다. 이러한 점에서 조
긍호는 "맹자(孟子)의 주장은 생물적·감각적 욕구는 생존을 위해
극히 필요한 것일 수도 있다. 그러므로 이것이 없이는 생명을 유지
할 수 없을 것이라는 의미에서 무욕(無欲)할 수는 없는 것으로 요약
할 수 있다."[90]고 하였다.

---

88) 『孟子』, 「盡心下」－35: "孟子曰, 養心莫善於寡欲, 其爲人也寡欲雖有不
　　存焉者寡矣, 其爲人也多欲雖有存焉者寡矣."
89) 『孟子集註』, 「盡心下」－35: "欲如口鼻耳目四支欲, 雖人之所不能無, 然
　　多而不節未有不失其本心者, 學者所當深戒也."

그러므로 맹자(孟子)는 인간의 생존에 필수불가결한 욕망은 부정치 않았지만 그 욕망이 사심(私心)과 결합되어 사욕(私欲)으로 나타날 경우 그것은 철저하게 제거되어야 한다고 보았던 것이다. 나아가 맹자(孟子)가 인간의 본성을 '선(善)'이라고 한다는 것에 대하여 김곡치(金谷治)는 "인간이 가진 고유한 관능적인 욕망에 대하여 욕망의 존재는 인정하지만, 그 자체로는 윤리적 사명(倫理的 使命)을 다할 수가 없기에 그 욕망을 '성(性)'이라고 보지는 않는다는 것이다."[91]고 하고 있다.

그렇다면 맹자(孟子)에게 있어서 욕망은 무엇인가에 대한 의문을 제기할 수 있다. 맹자(孟子)는 인간이 태어나면서부터 가지고 있는 자연발생적(自然發生的)인 본능에 대해서 '본성(本性)'이라 하지 않고 '명(命)'이라 하였다.

> 입이 맛보는 것, 눈이 모양 보는 것, 귀가 소리 듣는 것, 코가 냄새 맡는 것, 사지(四肢)가 편안하려는 것들은 '성(性)'이나 (원대로 되지 않는) 운명이 있을 뿐이어서 군자(君子)는 본성(本性)이라 이르지 않는다.[92]

이에 정이(程頤)는 이러한 것이 인간이 태어나면서부터 가지고 있는 본능이라면 그것은 마땅히 절제(節制)되어야 한다고 하여 위의

---

90) 조긍호, 『유학심리학』, 서울, 나남출판, 1998, p.89.
91) 金谷治 외, 조성을 역, 『중국사상사』, 서울, 이론과 실천, 1994, p.64.
92) 『孟子』, 「盡心下」-24: "孟子曰, 口之於味也, 目之於色也, 耳之於聲也, 鼻之於臭也, 四肢之於安佚也, 性也有命焉, 君子不謂性也."

구절을 다음과 같이 주석하고 있다.

　　　다섯 가지의 하고자 함은 본성이나, 분수가 있어서 그 소원과 같이
　　할 수가 없으니, 그렇다면 이는 명(命)인 것이다. 이를 내 본성에 있
　　는 것이라고 일러서 구하여 반드시 얻으려고 해서는 안 된다.93)

　앞에서도 볼 수 있듯이 맹자(孟子)에게 있어서 욕망은 인간의 본
성(本性)에 내재해 있기는 하지만 욕망을 본성(本性)이라 하지 않았
다는 점에서 순자(荀子)와의 확연한 차이가 드러난다. 적어도 맹자
(孟子)의 인성론(人性論)에서 욕망은 자연발생적(自然發生的)인 본능
이든 아니면 인위적(人爲的)인 사물과의 접촉에 의해서 생기는 욕망
이든 욕망은 '명(命')에 달려 있는 것이지 '본성(本性)'에 근거한 것
은 아니다.

　여기서 '명(命)'의 의미를 밝히면 『맹자(孟子)』 전편에 걸쳐 '명
(命)' 자는 45회94) 쓰이고 있는데 「진심 상(盡心 上)」 편에 보면 "명
(命) 아님이 없으나 그 바른 것을 순히 받아야 한다."95)고 한 구절
이 있는데, 이 구절에서 주희(朱熹)는 '명(命)'을 해석하기를 "하늘이
명(命)한 것."96)이라고 하고 있다. 또한 주희(朱熹)는 『주자어류(朱子
語類)』에서 "이(理)는 하늘의 체(體－본체, 자연스러움)이고 명(命)은

---

93) 『孟子集註』, 「盡心下」－24: "五者之欲性也, 然有分不能皆如其願, 則是
　　命也, 不可謂我性之所有而求必得之也."
94) 『十三經引得』, 臺灣, 中華民國 67年.
95) 『孟子』, 「盡心上」－2: "莫非命也, 順受其正."
96) 『孟子集註』, 「盡心上」 －2: "人物之生, 吉凶禍福, 皆天所命."

이(理)의 작용이다. 성(性)은 사람이 그것을 받는 것이고, 정(情)은 성(性)의 작용이다."97)고 하였다. 그러므로 정병진은 "주희(朱熹)는 성리학적 단어를 천(天) → 이(理) → 명(命) → 성(性) → 정(情)의 순서로 현실화시켰음을 볼 수 있다. 따라서 성(性)의 근원은 命이라 할 것이다."98)라고 하였다.

이로써 볼 때 '명(命)에 달려 있다는 것이다.'는 말의 의미는 주재천(主宰天)인 하늘이 인간에게 품부한 자연적 재질(性)을 의미하며 나아가 이것은 이(理)의 작용에 나타나는 것임을 알 수 있다.

또한 맹자(孟子)가 인간의 본성(本性)을 성선(性善)이라 한 데에는 인간에게는 사단(四端)이라는 선(善)한 단서(端緒)가 인간의 본성(本性)에 내재해 있다는 전제에서이다. 그러므로 맹자(孟子)에게 있어서 '성(性)'에는 '욕망'이 없다.

앞에서도 언급했듯이 인간에게 욕망이 존재하기에 그것은 '성(性)'이 아니라 '명(命)'이다. 즉 욕망은 인간의 생명을 영위하기 위한 수단인 것이지 인간의 존재근거에 있는 당위(當爲)는 아니다. 그렇다면 맹자(孟子)에 있어서 인간의 욕망의 근원지(根源地)는 어디인가?

맹자(孟子)는 환경적 요인(環境的 要因)을 들어 설명하고 있다. 앞에서도 언급했듯이 "흉년이 들어 아이들이 난폭해지는 것은 하늘이 내린 재질의 차이가 아니라 그 마음을 빠뜨리는 것이 그렇게 만드는

---

97) 『朱子語類』, 卷5, 「性理二」: "理者天之體, 命者理之用, 性是人之所受, 情是性之用."
98) 정병련, 「程明道의 '理有善惡' 眞詮」, 한국유교학회, 『儒教思想研究』 제8집, 1996, pp.449-450.

것이다.”고 하여 인간의 삶에 있어서 욕망의 근원을 환경적 요인(環境的 要因)으로 인해 생기는 것으로 파악하고 있다. 사람이 선(善)한 본성(本性)을 가지고 있다 하더라도 반드시 선(善)한 행위(行爲)를 하는 것은 아닌 것처럼 인간의 본성(本性)에 사단(四端)의 선(善)한 단서(端緖)가 있다 해서 자연적(自然的)으로 욕망의 추구에 대한 절제(節制)가 이루어지는 것이 아니다. 또한 이러한 불선(不善)의 환경적 요인(環境的 要因)이 작용하여 인간의 마음을 미혹(迷惑)되게 하여 인간에게 무엇인가에 대한 욕망을 추구하게 하는 것이다.

이러한 환경적 요인은 어떻게 극복(克復)할 수 있는가? 그것은 환경적 요인(環境的 要因)에 미혹(迷惑)되지 않으려는 자신의 노력(勞力), 즉 극기(克己)에서부터 출발하여 학문함을 통한 수양(修養)으로 극복(克復)할 수 있다. 이 점에서 맹자(孟子)의 수양론(修養論)을 살펴보자.

공자(孔子)가 “자기 자신을 극복하고 예(禮)에 돌아감이 인(仁)이니, 하루라도 자기 자신을 누르고 예(禮)에 돌아가면 세상사람 모두가 인(仁)으로 돌아갈 것이다.”99)라고 한 말은 잘 알려진 바이다. 이 구절에서 ‘자기 자신’이라 함은 곧 ‘자신의 사사로움’으로 이해된다. 따라서 인(仁)이란 욕망을 제거함으로써 남을 자신처럼 보는 ‘지극히 공평한(大公)’경지이다. 욕망을 제거하고 공심(公心)을 세우는 것은 순수한 자각적 활동이므로, 대공(大公)의 경지 또한 자각의 경지이다. 그러므로 예(禮)는 인(仁)의 사상(思想)을 근거로 해서 나타나는

---

99) 『論語』, 「顔淵」－1: “顔淵問仁, 子曰 克己復禮爲仁, 一日克己復禮天下歸仁焉, 爲仁由己而由人乎哉.”

사회적 발현인 것이고 중국의 정치(政治)·경제(經濟)·문화(文化)를 규정함에 있어 중요한 요소일 뿐만 아니라 사욕(私欲)을 억제하고 천리(天理)에 순응하는 방법이다.

그렇다면 예(禮)는 어디에서 오는 것인가? 그것은 어짊(仁)에서 온다. 이는 "사람으로서 어질지 못하면 예(禮)인들 무엇 하겠으며, 사람으로 어질지 못하면 낙(樂)인들 무엇 하겠는가."[100]라는 구절에서 잘 나타나고 있다. 그러므로 예(禮)는 인(仁)의 표현이며, 인(仁)은 예(禮)의 기초이다. 인(仁)하지 못한 사람은 공심(公心)을 세울 수 없으며, 정당하고 합리적인 것을 요구하는 의식도 자연스럽게 나올 수 없다. 따라서 예(禮)의 질서 역시 확립될 수 없다. 왜냐하면 질서성(禮)이란 정당한 합리성(義)에 의거하며, 정당하고 합리적(合理的)인 것을 추구(追求)하는 것은 또한 사람의 '공심(公心-仁)'에 의거하기 때문이다. 사람으로서 인(仁)하지 못하고 의롭지 못하다면 예(禮)를 지키고 행할 수 없다. 그렇다면 이러한 '인(仁)'의 동력원은 무엇인가? 그것은 앞에서도 언급하였듯이 '마음'이다. 따라서 맹자(孟子)는 '마음'을 강조하여 다음과 같이 말하고 있다.

> 인(仁)은 사람의 마음이요, 의(義)는 사람의 길이다. 그 길을 버리고 따르지 않으며, 그 마음을 잃어버리고 찾을 줄을 모르니 애처롭다. 사람은 닭과 개가 도망가면 찾을 줄을 아나 마음을 잃고서는 찾을 줄을 모른다. 학문하는 방법은 다른 것이 없다. 잃어버린 마음을 찾는 것일 뿐이다.[101]

---

100) 『論語』, 「八佾」-3: "人而不仁 如禮何 人而不仁 如樂何."

이는 맹자(孟子)가 마음을 찾는 것의 중요함을 일러 말한 것이다.
학문(學問)하는 일은 한 가지의 일은 아니나 그것의 시작은 잃어버린
마음(放心)을 구하는 것에서부터 시작된다는 것이다. 또한 이 마음의
작용을 감각기관의 작용과 대비하여 다음과 같이 언급하고 있다.

> 눈과 귀의 감각기관은 생각하지 못하고 물질에 가려진다. 물질과
> 물질이 교접하면 거기에 이끌려 버릴 뿐이다. 마음의 기관은 생각을
> 한다. 생각하면 그것을 얻고, 생각하지 않으면 그것을 얻지 못한다.
> 이는 하늘이 나에게 준 것이다.102)

물(物)과 물(物)이 교접한다는 것은 감각기관과 사물이 교접한다는
것으로, 물욕(物欲)에 이끌린다는 것이다. 따라서 이러한 물욕(物欲)
에서 빠져나오게 하는 것이 바로 '마음의 작용'인 것이다. 그러나 마
음은 생각하는 작용을 할 뿐이다. 여기서 생각하는 작용은 가치의식
의 자각을 말하는 것이다. 즉 가치의식의 자각이 마음의 작용인 것
이다.

그러므로 가치의식의 자각이라 하는 것은 마음이 물(物)에 빠져
있으면 의지는 몸의 욕망을 향해 방향을 잡는다는 것으로 몸의 욕망
을 실현하기 위해 노력한다는 것을 말한다. 반대로 마음이 물(物)에

---

101) 『孟子』, 「告子上」-11: "孟子曰, 仁人心也義人路也, 舍其路而不由放
  其心而不知求哀哉, 人有鷄犬放則知求之有放心而不知求, 學問之道無
  他求其放心而已矣."
102) 『孟子』, 「告子上」-15: "耳目之官 不思而蔽於物, 物交物, 則引之而已
  矣, 心之官則思, 思則得之, 不思則不得也, 此天之所與我者."

빠지지 않고 마음의 이치, 즉 성선(性善)의 이치대로 행(行)하게 된다면 인간은 물욕(物欲)에 빠지지 않을 수 있게 된다는 것이다.

이상에서 보이는 것처럼 맹자는 인간 심성의 안팎에서 특히 욕구 본능으로서의 '욕(欲)'의 문제를 도덕성의 측면에서 심층적으로 지목하고 있었다.

3. 荀子의 인간과 욕망

    맹자(孟子)와는 다른 관점에서 인간해석을 전개하는 대표적 인물이 바로 순자(荀子)이다. 순자(荀子)는 기본적으로 인간의 욕구 본능 그대로를 인정하면서 선악(善惡)과 예(禮)의 문제를 적극적으로 설파하였다.

    그리하여 그는 맹자(孟子)와는 달리 인간의 본성을 '악한 것'이라고 보았다. 즉 그는 인간은 태어나면서 '욕(欲)'이 있듯이 악(惡)함이 자리잡고 있다고 설명한다. 그러나 이 악(惡)함은 누구나 가지고 있는 선천적인 부분이며 자연적 산물이다. 그러므로 인간이 가지는 성악(性惡)이라는 것은 '나면서부터 본래 그러한 것', '선천적으로 이루어진 것', '자연적 재질'로서의 性을 의미한다. 이러한 성(性)에는 인간의 감정(感情)·욕망 등도 함께 포함되어 쓰이고 있다. 이에 순자(荀子)는 맹자(孟子)의 성선설(性善說)을 비판하면 다음과 같이 말하고 있다.

맹자(孟子)는 "사람이 학문을 하는 것은 그 性이 善이기 때문이다."
라고 한다. 그러나 이것은 그러하지 않다. 이것은 선천적 본성을 모르
고, 사람의 본성과 작위(作爲)와의 구분을 살피지 않은 것이기 때문
이다.103)

위의 구절에 드러나듯이 맹자(孟子)는 사람이 학문(學問)을 하거
나 수양공부(修養工夫)를 하는 것은 성(性)이 선(善)하기 때문이라고
하였으나 이와는 달리 순자(荀子)는 이러한 맹자(孟子)의 견해에 동
의하지 않고 있다. 순자(荀子)는 인간이 학문(學問)을 하거나 수양공
부(修養工夫)를 하는 것은 성(性)이 선(善)하기 때문에 그러한 것이
아니라 인간의 본성에 인위(人爲)가 있어 그렇게 한다고 주장하는
것이다. 이는 순자(荀子)에게 있어 인간의 성(性)은 오직 악(惡)하다
는 견지를 취하고 있기 때문이다.

또한 맹자(孟子)는 성(性)을 말하면서 인간의 욕망은 태어나면서
반드시 가지고 있는 것이 아니라 인간의 삶의 한 단편으로 습득(習
得)하는 것이라 하여 '명(命)'이라 하지만 순자(荀子)는 성(性)을 '자
연적으로 그러한 것'으로 말하기에 인간의 생존을 위해 필요한 본능
적 요소인 배고플 때, 먹고자 하는 것, 추울 때, 따뜻한 것을 원하는
것, 피곤할 때 쉬고자 하는 것 본성(本性)의 자연스러움이라 하였으
며 이를 '성(性)'이라 하였다.

순자(荀子)는 인간에게 있어 욕망이라는 것은 학습을 통해서 배우

---

103) 『荀子』, 「性惡」, "孟子曰, 人之學者, 其性善也, 曰是不然, 是不及知人
之性, 而不察乎人之性僞之分者也."

는 '인위(人爲)'의 소산이기에 인간에게 있어서는 욕망은 당연히 존재하고 있다는 입장을 견지하고 있다. 그러하기에 순자(荀子)의 철학에 나타난 성(性)에 있어서 욕망은 두 가지로 나누어 살펴볼 수 있다.

먼저 인간의 생존을 위해 필요한 본능적인 자연스러움과 후천적 작위(後天的 作爲)에 의해 외물(外物)과 접촉하여 생긴 욕망이다. 그러나 반드시 견지해야 할 점은 순자(荀子)가 자신의 사상을 전개함에 있어 태어날 때부터 가지고 있었던 본성적인 측면을 인정하여 성(性)이라고 하였다고 하여 순자(荀子)의 사상을 욕망긍정론이라 함은 무리가 따른다는 것이다. 순자(荀子)는 "욕(欲)이 있는 것과 욕(欲)이 없는 것이 다른 것은 생(生)과 사(死)가 다른 것과 같다."104)라고 말한다. 이 말을 바꾸어 설명하면 욕망이 있다는 것은 곧 인간이 살아 있다는 것이지만 욕망이 없다는 것은 인간의 생명이 곧 단절되었다는 것을 의미하는 것이다. 그러므로 인간에게 욕망은 생명의 유지를 위해 당연히 필요한 점이라는 것을 알 수 있다. 따라서 순자(荀子)는 인간에게 있어 본능적인 자연스러움과 인위적으로 하고자 함을 성(性)이라 하였기에 욕망을 생(生)과 같은 의미로 사용하고 있다. 이에 이상은은 순자(荀子)의 욕망론을 설명하면서 "유욕(有欲)은 생(生)을 의미하지만 무욕(無欲)은 사(死)를 의미한다. 따라서 순자(荀子)는 거욕주의(去欲主義)나 과욕주의(寡欲主義)를 반대한다. 그러나 종욕(縱欲)도 반대한다. 종욕(縱欲)의 결과는 결국 사회나 자기 개인

---

104) 『荀子』, 「正名」: "凡語治而待去欲者, 無以道欲, 而困於有欲者也. 凡語治而待寡欲者, 無以節欲, 而困於多欲者也. 有欲無欲異類也, 生死也, 非治亂也. 欲之多寡異類也, 情之數也, 非治亂也."

의 이익을 지나치게 도모하여 자신과 사회를 불안하게 만들기 때문
이다. 따라서 그는 욕망을 지도해야 한다고 말하고 있다."105)고 설명
하고 있음을 볼 수 있다.

또한 「성악(性惡)」편은 "인간의 본성은 악(惡)한 것이니 그 선
(善)한 것은 인위(人爲)인 것이다.(人之性惡 其善者僞也)"로 시작된
다. 순자(荀子)에 의하면 성(性)은 그 자체로 악(惡)한 것이기에 선
(善)은 인위(人爲)에서 나오는 것이지 본성(本性)에서 나오는 것이
아니다. 뿐만 아니라 '예의(禮義)' 역시도 후천적 위(僞)에서 나온다
고 한다.

> 묻는 이 말하기를 "인간 본성이 악(惡)하다면 예의(禮義)는 어떻게
> 생기는가?"라고 하니, 응답하는 이 말하기를 "모든 예의(禮義)는 성인
> 의 작위(作爲－僞)에서 생기는 것이요 인간 본성에서 생기는 것이 아
> 니다."106)

이로써 볼 때 순자(荀子)에 의하면 인간의 본성은 악(惡)한 것임
에도 불구하고 선(善)을 행(行)할 수 있는 가능 근거는 바로 선(善)
을 행(行)하려고 하는 인간의 노력, 즉 예의(禮義)를 바탕에 둔 위
(僞)인 것이다. 그러므로 인간의 선(善)이 인위(人爲)에서 나온다고
하여 다음과 같이 설명하고 있다.

---

105) 이상은, 「人心 道心의 原始解釋」, 한국철학회, 『哲學』 제1집, 1955,
　　　p.40.
106) 『荀子』, 「性惡」: "問子曰, 人之性惡 則禮義惡生, 應之曰, 凡禮義者
　　　是生於聖人之僞, 非故生於人之性也."

무릇 사람이 착한 일을 하고자 하는 것은 그 본성이 악(惡)하기 때문이다. ……미루어 보면 사람이 착하고자 하는 것은 본래 가진 성(性)이 악(惡)하기 때문이다. ……타고난 대로 두면 도리에 어긋나고 난폭한 인간이 될 것이니, 이로 보면 사람의 성(性)은 악(惡)한 것이 분명하고 착함은 인위(人爲)적인 것이다.[107]

위의 구절을 음미해 보면 순자(荀子)는 인간이 착한 일을 하고자 하는 것, 선(善)하고자 하는 것은 모두 인위(人爲)인데 이것은 본성이 악(惡)하기 때문에 인위(人爲)가 나타나 그것을 제어한다고 설명하고 있다. 그러므로 '위(僞)'의 작용을 배제하여 인간을 하고자 하는 대로 방치한다면 인간은 도리에 어긋나고 난폭해지므로 인간의 본성은 악(惡)하다고 설명하는 것이다. 따라서 인간의 본성은 악(惡)하기에 도덕적 자아로의 가능근거로서의 '위(僞)'가 발하여 예의(禮義)를 행(行)하는 것이고, 그 예의(禮義)가 발하여 도덕적 군자(道德的 君子)로 나아갈 수 있는 것이다. 그러므로 순자(荀子)의 사상(思想)에 있어서 '위(僞)'는 악한 본성을 극복하고 '성인(聖人)', '군자(君子)'로 나아가기 위한 '실천의지(實踐意志)'임을 알 수 있다.

그렇다면 '위(僞)'의 실체는 무엇인가? 그리고 위(僞)와 성(性)과의 관계는 무엇인가에 대한 의문이 남는다. 이 점에서 '위(僞)'의 실체를 접근해 보면 다음과 같다. '위(僞)'는 순자(荀子)의 인성론(人性論)을 판단함에 있어 가장 중요하고 핵심적인 단어이다. 앞에서도

---

107) 『荀子』, 「性惡」: "凡人之欲爲善者, 爲性惡也, ……, 人之欲爲善者, 爲性惡也, ……, 然則, 生而己, 則悖亂在己, 用此觀之, 人之性惡明矣, 其善者僞也."

설명하였듯이 '선(善)은 그 자체로 인위(人爲)'라고 하였다. 따라서 위(僞)의 작용으로 인하여 선(善)을 행(行)할 수 있기에 인위(人爲)가 배제된 본성은 악(惡)인 것이다. 또한 위(僞)의 해석을 '인위(人爲)' 즉 '무엇인가를 의도적으로 행함' 또는 '무엇인가를 행위함'이라고 한다면, 이것은 '본능적인 자연스러움'을 말하는 것이 아니라 '인위적 욕망'의 의미를 내포하고 있음을 볼 수 있다. 따라서 '僞'라는 단어는 욕망을 전제로 하고 있다. 그러므로 순자(荀子)의 인성론(人性論)에 나타난 욕망의 문제는 인성(人性)에 기본적으로 욕망을 수반하고 있다. 이러한 점을 간파한 순자(荀子)는 "성(性)은 하늘로부터 취한 것이요, 정(情)은 성(性)의 기질(氣質 - 질료)이며, 욕(欲)이란 정(情)이 반응하여 나타나는 것이다."[108]라고 주장한다. 이것을 도식화하면 천(天) → 성(性) → 정(情) → 욕(欲)으로 이어지며 결국 욕망은 인간이 하늘로부터 취한 성(性)에서 기인됨을 알 수 있다. 따라서 맹자(孟子)는 인간의 욕망을 성(性)에 근거한 것이 아니라 명(命)에 근거한다고 한 것에 반하여 순자(荀子)는 인간의 욕망은 성(性) 그 자체임을 알 수 있다.

순자(荀子)가 주장한 욕망의 존재근거로서의 '위(僞)'를 살펴보면 순자(荀子)가 주장한 욕망에 좀 더 접근할 수 있다.

눈은 아름다운 색깔을 좋아하고, 입은 맛있는 것을 좋아하고, 마음은 이익을 좋아하며, 몸체는 편안함을 좋아한다. 이것이 모두 인간의 정(情)과 성(性)에서 나오는 것이다. 이것은 바깥 사물의 자극을 받아

---

108) 『荀子』, 「正名」: "性者天之就也, 情者性之質也, 欲者情之應也."

저절로 그렇게 되는 것이다. 대체로 감응하는 것만으로 생길 수는 없고, 반드시 사물과 접촉한 이후에 생기는 것으로 이것을 위(僞)에서 생기는 것이라 한다. 이것이 성(性)과 위(僞)에서 생기는 것이 같지 않다는 것의 증거이다. 그런고로 성인(聖人)은 성(性)을 변화시켜 위(僞)를 일으키고, 위(僞)가 일어나면 예의(禮義)를 낳고, 예의(禮義)가 생기면 법도가 만들어진다. 그런즉 예의법도(禮義法道)란 것은 성인(聖人)이 만든 것이다. 그런고로 성인(聖人)이라는 것은 일반대중과 같아서 일반대중의 성(性)과 다르지 않다. 일반대중과는 다른 것이 있다면 그것은 위(僞)이다.[109]

인간의 욕망은 정(情)에서 나오는 것으로 바깥 사물과의 접촉에서 생긴다. 이것은 자연적으로 그러한 것이다. 그러므로 욕망은 성(性)과 위(僞)에서 생기는 것이 아니며 성인(聖人)의 성(性)은 성(性) ⇒ 위(僞) ⇒ 예의(禮義) ⇒ 법도(法道)로 이어지고 있음을 말한다. 그런즉 성(性)은 위(僞)를 통해 구체화되어 예의(禮義)와 법도(法道)가 만들어지는 것이기에 순자(荀子)는 인간의 욕망을 '성(性)의 기질(氣質)인 정(情)이 나아가 사물에 응한 것을 욕망'이라고 하였다. 이에 이상은 "순자(荀子)가 주장한 욕망에서 후천적 작위(後天的 作爲)에 의해 외물(外物)과 접촉하여 발생한 욕망은 인간의 눈과 마음을 가려 인간 스스로 악(惡)하게 된다는 것이다. 그러므로 순자(荀子)가

---

109) 『荀子』, 「性惡」: "若夫目好色 口好味 心好利 骨體膚理好愉佚 是生於人之情性者也, 感而自然, 不待事而後生之者也, 夫感而不能然, 必且待事而後然者, 謂之生於僞, 是性僞之所生, 其不同之徵也, 故聖人化性而起僞, 僞起而生禮義, 禮義生而制法度, 然則, 禮義法度者, 是聖人之所生也, 故聖人之所以同於衆, 其不異於衆者性也, 所以異而過衆者僞也."

주장한 성악(性惡)은 성(性) 자체가 악(惡)하다는 것이 아니라 성(性)에 따른 결과가 악(惡)하다는 것이다."110)고 하여 순자(荀子)의 성악론(性惡論)을 결과론적으로 해석하고 있을 볼 수 있다. 그러므로 순자(荀子)에게 있어서는 본능적인 자연스러움 위에 인간의 마음을 가리는 정욕(情欲)이 가장 큰 해악(害惡)으로 인식되었던 것이다. 따라서 이러한 욕망이 인간의 마음을 가리고 있기111)에 욕망은 제거의 대상이 된다.

나아가 순자(荀子)는 욕망의 폐해를 지적하여 "지극히 상세히 살피면서도 해(害)를 입는 것은 욕심내기 때문이다."112)고 하였으며, "용기가 있는데도 위엄이 서지 않는 것은 무엇을 탐(貪)하기 때문이다."113)라고 하는 것이다. 이로써 미루어 볼 때, 외물(外物)과 접촉하여 생긴 이러한 욕망이 인간의 마음을 가릴 뿐만 아니라 위엄이 서지 않고, 도리어 남에게 해(害)를 입는 근거가 되고 있다는 점에서 인간의 욕망은 인간의 바른 삶을 영위함에 있어 해악(害惡)의 근원(根源)이다.

따라서 순자(荀子)의 철학에 있어 '욕(欲)'과 '탐(貪)'을 구분하여야 한다. 물론 해석상의 문제에 있어 '욕(欲)'과 '탐(貪)'은 같은 의미로 쓰임을 볼 수 있으나 엄밀히 구분한다면 '욕(欲)'은 인간이 나면서 가지고 있는, 즉 자연적 재질의 욕망을 말한다면, '탐(貪)'은 사

---

110) 이상은, 앞의 논문, pp.37－38.
111) 『荀子』, 「解蔽」: "故爲蔽, 欲爲蔽."
112) 『荀子』, 「榮辱」: "察察而殘者忮也."
113) 『荀子』, 「榮辱」: "勇而不見憚者貪也."

회적 요인과 환경적 요인, 즉 정(情)의 감응으로 인하여 생긴 경계의 대상이다. 『순자(荀子)』에 보면 '탐(貪)'은 「영욕(榮辱)」 편에 2회,[114] 「유효(儒效)」 편에 2회,[115] 「부국(富國)」 편에 1회,[116] 「군도(君道)」 편에 2회,[117] 「정론(正論)」에 1회,[118] 「해폐(解蔽)」 편에 1회,[119] 「정명(正名)」 편에 1회[120] 사용되어 『순자(荀子)』 전체에 10번 사용된 것을 볼 수 있는데 그 의미를 분석하면 대체로 정(情)이 사물에 감응하여 발생한 '욕망'을 의미하여 단지 '하고자 함'의 의미하는 것이 아니라 자신의 처지와 본분을 벗어나 무엇인가를 과하게 바라는 것을 의미함을 볼 수 있다. 또한 '기욕(嗜欲)'이라는 단어를 두 번 사용하고 있는데 기욕(嗜欲) 역시도 사물에 감응하여 생긴 욕망을 의미함으로써 순자(荀子)는 성(性)의 기질(氣質)인 정(情)이 사물에 감응하여 생긴 욕망을 철저하게 경계하고 절제해야 함을 주장하고 있다.

뿐만 아니라 순자(荀子)의 인성론(人性論)을 고찰함에 있어 '사욕(私欲)'이라는 단어 역시 중요한 의미로 작용하고 있다. 이제까지의 선진유가(先秦儒家)에서는 '사욕(私欲)'이라는 단어가 뚜렷이 언급된 경우가 흔하지 않다. 그 이유로는 여러 가지를 추론할 수 있으나, 경제적·정치적 요인으로 파악된다. 이 시기의 경제는 원시경제적

---

114) 『荀子』, 「榮辱」: "果敢而振, 猛貪而戾."
115) 『荀子』, 「儒效」: "而天下不稱貪焉."; "必不以邪道爲貪."
116) 『荀子』, 「富國」: "而不足以容其身, 夫是之謂至貪."
117) 『荀子』, 「君道」: "上好貪利, 則臣下百吏."; "無貪利之心, 則下亦將蓁辭讓."; "貪利者退, 而兼節者起."
118) 『荀子』, 「正論」: "驕暴貪利, 是辱之由中出者也."
119) 『荀子』, 「解蔽」: "故, 以貪鄙背叛爭權, 而不危辱滅亡者."
120) 『荀子』, 「正名」: "甚勞而無功, 貪而無名."

형태로 사유재산의 개념이 희박하였기에 '공(公)'이나 '사(私)'의 개
념이 명확하게 구분되기 어려운 시기라 볼 수 있다. 따라서 이러한
개념은 역사가 흐를수록 뚜렷이 드러나게 되었다. 그럼에도 불구하
고 순자(荀子)는 '사욕(私欲)'이라는 단어를 직접적으로 사용하여 다
음과 같이 말하고 있다.

> 『서경(書經)』(「홍범(洪範)」 편)에 이르기를 '제멋대로(사사로이) 좋
> 아하는 것의 일으킴 없이 왕(王)의 도(道)를 따르며 제멋대로(사사로
> 이) 싫어하는 것의 일으킴 없이 왕(王)의 길을 따른다.'고 하였는데,
> 이는 군자(君子)가 공의(公義)로써 사욕(私欲)을 이길 수 있음을 말한
> 것이다.[121]

위의 구절에서 '제멋대로 좋아하는 것'이나 '제멋대로 싫어하는
것'은 '사사로이 무엇을 하는 것'을 말하며 '제멋대로'라는 것은 곧
'사(私)'를 의미함을 알 수 있다. 따라서 순자(荀子)에게 있어 '사
(私)'라는 것은 '정도를 벗어나 사사로움을 추구하는 것'으로 규정됨
을 알 수 있다.

나아가 '욕(欲)'과 '탐(貪)' 그리고 '정(情)'을 구분함에 있어 '욕
(欲)'은 자연적으로 발생하여 성(性)에 기착되어 있는 것을 의미하고
'탐(貪)'과 '기욕(嗜欲)', '정(情)'은 사물에 감응하여 발생한 욕망으
로 사회적 해악의 근원이라 하여 절제해야 하며 심(心)의 도덕적 기

---

121) 『荀子』,「修身」: "書曰 無有作好, 遵王之道, 無有作惡, 遵王之路. 此
　　 言君子之能以公義勝私欲也."

능이 지도(以爲可而道之)해야 한다고 주장한다. 그러하기에 순자(荀子)는 "사람의 정(情)이란 것은 음식은 고기를 먹고자 하고, 의복은 비단옷을 입고자 하고, 다닐 때는 거마를 타고자 하며, 또한 남은 재물을 모아 더 큰 부자가 되고자 하는 것이다. 이는 추구하여 세월이 지나고 대대로 내려와도 그칠 줄을 모른다."122)고 하여 철저한 경계(警戒)와 절제(節制)를 강조하고 있다. 이러한 경계와 절제는 수양론(修養論)으로 이어지고 있다. 순자(荀子)는 수양론(修養論)으로 예론(禮論)을 중시하였는데 순자(荀子)의 예론(禮論)을 살펴보자.

순자(荀子)의 사상은 주로 인간의 욕구본능을 솔직하게 인정하는 입장이 중시되고 있다. 그러면서 그 조절원리로서의 예론(禮論)을 특히 강조하고 있다. 순자(荀子)는 예(禮)를 '질서(秩序)'라고 보고 있다. 그에 따르면 인간의 정(情)은 대상을 헤아리거나 분별하지 않고 제멋대로 '욕망'을 추구하지만, 그 대상인 '물(物)'의 양(量)에는 한도(限度)가 있기 때문에 반드시 싸움이 일어나기 마련이다. 따라서 선왕들은 이 싸움을 예방하기 위하여 '예의(禮義)'를 만들어 인간(人間)의 욕망에 부응하는 한편 '물(物)'이 다하지 않도록 관리하여 양자의 조화를 꾀하였다.

이에 김곡치(金谷治)는 예(禮)의 작용에 관해 "순자(荀子)는 '예의(禮義)를 정하고 한계를 지우는' 것으로 욕망의 억제(抑制) 제한(制限)을 말하고 있다. 욕망이 무제한적으로 대상을 추구한다면 대상이 없어지게 되어 역(逆)으로 욕망에 물질이 고갈되는 결과를 낳는다.

---

122) 『荀子』, 「榮辱」: "人之情, 食欲有芻豢, 衣欲有文繡, 行欲有輿馬, 又欲夫餘財, 蓄積之富也, 然以窮年累世, 不知不足, 是人之情也."

그렇지 않도록 욕망을 제한하고 한편 외물도 양(量)을 풍부하게 하여 욕망을 응할 수 있도록 한다. 이리하여 욕망과 외물 사이에 양자(兩者)의 균형을 유지하면서 신장을 꾀하는 것이 예(禮)의 작용이다.”123)고 하였으며, “예(禮)에는 두 가지 목적이 있었다. 하나는 사람들의 생활 욕망을 증진시켜 가능한 그것을 충족시키는 것이며 다른 하나는 귀천(貴賤), 장유(長幼), 빈부(貧富), 경중(輕重)의 차별을 두어 질서(秩序)를 확립하는 것이다.”124)라고 예(禮)의 기능과 역할을 설명하고 있다. 따라서 순자(荀子)는 인간이 욕망을 절제하는 방법(方法)으로 ‘예의지도(禮義之道)’보다 더 좋은 것은 없다고 생각했기에 도(道)를 따라 행하지 않는 사람은 없다고 하여 “마음이 도(道)를 인지한 후(後)에 도(道)라고 할 수 있으며, 도(道)라고 할 수 있는 연후에 도(道)를 지킴으로써 도(道)가 아닌 것을 금(禁)할 수 있다.”125)라고 하였다. 이렇게 본다면 마음이 예의(禮義)를 인지할 수 있는 것은, 바로 필연적으로 마음이 긍정한 것을 따라 나타난 악(惡)한 본성(本性)을 변화시켜 선(善)을 이룰 수 있는 도덕(道德) 실천을 완성할 수 있다는 것이다.

그렇다면 이러한 인간이 도덕적으로 선(善)해야 하는 이유는 무엇인가? 이 물음에 순자(荀子)는 인간은 보다 나은 생활을 영위하기 위해 모임(群)을 떠나서 살 수 없음을 말한다.

---

123) 金谷治, 조성을 역, 『중국사상개론』, 서울, 이론과 실천, 1994, p.173.
124) 金谷治 외, 조성을 역, 『중국사상사』, 서울, 이론과 실천, 1994, p.98.
125) 『荀子』, 「解蔽」: “心知道然後可道, 可道然後能守道以禁非道.”

여러 기술자들이 이루어 놓은 것은 한 사람을 부양하기 위함이나 유능한 자라도 여러 기술을 다 겸비할 수 없으며, 또 한 사람이 모든 관직을 다 겸할 수 없다. 제각기 따로 떨어져 살면서 서로 돕지 않으면 빈궁해질 것이다.126)

인간의 능력(能力)에는 한계가 있고 이러한 인간능력의 한계극복을 위해 모임과 단결을 강조하였다. 이러한 이유 때문에 인간은 사회조직이 필요하며 이 사회 조직이 질서유지를 위해선 행위의 규범이 요청되는데 바로 이것이 예(禮)인 것이다. 그러므로 인간은 모임(群)을 이루고 살아야 하며, 다투지 않고 함께 공존하려면 만인에게 제한이 부과되어야 한다. 따라서 적어도 순자(荀子)에게 있어서의 예(禮)의 기능은 바로 이러한 한계를 수립하는 일이다.

나아가 위에서 말한 바와 같이 순자(荀子)는 성인(聖人)이 됨에 인위적인 노력을 요구하여 다음과 같이 말하고 있음을 볼 수 있다.

오늘날 사람의 본성이 악(惡)하니 반드시 스승의 법도를 따른 연후에 바르게 되고 예의(禮義)를 갖춘 연후에 다스려진다. 지금 사람에 스승의 법도가 없으면 치우치고 험하여 바르지 못하게 되고 예의(禮義)가 없으면 어긋나고 어지러워서 다스려지지 못한다. 옛 성왕들은 사람 본성이 악(惡)해서 치우치고 험하여 바르지 못하고 어긋나고 어지러워서 다스려지지 못한다고 여겼으니, 이 때문에 예의(禮義)를 일으키고 법도(法道)를 제정하여 인간 성정(性情)을 교정하여 바르게 하

---

126) 『荀子』, 「富國」: "百技所成, 所以養一人也, 而能不能兼技, 人不能兼官. 離居不相待則窮."

고 인간 성정(性情)을 길들여서 이끌어갔으니 비로소 모두 다스려짐에 이르고 도리(道理)에 합일(合一)하게 되는 것이었다.127)

'본성을 변화시키는 도(道)'는 스승의 교훈을 통하여 예의(禮義)로 돌아가는 것이다. 이처럼 순자(荀子)는 본성(本性)의 악(惡)함을 극복하고 또한 욕망을 절제하기 위해서는 예의(禮義)로서 교화되어야 함을 강조하고 있다. 마음이 예의(禮義)로서 본성을 다스리면 본성은 필연적으로 마음이 긍정한 것을 따라 나타난 악(惡)한 본성을 변화시켜 선(善)을 이룰 수 있는 도덕실천을 완성할 수 있음을 의미한다. 순자(荀子)는 인간은 태어나면서 소인배에 불과하지만 배우고 익히면 성인(聖人)이 될 수 있고, 그렇지 못하면 걸왕(桀王)이나 도척 같은 사람도 될 수 있다고 본다. 즉 요(堯)나 우(禹) 같은 성인(聖人)이란 위(僞)라는 주체적 행위(行爲)를 통하여 판별하고 수양(修養)하는 결과적 모습이므로 적극적으로 인위의 예(禮)를 실천함으로써 성인(聖人)에 이른다고 강조하고 있다.

'성(性)'이란 본시 재질이 소박한 것이요 '위(僞)'란 이치를 잘 드러내 융성한 것이다. 성(性)이 없으면 위(僞)가 더해갈 바 없고 위(僞)가 없으면 성(性)이 스스로 아름다울 수 없다. 성(性)과 위(僞)가 합해진 연후에 성인(聖人)이라는 이름을 이루게 되고 천하(天下)를 하나로 하

---

127) 『荀子』, 「性惡」: "今人之性惡　必將待師法然後正　得禮義然後治　今人無師法　則偏險而不正　無禮義　則悖亂而不治　古者聖王以人之性惡　以爲偏險而不正　悖亂而不治　是以爲之起禮義　制法度以矯飾人之情性而正之　以擾化人之情性而導之也　使皆出於治　合於道者也."

는 공(功)이 이에서 이룩된다. 그러므로 이르되 하늘과 땅이 합하여 만물이 생기고 음(陰)과 양(陽)이 접하여 변화가 일어나며 성(性)과 위(僞)가 합하여 천하(天下)가 다스려진다고 하는 것이다.[128]

인간의 태어난 그대로의 소박한 바탕 위에 인위(人爲)의 후천적 노력이 합해져서 선(善)으로 가꾸어지고 그것은 바로 예(禮)가 사회(社會)에 실현되어 천하(天下)가 원만히 다스려질 수 있게 되는 것이다. 그러므로 순자(荀子)의 인성론(人性論)에 있어서는 예(禮)를 통한 인위(人爲)의 실천으로 인간이 인간다워지고 욕망의 절제도 가능하며 성인(聖人)이 될 수 있고 사회도 교화되어 나라를 다스릴 수 있다고 말한다.

요컨대 순자(荀子)의 철학(哲學)에 있어서는 인간의 성(性)을 말함에 있어 성(性)의 기질(氣質)을 정(情)이라 하여 성(性)에서 정(情)이 나가 사물에 감응하기에 인간의 본성(本性)에 욕망이 내재해 있다는 입장이다. 또한 본성(本性)에 욕망이 있고, 욕망이 나아가서 '위(僞)'를 통해 외부의 물(物)과 접촉하여 인간의 삶을 영위하기에 인간의 본성(本性)에 욕망이라는 것은 당연히 지속되어야 할 부분이라 인식하였던 것이다.

---

128) 『荀子』,「禮論」: "故曰 性者, 本始材朴也. 僞者, 文理隆盛也. 無性則僞之無所加, 無僞則性不能自美. 性僞合, 然後成聖人之名, 一天下之功於是就也. 故曰天地合而萬物生, 陰陽接而變化起, 性僞合而天下治."

4. 老莊의 인간과 욕망

지금까지 선진유가(先秦儒家)의 공자(孔子), 맹자(孟子) 그리고 순자(荀子)의 인간관(人間觀)과 욕망론(欲望論)에 대하여 살펴보았다. 비슷한 시기에 학문을 전개하였으나 유가철학(儒家哲學)과는 다른 인간관과 욕망론을 전개한 도가(道家)의 철학에 대하여 고찰한다면 선진시대의 인간관과 욕망론에 대하여 좀 더 깊이 있게 이해할 수 있다. 따라서 본 장에서는 노자(老子)와 장자(莊子)를 중심으로 하는 도가(道家)의 사상을 살펴보자.

중국 윤리학사에 있어 도가(道家) 노장(老莊)일파의 학설은 그 나름대로의 특질이 있다. 그 대체적인 경향은 개인의 생명을 보존하고 세속생활에서 벗어나는 것을 최고의 도덕원칙으로 삼고 있다. 따라서 유가(儒家)의 맹자(孟子)가 지적한 것이 측은(惻隱)·수오(羞惡)·사양(辭讓)·시비(是非)의 사단(四端)과 인의예지 사덕(仁義禮智 四德)이다. 이 사단(四端)과 사덕(四德)은 모두 윤리적인 색채를 띠고 있다. 이러한 측면에서 볼 때 유가(儒家)의 인간관은 윤리적 인간관

이다. 그러나 도가(道家)에서는 인간과 인간 아닌 것의 다른 점으로
부터 인간의 본성을 찾으려고 하지 않았다. 만물과 인간의 차이점에
착안하기보다 오히려 인간과 천지만물이 서로 통할 수 있으며 같이
가지고 있는 어떤 것을 인간의 본성이라고 보았다. 인간과 천지만물
은 도(道)를 공통의 근원으로 삼는다고 본다. 이 도(道)는 자연한 것
이다. 여기에서는 윤리적 색채가 없다. 이러한 측면에서 보면 도가
(道家)의 인간관은 자연적 인간관이다.129)

이러한 자연적 인간관에서 나타나는 욕(欲)에 대한 도가(道家)의
주장은 자연에서 출발한(태어나면서부터 가지고 있는) 인간의 욕(欲)
은 없앨 수 없는 것이나, 자연과의 조화를 통한 안분지족(安分知足)
함을 지키기 위하여 무욕(無欲－寡欲)해야 함을 본질적으로 주장하
고 있다.

노자(老子)에 있어 도(道)와 덕(德)의 개념은 두 가지로 나누어진
다. 그 하나는 철학적 개념으로 자연관(自然觀)에 사용되는 것이고
다음으로는 윤리학에서 사용하는 개념으로 윤리학 개념상 도(道)는
인류활동의 최고 준칙이며 덕(德)은 인류의 본성 또는 품격(品格)이
라 이름한다.

그렇다면 윤리학적 개념으로의 도(道)와 덕(德)의 내용은 무엇일
까? 그것은 기본적으로 유가(儒家)의 그것과 유사하나 그 본질적인
면으로 본다면 뚜렷한 차이가 드러난다.

노자(老子)는 욕(欲－하고자 함)을 자주 언급하고 있다. 대체로 인

---

129) 한국동양철학회, 李康洙, 「노장의 이상적 인간론」, 『동양철학의 본체론
과 인성론』, 연대출판부, 1996, pp.220－221.

간은 나면서 욕(欲)을 가지며 또한 각종 방법을 강구하여 그 욕(欲)을 충족하고 있다. 그러나 노자(老子)에 견해에 따르면 "생에 대한 탐닉은 재앙이다."130) "사물은 항상 증익하면 감손한다."131)고 하여 욕(欲)을 충족하는 방법이 많으면 많을수록 욕(欲)은 더욱 충족될 수 없어서 사람은 그만큼 해를 입게 된다고 하였다. 따라서 각종 방법을 동원하여 욕(欲)을 충족시키느니 차라리 과욕(寡欲)하는 것이 더 낫다고 하고 있다. 이른바 노자(老子)의 욕망론을 무욕론(無欲論)이라 한다. 그러나 노자(老子)의 견해를 면밀히 살펴보면 인간이 삶을 영위하면서 무욕(無欲)할 수 없기에 과욕(寡欲)해야 함을 주장하고 있음을 알 수 있다. 또한 노자(老子)가 주장하고 있는 과욕(寡欲)은 맹자(孟子)가 주장하는 과욕(寡欲)과는 차이를 보인다. 이 차이점은 맹자(孟子)의 과욕(寡欲)은 하늘로부터 부여받은 본성의 순수함과 청정함을 유지하기 위하여 과욕(寡欲)해야 함을 말하지만 노자(老子)는 욕(欲)을 추구하면 할수록 재화가 줄어들 뿐만 아니라 재화의 감소로 인해 사람들이 해를 입기에 과욕(寡欲)해야 함을 말하는 것이다. 따라서 노자(老子)가 본질적으로 주장하고자 하는 것은 "음식을 달게 먹고, 옷을 아름답게 입고, 안온하게 거처하고 풍속을 즐겁게 하라."132)는 것으로서 불가(佛家)에서 말하는 것처럼 삶을 근본적으로 멸절하는 것이 아닌 이상 완전히 욕(欲)이 없는 것은 불가능하다는 것이다. 그러므로 노자(老子)가 주장하는 것은 사람들이 "과도함을

---

130) 『老子』, 55장, "益生曰祥."
131) 『老子』, 42장, "物或損之而益, 或益之而損."
132) 『老子』, 80장, "甘其食, 美其服, 安其居, 樂其俗."

배제하고 사치를 배제하고 지나침(나태함)을 배제하도록.”133) 하려는 것으로 욕(欲)의 절제, 즉 과욕(寡欲)을 말함이다.

따라서 노자(老子)는 다음과 같이 말하여 무욕(無欲)의 경지를 설명하고 있다.

> 성인(聖人)은 하고자 함이 없기를 하고자 하기에 얻기 힘든 재화를 귀(貴)하게 여기지 않으며 배움이 없기를 배우기 때문에 사람의 잘못된 것을 복구시킨다.134)

‘하고자 함이 없기를 하고자 한다’는 것은 무욕(無欲) 또는 과욕(寡欲)의 경지에 도달하는 것으로 ‘하고자 함이 없음’을 ‘하고자 함’으로 삼은 것이다. ‘배움(학문)이 없기를 배움’은 무지의 경지에 도달하는 것으로 배움을 배움으로 삼는 것은 사람들의 잘못이고 배움이 없기를 배움으로 삼아야 이것이 성인(聖人)의 가르침이라는 것이다.135) 여기에서 욕(欲)은 두 번 나오는데 이 두 번의 욕(欲)의 이해가 다름을 알 수 있다. ‘욕불욕(欲不欲)’이라 할 때 앞의 욕(欲)은 도덕성이 내재된 선의지를 향한 욕(欲)이라면, 뒤의 욕(欲)은 사물에 집착된 사욕(私欲)이다. 그러므로 노자(老子)가 지향하는 것은 욕(欲)이 없음이 아니라 사물에 집착된 욕(欲)에 한해 무욕(無欲)해야 함을 지적한다. 이러한 점을 볼 때, 노자(老子)의 사상을 무욕론(無欲論)

---

133) 『老子』, 29장, “是以聖人 去甚去奢去泰.”
134) 『老子』, 64장, “聖人欲不欲, 不貴難得之貨, 學不學, 復衆人之所過.”
135) 풍우란, 박성규 역, 『중국철학사』, 까치, 2003, p.304

이라 함의 '무욕(無欲)'은 사사로운 감정과 물질에 집착된 욕(欲)에 관한 한 무욕(無欲)인 것임을 알 수 있다.

따라서 이러한 노자(老子)의 무욕(無欲-寡欲)의 관점은 '무위(無爲)'와 '소박(素樸)'의 견해에서 집중적으로 드러난다. 그러므로 왕필(王弼)은 이 구절을 해석하기를 "좋아하고 욕심내는 것이 비록 미미하나 (그것 때문에) 다투고 드높이는 것이 일어나고, 얻기 힘든 재화가 비록 적더라도 (그것 때문에) 탐하고 도둑질이 생겨난다. 배우지 않고도 능히 할 수 있는 것은 자연스러움이요, 배워서 깨닫는 것은 허물이다. 그런고로 배우지 않는 것을 배워서 뭇 사람들의 허물을 고쳐준다."136)고 하였다. 그런고로 좋아하고 욕심내는 마음과 재화의 탐닉을 좇는 것이 결국 문제를 일으킨다는 것으로 성인(聖人)은, 聖人(성인)으로 나아가기 위해서는 욕심내지 않음(無欲)을 욕망해야 한다는 철저한 도덕원칙을 말하고 있다.

그러하기에 노자(老子)의 '무위(無爲)'와 '소박(素樸)'의 견해를 살펴본다면 노자(老子)의 욕망론에 있어서 과욕(寡欲)의 의미를 정확히 파악할 수 있을 것으로 사려 된다.

먼저 노자(老子)는 무위(無爲)를 인류활동의 최고 준칙으로 보고 아울러 무위(無爲)를 인류본성 및 최고의 품덕으로 생각하고 있다.

도는 항상 작위 함이 없으나 또한 하지 않음이 없다. 제후나 제왕이 만일 이를 지킬 수 있다면 만물은 장차 스스로 화육한다. 화육함

---

136) 『老子』, 王弼註, 64장, "好欲雖微, 爭尙爲之興, 難得之貨雖細, 貪盜爲之起也, 不學而能者, 自然也, 喩於學者過也, 故學不學, 以復衆人之過."

에도 하고자 함이 있다면 나는 장차 이름 없는 소박함으로 이를 진정시킬 것이다. 이름 없는 소박함이란 하고자 하지 않고, 하고자 하지 않아서 고요해지면 천하도 장차 스스로 바르게 된다.[137)

여기서 말하고 있는 도(道)는 바로 무위(無爲)이다. 그리고 '무명지박(無名之樸)'이라 함은 '자연의 도'를 의미한다. 따라서 그 소박함은 무욕(無欲), 무소작위(無所作爲)이며 내면에서 안정을 찾는 것이다. 그렇다면 '무명지박(無名之樸)'이라 함은 '자연의 도'라고 할 때의 '자연'은 의미는 무엇인가?

사람은 땅을 본받고 땅은 하늘을 본받고 하늘은 도를 본받는다. 그리고 도는 자연을 본받는다.[138)

자연(自然)이라 함은 현상계의 자연(自然)을 말하는 것이 아니라 인간이나 사물의 본연적 모습을 말하는 것이고, 그 내용은 결국 무위(無爲)와 무욕(無欲)을 말하고 있다. 따라서 노자(老子)의 견해는 자연의 순연한 모습에 순응하기 위하여 사사로운 욕(欲)에 있어 무욕(無欲)하고자 함을 욕(欲)하는 것이다. 이러한 점이 노자 무욕론(老子 無欲論)의 일관된 견해이다.

다음으로 노자(老子)의 도덕관(道德觀)은 유가(儒家)와 같이 인성론(人性論)에 기초하고 있다. 그러나 그는 유가(儒家)와는 달리 무지

---

137) 『老子』, 37장, "道常無爲, 而無不爲, 侯王若能守, 萬物將自化, 化而欲作, 吾將鎭之以無名之樸, 無名之樸, 亦將不欲, 不欲以靜, 天下將自正."
138) 『老子』, 25장, "人法地, 地法天, 天法道, 道法自然."

무욕(無知無欲)을 인간의 '소박한 본성'이라고 보았다.

> 항상된 덕이 충족되어 소박함으로 복귀한다.[139]

노자(老子)의 견해에서 볼 때 무지무욕(無知無欲)은 인간들의 선량한 본성이다. 나아가 유가(儒家)의 인의충신(仁義忠信)은 인간의 선량한 본성을 억누르는 것이다. 또한 국가의 혼란이나 개인의 불행 등 모든 그릇된 것들은 탐욕(貪欲)과 지식에 대한 추구에서 야기되는 것이고 이것은 인간들의 소박한 본성에 위배되는 것이기에 소박함에 기초하여 무지무욕(無知無欲)의 도덕원칙을 제시하여 사람들의 선량한 본성을 회복하고자 하였다. 따라서 무욕(無欲)을 선(善)으로 보고 이를 인간의 본질적 속성이라 한 점으로 미루어 본다면 일종의 성선론(性善論)이라 할 수 있으나 맹자(孟子)의 성선(性善)과는 다르다.

따라서 무지무욕(無知無欲)의 도덕원칙을 실현하고 이를 사람들의 미덕으로 삼기 위해서는 결국 실천할 수 있어야 할 것이다. 또한 그 사회에 실현 가능한 방법론을 제시해야 할 것이다. 이에 노자(老子)와 장자(莊子)는 인간의 본성에 욕(欲-하고자 함)이 내재해 있다는 것을 간파하고 무욕(無欲)을 주장하였다. 따라서 과욕(寡欲)에 대하여 언급함으로써 수양의 핵심적 위치에 과욕(寡欲)을 두고 무위무욕(無爲無欲)해야 함을 말한다. 나아가 노자(老子)는 과욕(寡欲)해야만 악(惡)을 방지하고 선량한 본성을 회복할 수 있다고 보았다. 그러므

---

139) 『老子』, 28장, "常德乃足, 復歸於樸."

로 과욕(寡欲)에 대해서 살펴보면 다음과 같다.

> 깨끗함을 보고 질박함을 가짐으로 사사로움을 작게 하고 욕심을 적게 한다.[140]

> 그 백성은 우매하고 순박하여 사사로움을 작게 하고 욕심이 적다[141]

> 임금이 지출을 줄이고 욕심을 적게 한다면 비록 식량이 없다 하더라도 충분할 것이다.[142]

이상에서 확인되는 바와 같이 과욕(寡欲)이라 함은 욕(欲)을 줄이는 것이다. 욕(欲)을 줄인다는 것은 무엇을 말하는가? 분명 노자(老子)가 말한 '소사과욕(少私寡欲)'에서의 과욕(寡欲)은 맹자(孟子)가 주장한 과욕(寡欲)과는 다르다. 또한 주희(朱熹)가 주장했던 금욕주의(禁欲主義)와도 다르다.[143] 노자(老子)가 주장한 과욕(寡欲)이나 무욕(無欲)은 철저한 금욕주의(禁欲主義)를 말하는 것이 아니라 단지 "과도함을 버리고 사치를 버리고 지나침을 버려야 한다."고 주장하는 것이다. 이로써 볼 때 노자(老子)의 무욕론(無欲論)은 불가(佛家)에서 말하고 있는 절욕이나 송대 유가(宋代 儒家)에서 말하고 있는 철저한 금욕주의(禁欲主義)가 아니라 인간의 삶을 영위하기 위해

---

140) 『老子』, 19장, "見素抱樸 少私寡欲."
141) 『莊子』, 「外篇」 山木, "其民愚而朴 少私而寡欲."
142) 『莊子』, 「外篇」 山木, "少君之費 寡君之欲 雖無糧而乃足."
143) 朱伯崑, 전명용 역, 『중국고대윤리학』, 이론과 실천, 1997, pp.332-333.

필요한 욕(欲)은 인정하고 있음을 알 수 있으며 나아가 성인(聖人)으로 나아가기 위해 욕(欲)을 줄여야 함을 말하고 있다. 그러므로 노자(老子)는 인간이 세상을 살아가면서 당연히 과욕(寡欲)해야 함을 다음과 같이 말한다.

> 죄는 욕(하고자 함)보다 더 큰 것이 없고, 재앙은 만족할 줄 모르는 것보다 큰 것이 없고, 허물은 얻고자 욕심내는 것보다 큰 것이 없다. 그런고로 만족함을 아는 만족이 항상된 만족이다.144)

이 구절에서 노자(老子)의 무욕론(無欲論)의 견해가 확연하게 드러나는데, 만족함을 아는 만족이 항상된 만족이라는 것은 바로 '안분지족(安分知足)'을 말하는 것으로, 인간이 생존을 위해 무엇인가를 하고자 함은 자연일 것이나 그 하고자 함을 얻었을 때 스스로 만족할 수 있다면 많은 사람들이 함께 재화를 나눌 수 있다는 것이다. 또한 지나친 욕(欲)은 죄가 되고 재앙을 가져오며, 마침내 자신 스스로의 허물이 된다고 하여 인격완성의 핵심적 요인으로 하고자 함을 줄이는 것을 말하고 있다. 따라서 노자(老子)의 무욕(無欲)은 인격완성의 핵심요체이다. 나아가 노자(老子)는 인간이 생존을 추구하기 위해서는 욕망을 없앨 수 없다는 것을 알고 있었고 또한 개개인의 욕망의 충족이 충돌하여 사람들에게 더 큰 화를 미친다고 하였다. 따라서 욕망은 충족시키는 것보다 근본적으로 과욕(寡欲)하는 것이 낫

---

144) 『老子』, 46장, "罪莫大於可欲, 禍莫大於不知足, 咎莫大於欲得, 故 知足之足, 常足矣."

다는 것이고 欲이 적을수록 충족시키기 쉬워서 그만큼 더 이익을 얻게 된다는 것이다.[145] 그러므로 노자(老子)는 욕(欲)을 줄이는 방법은 욕(欲)의 대상을 줄이는 데에 있다고 하여 다음과 같이 말한다.

귀한 물건을 귀하게 여기지 않으면 백성들은 도둑질하지 않는다. 욕심낼 만한 것을 보지 않으면 백성들의 마음은 어지럽히지 않는다.[146]

나아가 그는 '박(樸)'을 주장하면서[147] 욕(欲)을 스스로 조절할 것을 말하고 있는데 이 구절을 임법융은 "'무명지박'은 자연의 도(道)인 본성이다. 사람 몸에 있어서는 정욕(情欲)으로 구멍이 뚫려 상실되지 않는 선천 본성으로서, 그것은 어떠한 사욕(私欲)이나 망령됨이 없으며 지극히 순수하다. 그것은 자연적인 것으로 능히 온갖 삿된 것을 진압하고 일체의 혼란을 조절하여 다스린다. 능히 이 같은 하나의 본성을 지녀서 지킨다면 저절로 닦여지고 천하는 태평할 것이다."[148]라고 해석하고 있다. 따라서 노자(老子)는 인간에게 있어 마땅히 존재하는 것으로 욕(欲)을 파악하고 있다. 그러므로 욕(欲)이 인간에게 내재해 있는 것이라면 이것을 절제하고 조절하여 적게 해야 함을 말하고 있는 것이고 노자(老子)가 요구하고 있는 무지(無知)와 무욕(無欲)의 가장 근본적인 문제는 무지(無知)를 요구하였을 뿐

---

145) 馮友蘭, 박성규 역,『중국철학사 상』, 까치, 1999, p.301.
146) 『老子』, 3장, "不貴難得之貨, 使民不爲盜, 不見可欲, 使民心不亂."
147) 『老子』, 37장, "化而欲作, 吾將鎭之以無名之樸, 無名之樸 亦將不欲, 不欲以精, 天下將自正."
148) 金仙學會 역, 任法融 註解,『도덕경석의』, 여강, 1999, p.152.

결코 생리상의 기본적 欲을 부정하지 않았다는 점을 이해할 수 있다.149) 그런고로 노자(老子)는 "인간을 다스리고 하늘을 받드는 데에는 절제(節制-절약하여 낭비하지 않는 것)가 제일이다."150)고 하여 욕(欲)을 줄이고 절제(節制)해야 함을 강조하고 있다.

이러한 노자(老子)의 사상은 장자(莊子)에게로 이어져 장자(莊子)는 노자(老子)의 무위(無爲)와 소박(素樸)의 사상을 더욱더 발전시키고 있다. 장자(莊子)에서는 인간의 본성에 해당하는 것으로 「외편(外篇)」과 「잡편(雜篇)」에서는 '성(性)' 字를 쓰고 있음을 볼 수 있는데, 「내편(內篇)」에서는 '성(性)' 字에 해당되는 내용으로 '덕(德)' 字를 사용하고 있음을 볼 수 있다.

따라서 장자(莊子)는 인간의 본성인 덕(德)을 회복하기 위하여 무지(無知), 무욕(無欲)해야 함을 말한다.

> 무지(無知)하되 그 덕(德)을 벗어나지 않으며, 무욕(無欲)하니 이것을 소박(素樸)이라고 한다. 소박(素樸)하면 사람의 본성이 얻어질 것이다.151)

무위(無爲)하고 소박(素樸)하여 사람의 본성이 얻어진다는 것은 욕(欲-하고자 함)을 없앨 수 있다면 인간의 순수한 본성을 회복할 수 있다는 것이다. 따라서 장자(莊子)가 주장하고 있는 욕(欲)에 대

---

149) 徐復觀, 유일환 역,『중국인성론사-선진편』, 을유문화사, 1995, p.72.
150) 『老子』, 59장, "治人事天, 莫若嗇."
151) 『莊子』, 「馬蹄」, "同乎无知, 其德不離, 同乎无知, 是爲素樸, 素樸而民性得矣."

한 본질적 견해는 본성의 순수함이라 할 수 있는 덕(德)을 회복하기 위해서는 무욕(無欲)해야 함을 일컫는다.

나아가 이 구절에서 나타나는 소박(素樸)은 무지 무욕(無知 無欲)하며 사려 분별하는 마음이 없는 형태로써 무위(無爲)의 다른 표현이다. 그러므로 장자(莊子)는 "무위하되 절로 높임을 받으며 박소하되 천하에 그와 아름다움을 다툴 수 있는 것이 없다."152)고 하여 무위(無爲)와 소박(素樸)은 서로 상통하라는 개념으로 사용하고 있다. 그러므로 소박(素樸)은 무위(無爲)의 다른 표현일 뿐만 아니라 자연의 다른 표현이다.

그러므로 본성을 회복하는 방법으로 장자(莊子)는 유가(儒家)에서 주장하는 사(思)와 학(學)의 방법을 정면으로 거부하고 신비주의적 방법을 주장하고 있는데, 상아(喪我)·좌망(坐忘)·무기(無己)가 그것이다. 상아(喪我)와 좌망(坐忘)은 인의(仁義)·예악(禮樂)의 관념을 버리고 더 나아가 감관작용과 사려작용을 멈추게 하고 무아(無我)의 경지에 몰입하는 것을 뜻한다. 그러나 무기(無己)는 「소요유(逍遙遊)」篇에 나오는 것으로 자기 자신을 고려하지 않는다는 것이다. 자기 자신을 고려하지 않는 무기(無己)의 인간만이 소요유(逍遙遊)의 경지에 도달할 수 있다. 장자(莊子)는 소요유(逍遙遊)의 생활을 이상적인 경지로 보았는데, 이 경지에 있는 사람의 품격은 두 가지로 개괄할 수 있다. 하나는 무소대(無所待)로서, 이는 어떤 것에도 의지하지 않고 어떤 것도 빌리지 않는다는 뜻이다. 다음으로 무용(無用)이다.

---

152) 『莊子』,「天道」, "無爲也而尊, 樸素而天下莫能與之爭美."

스스로 아무데도 사용할 수 없는 무용지물(無用之物)이 되어야만 비로소 자유로운 생활을 할 수 있다는 것이다.

나아가 장자(莊子)는 무기(無己)를 최대의 행복으로 생각했다. 그가 말한 '무기(無己)'는 대공무사(大公無私), 즉 공적인 큰일을 위해 사사로운 개인의 일을 돌보지 않는다는 것이 아니라 삶과 죽음, 행복과 불행 등을 자신의 마음속에 두지 않는다는 것으로 마치 불가(佛家)에서 말하고 있는 空의 사상과도 흡사하다. 결국 莊子가 주장하고 있는 무기(無己), 소요(逍遙)의 경지는 삶과 행복에 욕심내지 않는 경지이다.

이러한 것은 사람들이 만약 삶에 있어 무엇인가를 욕심내고 하고자 함이 있다면 무기(無己)나 소요(逍遙)의 경지는 없을 것이기 때문이다. 이러한 점이 장자(莊子)가 노자(老子)의 사상을 계승 발전한 흔적이다. 노자(老子)는 무위(無爲)와 소박(素樸)의 철학을 장자(莊子)는 소요(逍遙)와 무기(無己)의 사상을 통하여 반영시켰고 나아가 노자(老子)가 주장하였던 무욕(無欲)의 경지를 한층 더 심화시켰다. 결국 이러한 무욕(無欲)의 경지인 오요(逍遙)의 상태가 바로 장자(莊子)가 말한 본질적 이상향인 성인(聖人)의 경지이다.

그러므로 장자(莊子)는 자기의 본성을 회복하여 그 본성에 따라 살아갈 수 있는 사람을 이상적 인간이라고 주장하였다. 장자(莊子)에 있어서 본성에 해당하는 개념은 덕(德)이다. 이 덕(德)은 문명인만이 가진 것도 아니며 성인(聖人)만이 가진 것도 아니다. 무지(無知)·무욕(無欲)하여 인의(仁義)가 무엇인지조차 모르는 원시인과 영아(嬰兒)가 오히려 풍부하여 온전한 덕(德)을 가질 수 있다. 이러한 덕

(德)은 인간만이 가진 것도 아닌 것이다. 나아가 이 덕(德)은 허(虛)하며 정(靜)하며 명(明)한 것이다. 지식(知識)·인의(仁義) 등 어떠한 외래 관념도 침투하지 않는다는 의미에서 허(虛)하며, 어떤 사물에 의해서도 흔들리지 않는다는 의미에서 정(靜)하며 외래적인 관념에 의하지 않고도 그 자체의 빛으로 비출 수 있다는 점에서 명(明)한 것이다. 따라서 이러한 본성의 회복과 덕(德)의 확립은 욕(欲-하고자 함)에 의해 행위하지 않는다는 것을 의미한다. 그러므로 본성을 회복하고 덕(德)을 확충하여 성인(聖人-眞人)으로 나아가기 위해서는 수양론으로 반드시 무지(無知)·무욕(無欲)해야 한다.

그러므로 노장(老莊)의 철학에서의 과욕(寡欲)은 군자(君子)의 도(道)일 뿐만이 아니라 선(善)의 추구를 위해서도 당연시해야 하는 덕목(德目)임을 알 수 있다. 또한 욕(欲)을 줄인다는 것은 인성론(人性論)과 수양론(修養論)의 핵심으로 작용하고 있다는 것도 알 수 있다. 이러한 과욕(寡欲)은 인간이 인간답게 살아갈 수 있는 동력원인 것이고 나아가서는 더불어 사는 공동체 생활의 근거이다.

Ⅲ. 理學에서의 욕망론

1. 시대적·사상적 배경

　이상과 같은 선진시대(先秦時代)의 인간관, 즉 서로 같지만은 않았던 맹자(孟子)와 순자(荀子)의 견해를 배경으로 하면서, 특히 '욕(欲)'에 대한 이해의 강도를 달리하고 있었던 유학사적 흐름에서 송대(宋代)의 유학자들은 과연 어떠한 모습으로 나타나는 것이었던가? 이와 관련한 구제척인 내용은 우선 그들이 살았던 시대상황의 이해로부터 살펴보기로 한다.

　주지하다시피 고대 중국에서는 춘추전국시대(春秋戰國時代)를 거치면서 유가(儒家), 도가(道家), 묵가(墨家), 법가(法家) 등의 제자백가(諸子百家)가 형성되어 사상적 황금기를 맞는다. 이러한 제자백가(諸子百家)들의 사상들 가운데 특히 윤리적 측면에 깊은 관심을 보이면서 사상을 전개한 것은 바로 유가(儒家)였다. 그리고 이 유가(儒家)는 진(秦)나라가 중국을 통일하면서 침체기에 빠져드나 한(漢)나라의 동중서(董仲舒)(B.C.179 −B.C.104)의 건의에 의해 다시 부흥하기에 이른다.

　그 후 한(漢)나라가 멸망하고 수(隨)·당(唐)에 의해 다시 통일될

때까지의 혼란한 시기에는 현학(玄學)이 크게 발전하였으며 불학(佛
敎)도 널리 성행하기에 이른다. 특히 당(唐)은 왕실의 보호 아래 불
교(佛敎)의 사상이 크게 유행하였다. 그러나 이 시기에 한유(韓愈)
(字는 退之, 768－824)나 이고(李翱)(字는 習之, 772－841) 등은 불
교(佛敎)를 배척하고 유가사상(儒家思想)의 부흥운동을 전개하였는
데 이것이 송대(宋代) 유학전개의 원류가 되었다.

당(唐)이 멸망하고 송(宋)이 건국되면서 유학(儒學)은 사상의 부흥
기를 맞이하게 된다. 이 시기의 유학(儒學)은 유가경전(儒家經典)의
주석(註釋)을 위주로 하는 훈고학(訓詁學)에서 탈피하여 聖人의 정
신을 파악하려는 노력이 있었다. 이러한 노력으로 성리학(性理學)이
탄생하게 되었으며, 성리학(性理學)은 인간행위의 올바른 준칙으로서
그 원리와 근거를 깊이 탐구하였다. 따라서 성리학(性理學)은 단순
한 인간의 윤리의 문제에만 국한된 것이 아니라 철학적 성격으로 우
주본체론(宇宙本體論)의 탐구까지도 그 학문의 분야를 넓혔다. 그러
므로 인간의 본성과 우주의 형이상학적 근거를 물으며 태극(太極),
음양(陰陽), 이기(理氣), 인심도심(人心道心), 사단칠전(四端七情), 본
연지성(本然之性)과 기질지성(氣質之性), 천리(天理)와 인욕(人欲)의
문제를 깊이 있게 다르고 있음을 볼 수 있다.

그러나 유의해야 할 점은 선진유가(先秦儒家)가 발생한 이후 오랜
시간 동안 중국은 혼란한 시기를 거치면서 도가(道家)와 불가(佛家)
의 사상이 발전하였고 송대(宋代)에 이학(理學)이 발전하는 데에도
불가(佛家)와 도가(道家)의 사상적 영향이 있었다는 점이다. 이것은
주돈이(周敦頤)가 태극도설(太極圖說)에서 '태극(太極)'을 설명하면

서 '무극(無極)'을 말함에도 드러나고 있다. 따라서 이학(理學)은 선
진유가(先秦儒家)의 사상을 계승하고 있지만 시대적 환경적 영향으
로 인하여 도가(道家)와 불가(佛家)의 사상적 영향 아래에서 독창적
인 학문을 전개하고 있음을 알 수 있다. 그러나 이러한 이학(理學)
은 이론과 실천의 측면에서 서로 다른 학파로 구분되고 있으나 이들
을 통틀어 송명리학(宋明理學)이라고 부르는 까닭은 그들이 일정한
성질을 공유하고 있기 때문이다.

이에 진래(陳來)는 송유(宋儒)들이 일정한 성질을 공유하고 있음
을 다음과 같이 지적하고 있다.

> 그들은 일정한 틀을 가지고 공통적으로 그 시대의 민족정신을 담당
> 하고 체현했기 때문이며, 이러한 특징은 첫째, 선진시기(先秦時期)에
> 발원한 유가사상(儒家思想)을 위하여 서로 다른 방식으로 우주론적(宇
> 宙論的)·본체론적(本體論的) 논증을 제공했다. 둘째, 유가(儒家)의 성
> 인(聖人)을 이상적 인간상으로 생각하고, 성인(聖人)의 정신경지 실현
> 을 궁극적 목표로 삼았다. 셋째, 유가(儒家)의 인의예지신(仁義禮智信)
> 을 도덕의 근본원리로 여기고, 서로 다른 방식으로 유가(儒家)의 도덕
> 원리가 내재적 기초를 지니고 있음을 논증하며, 천리(天理)를 보존하
> 고 인욕(人欲)을 제거하는 일을 도덕실천의 기본 원칙으로 삼았다. 넷
> 째, 인간정신의 전면적인 발전을 실현하기 위하여 각종의 공부법, 즉
> 구체적인 수양방법(修養方法)을 제시하고 실천하였다. 이러한 공부법
> 의 조목들은 주로 사서(四書)와 초기 도학(道學)의 토론 가운데서 제
> 시되었으며, 특히 심성공부(心性工夫)에 집중되었다.153)

---

153) 陳來, 안재호 역, 『송명성리학』, 서울, 예문서원, 1997, pp.40-41.

  이러한 특징을 토대로 송대(宋代)의 유학(儒學)은 북송오자(北宋五子)를 중심으로 더욱 발전하게 되었기에 북송오자(北宋五子)의 사상을 주희(朱熹)는 집대성하여 성리학(性理學)으로 발전시켰다. 따라서 주돈이(周敦頤)(字는 茂叔, 1017－1073)와 장재(張載)(字는 子厚, 1020－1077) 그리고 정호(程顥)(字는 伯淳, 1032－1085)와 정이(程頤)(字는 正叔, 1033－1107)의 욕망론을 살펴보고 성리학을 집대성한 주희(朱熹)의 욕망론을 살펴본다면 이학(理學)에서 말하는 인간의 욕망을 알 수 있을 것이다.

  장재(張載)는 천리(天理)와 인욕(人欲)의 대비적으로 파악한 발원자로 평가되고 있다. 이에 김성범은 "장재(張載)로부터 출발한 인욕(人欲)의 논의는 이정(二程)에게로 이어지고 정호(程顥)의 사상은 육구연(陸九淵)과 양명(陽明)에게로 이어져 심학(心學)으로 완성되었으며, 정이(程頤)의 사상은 주희(朱熹)에게로 이어져 성리학(性理學)으로 완성되었다."154)고 하여 신유학(新儒學)의 사상적 흐름을 파악하였다. 이러한 과정 속에서 인욕(人欲)은 천리(天理)의 회복을 위한 제거의 대상으로 인식되어 '거인욕 존천리(去人欲 存天理)'라는 철저한 도덕명제로 나타나게 되었다. 또한 이학(理學)은 청대(淸代)로 이어지면서 혼란한 시대적 배경 및 사상적 배경과 섞이면서 왕부지(王夫之)와 대진(戴震)을 통해 철저한 제거의 대상이 아니라 추구의 대상으로 인식되게 이른다. 이는 기존의 성즉리(性卽理)의 사상을 수용하면서 성즉기(性卽氣)라는 기질(氣質)중심의 학문으로 전개되었다.

______

154) 김성범, 「二程思想의 比較硏究」, 영남철학회, 『哲學論叢』 제8집, 1992, p.396.

2. 周敦頤의 욕망

정주학(程朱學)의 첫 장을 열었다고 할 수 있는 주돈이(周敦頤)의 천리(天理)·인욕(人欲)에 관한 제설을 살펴보자.

주돈이(周敦頤)는 천리(天理)·인욕론(人欲論)은 제시하지 않았지만 성인(聖人)의 단계를 배워서 도달할 수 있느냐의 물음에 대한 답변에서 욕망을 언급하고 있다.

성인(聖人)을 배울 수 있습니까? 가능하다. 요령이 있습니까? 있다. 말씀을 청합니다. 정일(精一)함이 요령이다. 정일(精一)하게 함이란, 욕망(欲)을 없애는 것이다. 욕망을 없애면 고요할 때는 청허(淸虛)하고 움직일 때는 올곧게 된다. 고요할 때 청허(淸虛)하면 밝게 되고 밝으면 통(通)한다. 움직일 때 올곧으면 공정하고 공정하면 넓게 된다. 밝게 통하고 공정하여 넓어지면 거의 다 된 것이다.[155]

---

155) 『通書』, 「聖學」－20: "聖可學乎 曰可 曰有要, 曰有, 請聞焉, 曰 一爲要, 一者無欲也, 無欲則靜虛動直. 靜虛則明, 明則通, 動直則公, 公則溥, 明通公溥庶矣乎."

위의 구절에서 알 수 있듯이 주돈이(周敦頤)는 욕망을 없애게(無欲) 되면 고요하든 움직이든 모두 성인(聖人)의 경지에 이를 수 있다고 본 것이다. 이 구절에 대해 주희(朱熹)는 주석하기를 "하나는 바로 태극(太極)이고, 고요하고 텅 빈 것은 바로 음(陰)의 고요함이며, 움직임이 올바른 것은 바로 양(陽)의 움직임이고, 밝고 통하고 공변된 것은 바로 오행(五行)이다."156)라고 하였다. 또한 "주자(周子)는 다만, 하나는 바로 욕심이 없는 것이다."157)고 하여 성인(聖人)의 경지에 배워서 이를 수 있는 방법은 바로 욕심을 없애는(無欲) 것임을 알 수 있다.

그렇다면 욕망을 없앤다(無欲)는 것은 성인(聖人)에 이르고자 하는 마음(배우고자 하는 마음)마저도 없앤다(無欲)는 것인가의 의문이 남는다. 이 의문에 대한 해답은 "욕심이 없으면 움직임이 바르게 된다."는 것이다. 움직임이 바르게 된다는 것은 욕망을 없애게(無欲) 되면 어떠한 행위를 하더라도 어긋남이 없다는 것으로 이는 성인(聖人)을 배우고자 하는 마음은 무욕(無欲)을 통하여 그것에 도달할 수 있다는 것을 의미한다. 그러므로 주희(朱熹)는 "움직임이 올바른 것은 陽의 움직임이다."라고 하였다. 따라서 선(善)을 향한 욕망은 주자(周子)에게 있어 경계의 대상은 아니나, 이것을 제외한 인간의 동물적 욕망에 대해서는 철저한 경계를 말하는 것임을 알 수 있다. 이러한 이유로 인하여 주희(朱熹)는 "무욕(無欲)은 경(敬)과 같다."158)

---

156) 『通書』, 「聖學」−20, 朱子註: "一卽所謂太極, 靜虛卽陰靜, 動直卽陽動, 明通公溥, 便是五行."
157) 『通書』, 「聖學」−20, 朱子註: "周子只說, 一者無欲也."

라고 한 것이다. 나아가 주돈이(周敦頤)는 자신의 무욕론(無欲論)을
바탕으로 맹자(孟子)의 과욕론(寡欲論)을 철저하지 못하다 비판하고
있다.

> 마음을 함양함에는 욕망을 줄이는 것보다 좋은 것이 없다고 했다. ……
> 나는 생각건대, 마음 함양함이란, 욕망을 줄인 채 간직하고 있는 데에
> 그치는 것이 아니다. 모두 줄여서 없애는 데에까지 이르러야 할 것이
> 니, 없애면 성(誠)이 드러나는바, 밝게 통하여 성(誠)이 드러나는 것은
> 어짊[賢]이다. 밝게 통함은 성(誠)이다. 성현은 나면서 나타나는 것이
> 아니라 반드시 마음을 함양하여서 이르게 되는 것이다.159)

이러한 주돈이(周敦頤)의 주장은 정주학(程朱學)의 금욕적 수양론
(禁欲的 修養論)의 단초를 제공하고 있으며 욕망을 줄이거나 조절하
기보다 없애는 수준에 이르러서야 성인(聖人)의 경지에 이를 수 있
다는 입장이다. 여기서 주목해야 할 점이 있다. 인간에게 있어 생존
을 위한 기본적 욕망은 없앨 수 있는 것이 아니다. 그렇다면 주돈이
(周敦頤)는 왜 성인(聖人)으로 이르는 길을 무욕(無欲)이라고 하였는
가? 그리고 무욕(無欲)한다는 것은 생명의지마저도 무욕(無欲)한다는
것인가의 의문에 도달하게 된다.

주돈이(周敦頤)가 주장한 '무욕(無欲)'은 생명의지에 대한 '무욕(無

---

158) 『通書』, 「聖學」－20, 朱子註: "無欲與敬字一般."
159) 『周子全書』, 「養心亨說」: "養心莫善於寡欲, ……予謂, 養心不止于寡而
　　　存耳, 蓋寡焉以至于無,, 無則誠立, 明通誠立賢也, 明通誠也, 是聖賢非
　　　生生, 必養心而至之."

欲)'이 아니라 외물과 접촉된 사사로운 욕망에 대하여 말하고 있다. 이것이 "무욕(無欲)하면 성(誠)이 세워지고, 밝게 통달하여 성(誠)이 세워지면 현자이다.(無則誠立, 明通誠立賢也)"고 하는 것과 같은 것이다. 그렇다면 '성(誠)이 세워진다'는 것은 무엇을 말함인가에 대해 살펴보자.

『중용(中庸)』에 나타난 '성(誠)'은 도덕적 경계의 의미로서 '성실' 또는 '진실'의 의미160)로 쓰이고 있다. "성(誠) 그 자체는 하늘의 도(道)이고 '정성을 다하는 것(誠之)'은 인간의 도(道)이다. 성(誠) 그 자체에서는 힘쓰지 않아도 적중되고 생각하지 않아도 얻으며 조용히 도(道)에 알맞으니 성인(聖人)이다. '정성을 다하는 것'이란 善을 택하여 굳게 간직해 가는 것이다."161)라 하였다.

이에 주희(朱熹)는 주석하여 "성(誠)은 진실하고 망령됨이 없음을 이르니, 천리(天理)의 본연이요, 성지(誠之)는 진실되고 망령됨이 없지 못하여, 진실되고 망령됨이 없고자 하는 것이니, 인사의 당연함이다."162)고 하여 '성(誠)'이란 '天理의 본연(本然)'이라는 것이다. 이러한 성(誠)에는 사물에 대한 미혹이나 집착이 없는 것으로 순연한 '욕망'(성실하고자 함)을 말하는 것이다. 그러므로 '무욕(無欲)하면 성(誠)이 세워진다'는 구절은 '인위적 작위, 즉 사물에 집착된 욕망에 의한 것이 아니라, 그러한 욕망을 버리고 자신의 본분을 성실히

---

160) 『孟子集註』, 「盡心上」-4: "誠, 實也."
161) 『中庸』-20: "誠者天之道也, 誠之者人之道也, 誠者不勉而中, 不思而得, 從容中道, 聖人也, 誠之者, 擇善而固執之者也."
162) 『中庸集註』-20: "誠者眞實無妄之謂, 天理之本然也, 誠之者未能眞實無妄而欲其眞實無妄之謂, 人事之當然也."

정성을 다하는 모습(그러한 것을 지향하는 욕망)'이다. 따라서 "성(誠)으로부터 밝아지는 것을 일러 성(性)이라 한다."163)는 것이다.

나아가 "성(誠)은 사물의 마침과 시작이니, 성실하지(진실되지) 못하면 사물이 없다. 그런고로 군자(君子)는 정성을 다하는 것을 귀하게 여겨야 한다."164)고 하였다. 이러한 성(誠)은 결국 "스스로 자기 이루는 것일 뿐만 아니라 사물을 이루게 하는 것이다. 자기 이룸은 인(仁)이요, 사물 이룸은 지(知)이다."165)고 하는 것이다. 따라서 주돈이(周敦頤) 주장하고 있는 '무욕(無欲)하여 성(誠)이 세워진다는 것'은 성(誠)을 세우고자 함이나 회복하고자 하는 욕망마저도 무욕(無欲)해야 함을 말하는 것이 아니라 성(誠)을 회복하여 천리(天理)에 다하기 위하여 성실해야 한다는 욕망을 간직하되, 사사로운 미물에 집착된 사욕(私欲)에 있어서는 철저한 경계(無欲)해야 함을 지적하고 있음을 볼 수 있다.

---

163) 『中庸』-21: "自誠明, 謂之性."
164) 『中庸』-25: "誠者物之終始, 不誠無物, 是故君子誠之爲貴."
165) 『中庸』-25: "誠者非自成己而已也, 所以成物也, 成己仁也, 成物知也."

3. 張載의 욕망

주돈이(周敦頤)와는 조금 견해를 달리하고 있는 장재(張載)는 『정몽(正蒙)』의 「성명(誠明)」 편에서 천리(天理)와 인욕(人欲)을 서로 대립된 것으로 보아 천리(天理)의 회복과 인욕(人欲)의 배제를 주장하였다. 여기서 장재(張載)는 인욕(人欲)을 천리(天理)로부터 도출되는 개념으로 파악하고 있는데 인욕(人欲)과 천리(天理)는 성론(性論)에서 추론해 낼 수 있고, 이들 모두는 '태허즉기(太虛卽氣)'[166]의 우주론을 본체론(本體論), 욕망론, 성론(性論)의 측면에서 각기 달리 해석한 것이다. 천리(天理)가 태허(太虛)의 본체적 기(氣)가 현상적 작용을 일으키기 이전 음양 강유미분(陰陽 剛柔未分)의 천지지성(天地之性)의 단계에서 언급될 수 있는 개념이라면, 인욕(人欲)은 태허(太虛)의 본체적 기(氣)가 이미 음양강유 기분(陰陽剛柔 旣分)의 응취 산화 과정을 거쳐 기질지성(氣質之性)으로 현상화된 뒤에 말해질

---

166) 『張載集』, 「正蒙·太和」: "氣之聚散於太虛, 猶冰凝釋於水, 知太虛卽氣, 則無無."

수 있는 개념167)이다.

요컨대 천리(天理)와 인욕(人欲)의 욕망론, 그리고 천지지성(天地之性)과 기질지성(氣質之性)의 성론(性論)의 관계는 단적으로 말해서 천리(天理)가 천지지성(天地之性)의 반영이라면 인욕(人欲)은 기질지성(氣質之性)에서 비롯되는 것이다. 장재(張載)는 인성(人性), 인욕(人欲), 천리(天理), 심(心)의 사자(四者)를 통합적 연관 속에서 접근하고 있다. 사자(四者)의 연관에 의거할 경우 사람의 인성(人性)과의 관계에서는 천리(天理)는 천지지성(天地之性)의 표현이고, 인욕(人欲)은 기질지성(氣質之性)에서 발원하는 것으로 이해할 수 있다.

또한 심(心)과의 관계에서는 심(心)의 움직임이 허심(虛心)의 발동일 때는 천리(天理)이지만 인욕(人欲)은 본체의 태허(太虛)와 현상의 기질적(氣質的) 요소로 구성되어 있기 때문에 인욕(人欲)에는 현상적 기질(氣質)의 제약으로 인해 발생되는 다양한 물욕(物欲), 육욕(肉欲), 욕망만이 있는 것이 아니다. 인욕(人欲)은 "이(理)는 사람에게만 있는 것이 아니라 모든 사물에 있다."168)라는 표현에서 볼 수 있는 바와 같이 태허(太虛－本體)와 함께 인간과 모든 만물에게 있다. 이에 진래(陳來)는 "이(理)는 모든 만물에 내재되어 있는 것이기에 욕망은 모든 만물과 인간에게 있어 품수되어 있는 것이다. 따라서 사람에게 있어 기질(氣質)의 욕망인 공취의 性도 내재되어 있는 것이다."169)고 하였으며, 진준민(陳俊民)도 다음과 같이 말하고 있음을 볼 수 있다.

---

167) 『張載集』, 「張子語錄·中」: "剛柔緩速, 人之氣也, 亦可謂性."
168) 『張載集』, 「張子語錄·上」: "理不在人皆在物."
169) 陳來, 앞의 책, pp.110－111.

인욕(人欲)에서 잡다한 욕망이 배제되고 나면 태허(太虛)의 순선(純善)한 천리적(天理的) 영역만 남게 된다. 이러한 점은 인욕(人欲)을 기질적 형기(氣質的 形氣)의 응취와 더불어 생겨난 욕망이라 하고, 천리(天理)를 방해한다고 하여 철저하게 제거해야 한다고 하는 정주학(程朱學)의 관점과는 분명한 차이를 보인다. 장재(張載)에게 있어 인욕(人欲)은 현상적 형이하의 기질계(氣質界)의 요소만으로 구성된 것도 아니고 형이상(形而上)의 본체계의 요소만으로 이루어진 것도 아닌 현상적 요소와 본체적 요소가 동시에 존재하는 유기적 조합체, 즉 기질지성(氣質之性)과 천지지성(天地之性)의 대립과 통일의 구성체인 것이다.170)

그러므로 장재(張載)의 인성론(人性論)은 주돈이(周敦頤)의 사상과 일치하는 점이 다소 많은 것을 볼 수 있는데, 사람에게는 이미 인(仁)·의(義)·예(禮)·지(知)의 성(性)이 갖추어져 있고, 게다가 강유(剛柔)와 완급(緩急)의 성(性)도 이미 존재해 있음을 볼 수 있다.

하늘의 본성이 사람에게 있는 것은 마치 물의 본성이 얼음에 있는 것과 같다. 얼고 녹는 것은 다르지만, 그 사물 됨은 하나이다. 빛을 받음은 많고 적음과 어둡고 밝음의 차이가 있지만 그 비춤과 받아들임은 두 가지가 아니다.171)

사람은 비록 제각기 차이가 있지만 모두 태허(太虛)의 품성을 본

---

170) 陳俊民,『張載哲學與關學學派』, 臺北, 學生書局, 1990, p.157.
171) 『張載集』,「正蒙·誠明」: “天性在人, 正猶水性之在氷. 凝釋雖異, 爲物一也. 受光有大小昏明其,照納不二也.”

받았으므로, 이러한 본성은 기질(氣質)의 어둡고 밝음에 가려지지 않는다. 따라서 "하늘의 본성은 도(道)에 통하므로 기(氣)의 어둡고 밝음이 가릴 수 없다."[172]고 하며, 사람의 본성은 태허(太虛)에 근원하므로 "성(性)은 만물의 한 근원이며 내가 사사로이 얻을 수 있는 것이 아니다."[173]라고 한다. 그러나 주의해야 할 점은 사람과 사물을 '태허지기(太虛之氣)'가 직접 구성한 것이 아니라 '태허지기(太虛之氣)'가 모여 기(氣)가 되고 그 기(氣)가 다시 모여 만물이 된다는 것이다. 이는 마치 물의 본성이 비록 얼음에 부여되지만 얼음 또한 자기만의 속성을 갖게 된다는 것으로서 사람과 사물 역시도 마찬가지다. 따라서 장재(張載)는 "담일(湛一)한 것은 기(氣)의 근본이고, 공취(攻取)하는 것은 기(氣)의 욕(欲)이다."[174]라고 했다. 여기서 말한 담일(湛一)은 '태허지기(太虛之氣)'의 본성이고, '공취(攻取)'는 기(氣)의 속성이다. 그러므로 담일(湛一)한 본성은 사람에게 체현되어 인(仁)·의(義)·예(禮)·지(智)로 나타나고 공취(攻取)의 성(性)이 사람에게 나타나는 것은 음식, 남녀 등과 같은 자연적 속성을 가리킨다. 또한 장재(張載)는 담일(湛一)한 본성과 공취(攻取)의 성(性) 이외에도 '기질지성(氣質之性)'을 말하고 있다.

형체가 있는 다음에 기질지성(氣質之性)이 있다. 그런데 잘 돌이켜 보면 천지지성(天地之性)이 있을 뿐이다. 그러므로 기질지성(氣質之

---

172) 『張載集』, 「正蒙」: "天所性者通極於道, 氣之昏明不足以蔽之."
173) 『張載集』, 「正蒙」: "性者萬物之一源, 非有我之得私也."
174) 『張載集』, 「正蒙」: "湛一 氣之本, 攻取 氣之欲."

性)은 군자(君子)들이 본성으로 삼지 않는다.175)

그러므로 '천지지성(天地之性)'은 바로 태허(太虛)의 담일(湛一)한 본성이고 '기질지성(氣質之性)'은 기(氣)가 모여서 형질(形質)을 이룬 다음에야 속성을 갖는다. '기질지성(氣質之性)'과 기(氣)의 욕망인 공취(攻取)의 성(性)은 구별되는 점이 있다. 사람에 대해 말하자면 '기질지성(氣質之性)'은 주로 사람의 강유(剛柔), 완급(緩急) 등과 같은 품성(稟性)을 가리킨다. 따라서 "강유와 완급은 사람의 기(氣)이므로 역시 성(性)이라 말한다(剛柔緩速, 人之氣也, 亦可謂性)"고 하여 그는 기질지성(氣質之性)을 단지 '기(氣)'로만 말하기도 하였다. 그러므로 장재(張載)에게 있어서는 사람은 천지지성(天地之性)을 갖추고 있는 존재이고 나아가서는 기질지성(氣質之性)과 공취(攻取)의 욕망, 선악(善惡)의 습관도 함께 갖추고 있는 존재이다. 따라서 오직 덕(德)으로 기(氣)를 이기고 이(理)로 욕(欲)을 제어하며 성(性)으로 습관을 통섭해야만 비로소 사람의 근본으로 돌아가고 性을 이룰 수 있다는 것을 말하고 있다. 그렇다면 장재의 욕망론에 있어 인욕의 특성은 무엇인가에 대한 의문에 도달하게 된다. 다음 구절을 살펴보자.

천리(天理)를 밝히는 것은 마치 밝음으로 향하는 것과 같아서 온갖 현상에 숨겨지는 것이 없다. 인욕(人欲)을 다하는 것은 마치 오로지 그림자 사이를 살펴봄과 같아서 하나의 사물 가운데서 작게 구획 지

---

175) 『張載集』, 「正蒙」: "形而後有氣質之性. 善反之則天地之性存焉. 故氣質之性, 君子有弗性者焉."

을 따름이다.176)

위에서 알 수 있듯이 장재(張載)가 천리(天理)와 인욕(人欲)을 명시적으로 대비시켜 파악하고 있음을 알 수 있다. 그러나 장재(張載)가 천리(天理)와 인욕(人欲)의 관계를 외형상 대비적으로 구별하여 파악하고 있지만 실제 내용상으로는 정주학자(程朱學者)들의 관점과는 차이를 보인다. 그는 현상과 본체의 관계를 기일원적(氣一元的) 관점에 의거해 '일이이(一而二)'로 인식함으로써 현상적 인욕(人欲)이 본체적 天理의 요소를 포함하는 것으로 보았다. 이로써 볼 때 장재의 인욕관의 특성은 다음과 같다.

첫째, 먹고 마시는 욕망을 성(性)이라 하여 "먹고 마시고자 하는 배와 입의 욕망과 냄새를 맡고 맛을 보고자 하는 코와 혀의 욕망은 치고 빼앗음의 성(性)이다."177)라고 하였다.

둘째, 인욕(人欲)을 공격적 본능으로 파악하고 있기에 "한결같이 고요함은 기(氣)의 근본이며, 치고 빼앗음은 기(氣)의 욕망이다."178)라고 하였다.

셋째, 생리적 욕망이나 물질적 욕구 혹은 공격적 성향 같은 인욕(人欲)을 인성(人性)의 한 영역으로 인정하여 기질지성(氣質之性)의 범주에 포함시켜 "먹고 마시는 것 그리고 남자 여자의 관계가 모두 성(性)인데, 어떻게 없애는 것이 가능하겠

---

176) 『正蒙』, 「大心」: "燭天理, 如向明, 萬象無所隱. 窮人欲, 如專顧影間, 區區於一物之中爾."
177) 『正蒙』, 「誠明」: "口腹於飮食, 鼻舌於臭味, 皆攻取之性也"
178) 『正蒙』, 「誠明」: "湛一, 氣之本. 攻取."

는가."[179]라고 하였다. 이는 엄격한 의미에서 정주학자(程朱學者)들이 기질지성(氣質之性)은 성(性)이라고 볼 수 없다는 입장을 취하는 데 반하는 것으로 생리적 욕망이나 공취(攻取)의 성향을 기질지성(氣質之性)의 범주에 포함시켜 인성(人性)의 한 특성으로 인정함으로써 인욕(人欲) 자체의 현실적 존재를 시인한 점에서 기일원론적(氣一元的) 세계관의 특징이 드러난다.

마지막으로, 모든 인간은 선천적으로 천리를 가지고 있으므로 인욕(人欲)은 기품(氣稟)의 제약으로 인해 스스로 초래했다고 하여 "모두 명(命)이 아님이 없으나 바른 것을 받아 따라야 할 것이다. 성명(性命)의 이(理)를 따르는 것은 성명(性命)의 바름을 얻은 것이다. 이(理)를 멸(滅)하고 욕망을 궁구(窮究)함은 인위적으로 초래한 것이다."[180]라고 하였다. 따라서 "지금의 사람들은 천리(天理)를 멸(滅)하고 인욕(人欲)을 궁구(窮究)한다. 이제 다시 천리(天理)를 회복해야 한다. 옛날의 학자들은 천리(天理)를 세우고자 했으나 공맹(孔孟) 이후 그 마음이 전해지지 않았다."[181]라고 하여 '천리(天理)'를 되찾기 위해서 인욕(人欲)을 없애야 한다고 주장한다.

요약하면 장재(張載)는 천리(天理)와 인욕(人欲)의 관계를 성론(性

---

179) 『正蒙』, 「乾稱」: "飮食男女皆性也, 是焉可滅."
180) 『正蒙』, 「誠明」: "莫非命也, 順受其正. 順性命之理, 則得性命之正. 滅理窮欲, 人爲之招也."
181) 『張子全書』, 「義理」 卷六: "今之人滅天理而窮人欲, 今復反歸其天理. 古之學者便立天理, 孔孟以後其心不傳."

論)에서와 마찬가지로 일원(一元)의 관점에서 파악한다. 이러한 논리의 가능 근거는 '태허즉기(太虛卽氣)'의 기일원적(氣一元的) 우주론에서 찾을 수 있다. 그는 태허(太虛)의 본체(本體)와 기(氣)의 현상(現象)을 정주(程朱)의 이기이원(理氣二元)처럼 분리시켜 본 것이 아니라 일원(一元)의 관점에서 본다. 그러므로 천리(天理)와 인욕(人欲)은 본체와 현상의 유기적 통합관계에 따라 기질(氣質)을 기체(基體)로 삼아 함께 있을 수밖에 없으며, 이에 인욕(人欲)의 현실적 존재를 인정할 수밖에 없다. 하지만 정주학(程朱學)의 입장은 이와는 다르다. 정주(程朱)는 현상과 본체를 너무 명료하게 갈라놓음으로써 본체의 요소가 현상의 요소와 섞여 하나로 될 수 있는 여지가 전혀 없으며, 단지 불상리(不相離)와 불상잡(不相雜)의 관계만이 가능할 뿐이다. 천리(天理)와 인욕(人欲)을 서로 상반적인 것으로 보는 이같은 관점은 신(身)을 악(惡)으로 보고, 심(心)을 선(善)으로 여기는 심신이원적(心身二元的) 혹은 선악이원적(善惡二元的) 견해에서 비롯하는 것이다.182) 이런 논리는 정주(程朱)의 인욕관(人欲觀)에도 마찬가지로 적용된다. 인욕(人欲)은 형이하의 기(氣)의 응취와 더불어 유발된 것으로서 형이상의 도덕적 특성을 포함하지 않기 때문에 현실적 존재 가치를 절대 인정하지 않는다.

---

182) 韋政通, 『中國哲學辭典』, 大林學術叢刊, 1977, p.99.

4. 二程과 胡宏의 욕망

  다음으로 이정(二程)의 인욕관(人欲觀)에 대하여 살펴보자. 정주학(程朱學)이 연구한 근본 주제 가운데 하나가 바로 도덕(道德)과 욕망, 즉 천리(天理)와 인욕(人欲)의 구분 문제였다. '의리(義理)'의 범주가 주로 외재적이고 사회적 영역에서 사용되었다면 내재적 개념으로는 주로 이욕(理欲)이나 천리(天理)·인욕(人欲)의 개념이 사용된다. 「악기(樂記)」편에서 천지성(天之性)이라 함은 천리(天理)를 말하는 것이고 성지욕(性之欲)이라 함은 인욕(人欲)을 말하는 것으로 외물과의 접촉이 없는 순연한 상태의 성(性)을 천리(天理)라 하고 외부사물과 접촉하여 호악(好惡)의 감정이 발생하게 하는 것을 일러 인욕(人欲)이라 본 것이다. 이렇듯 정주학(程朱學)에서 말하는 천리(天理)란 형이상의 존재원리이며 인간 내면에 본질적으로 존재하고 있는 초월적 도덕의식을 말한다.

  반면에 인욕(人欲)은 인간이 생존에 필요한 기본적인 물질적 욕망과 함께 외부의 사물과 접촉하여 발생한 감성적 욕망까지 포함한다.

정주학(程朱學)의 수양론(修養論)의 결론인 '거인욕 존천리(去人欲 存天理)'의 이론을 완성시킨 사람은 이정(二程)형제이다. 특히 정이(程頤)의 이욕론(理欲論)은 주희(朱熹)에게 깊은 영향을 끼치면서 정주학(程朱學)의 주류사상으로 발전해 나간다. 정이(程頤)는 『이정어록(二程語錄)』에서 궁실(宮室), 음식, 정토, 형벌 등은 천리(天理)의 마땅함이지만 화려한 집, 주지육림(酒池肉林), 가혹한 형벌, 명분 없는 전쟁을 일으키는 것은 인욕(人欲)이라고 하고 사람이 불선(不善)을 행하는 것은 인욕(人欲) 때문이라고 하였다. 그러므로 그는 인욕(人欲)을 모든 악(惡)의 근원으로 규정하고 마음을 기름에 있어서 과욕(寡欲)의 중요성을 강조하였다. 따라서 정이(程頤)는 주돈이(周敦頤)의 영향을 받아[183] 과욕(寡欲)을 주장하고 있다.[184] 나아가 그는 "입, 눈, 코, 귀와 사지의 욕망은 성(性)이다."[185]라고 하여 인간의 물질적 욕망은 태어날 때부터 타고났으며, 또한 사람이 살아가면서 식욕(食欲)과 색욕(色欲) 등의 육체적인 욕망은 천성(天性)이 내재되어 완전히 없앨 수 없음을 말하고 있다.[186] 그러므로 정이(程頤)는 인간에게 있어 욕망은 마땅히 존재해야 하는 것임을 인정한다 하더라도 자신만을 위해 사사롭게 추구되는 사욕(私欲)만은 반드시 막아야 된다고 주장하는 것이다. 따라서 여기에는 공(公)에 대립하는 사(私),[187] 즉 사

---

183) 김성범, 「二程思想의 比較研究」, 영남철학회, 『哲學論叢』 제8집, 1992, p.417.
184) 『外書』, 卷2: "致知在於所養, 養知莫過於寡慾."
185) 『二程遺書』, 卷19: "耳目口鼻四肢之欲, 性也."
186) 『近思錄』, 「克己類」: "伊川先生曰, 大抵人有身, 便有自私之理, 宜其與道難一."

사로운 이치에 부합하는 욕망의 철저한 부정을 말하는 것이다.

요컨대 정이(程頤)에게 있어 인욕(人欲)이란 사람들이 살아가는 데

---

187) 溝口雄三, 정태섭·김용천 역,『중국의 공과 사』, 서울, 신서원, 2006. pp.53-54에 따르면 "公의 본래 뜻에 대하여 후한의 허신(許愼: 58?-147?)은 중국에서 가장 오래된 자서인『설문해자』에서『韓非子』「五蠹」의 私=자환(自環), 배사(背私)=公의 설을 인용하여 公을 평분의 뜻이라고 풀이하였다. 즉 私를 전사적인 둘러싸서 막아두기의 뜻으로, 公을 공평·균분의 뜻으로 설명하였다. 이 설명은 요컨대 韓非子(?-B.C. 233)시대 이래의 公·私 개념을 전한 것에 불과하다. 殷·周시대는 물론이고 戰國시기에도 이처럼 내용 면에서 배반적으로 서로 대립하는 한 짝의 公·私의 개념은 발견할 수 없다. 예를 들면『詩經』이나『孟子』에 보이는 公田·私田에서 의미하는 公·私는 단순히 소유관계의 다름을 보여줄 뿐이며, 상위와 하위의 차는 있지만 배반적 대립관계에 있는 것은 아니다. 그렇기는커녕 金文에서 公이라는 글자는 단순히 존칭으로서의 용례만 있고, 사라는 글자는 그 사례조차 없다. …… 즉 公과 私는 애초에는 반드시 대립개념이 아니었으며, 적어도 문헌상에서 보면 각자가 단독으로 사용되었으며 더욱이 私보다 公의 용례가 훨씬 많다. 그것이 대립하는 개념으로서 사용되기 시작한 것은『荀子』의 성립시기부터이며, 韓非子는 그것을 계승하여 배반·대립적인 公·私 개념을 체계화한 말하자면 창시자였던 것이다"고 되어 있으며 pp.23-24에서는 "요컨대 만물을 하나의 몸체 안에서 꿰뚫고 흐르게 하는 公이라고 하는 仁·自然은 인간사회에서 仁義禮智이며 봉건적인 사회관계에서 그 덕목은 신분적 질서 그 자체가 된다. …… 이러한 일면은 당연히 公과 私에 반영되어 ……천하의 옳고 커다란 도리로 일을 처리하는 것이 公, 자기의 사사로운 뜻으로 하는 것이 私라고 하여 한 개인의 사사로운 뜻은 천하의 옳고 큼에 반하는 부정으로 간주된다. ……그렇다면 公은 여기에 이르러 오로지 天理적 질곡의 만인보편성으로서 개별인 人欲은 邪·非의 私로 간주되어 엄혹하게 압살되었는가 하면 그것은 반드시 그렇게 단선적인 것이 아니었다"고 하여 先秦시대에는 荀子의 학문이 등장하기까지는 公·私의 개념은 명확하지 않았으나 荀子 이후 公·私의 의미가 나타나게 되었으며 이후 宋學에 와서 그 의미의 구분이 이루어져 엄격하게 분리되었고, 대립적 개념으로 파악되어 사용되었음을 알 수 있다.

필요한 공통의 물질욕망 일반을 말하는 것이 아니라 자기 자신의 이익만을 추구하는 사욕(私欲)을 지칭하는 것을 알 수 있다. 또한 그는 아래에서처럼 인심(人心)과 도심(道心)을 구분하여 천리(天理)와 사욕(私欲)을 대립시켜 나가고 있다.

> 인심(人心)은 사욕(私欲)이므로 위태롭다. 도심(道心)은 천리(天理)이므로 정미하다. 사욕(私欲)을 없애면 천리(天理)가 뚜렷해진다.[188]

> 인심(人心)은 사욕(私欲)이고 도심(道心)은 정심(正心)이다.[189]

위의 구절에서 드러나듯이 그는 인욕(人欲)을 사욕(私欲)으로 해석하여 위험하고 악(惡)에 가까운 것으로 보았으며, 도심(道心)은 천리(天理)로 해석하여 정미(精微)하고 선(善)한 것으로 보았다. 그리하여 '멸사욕즉천리명(滅私欲則天理明)'의 결론에 도달하였다. 결국 최소한의 물질적 욕망을 포함한 도덕원칙을 천리(天理)에 넣고 욕망의 한도를 넘어선 개별적인 욕망의 추구를 사욕(私欲)에 분속하여 더욱 대립하는 방향으로 발전시킨 것이다. 그러나 이 점에서 최소한의 물질적 욕망이나 한도를 넘어선 개별적 욕망(私欲)의 추구를 어디까지로 볼 것인가에 대해서는 논란의 여지가 있다. 또한 인간에게 있어의식주와 남녀관계에서의 욕망에 관해서는 '어디까지'라는 그 범주를 정한다는 것이 사실상 불가능하다.

---

188) 『二程遺書』, 卷24: "人心私欲, 故危殆, 道心天理, 故精微, 滅私欲則天理明矣."
189) 『二程遺書』, 卷19: "人心私欲也, 道心正心也."

나아가 사욕(私欲)을 없애려는 마음마저도 역시 '욕망'이다. 이러한 점에서 본다면 정이(程頤)는 인심(人心)과 도심(道心)의 관계 그리고 천리(天理)와 인욕(人欲)의 관계에서 나타나는 구분을 명확히 제시하지 못하고 있고, 다만 인심(人心)을 총칭하여 사욕(私欲)으로 규정하였으며 천리(天理)와 인욕(人欲)을 개념적으로 대립시켜 버렸음을 볼 수 있다. 이러한 이유로 인하여 모든 사물과 이치는 천리(天理)에 부합하여 조금이라도 어긋남이 있어서는 안 되는 것이기에 인간의 물질적 욕망을 철저하게 배격하는 금욕주의를 주장하게 된다. 이러한 정이(程頤)의 사상은 주희(朱熹)의 사상에 그대로 전달되어 주희(朱熹)에 와서는 더욱더 정리적 엄격주의를 확고히 하고 있다. 따라서 주희(朱熹)는 『중용혹문(中庸或問)』에 천리(天理)와 인욕(人欲)을 정의하면서 "기질(氣質)의 치우침으로 인하여 눈, 코, 입, 귀, 사지의 좋아함이 있어 그것을 가리고, 여기서 사사로운 욕망이 생긴다. ……성인(聖人)은 기질(氣質)이 청순하고, 혼연한 천리(天理) 그 자체이기에 처음부터 인욕(人欲)의 사사로움은 없다."190)고 하여 천리(天理)와 사욕(私欲)의 철저한 구분을 주장하고 있는 것이다.

이와는 반대로 호굉(胡宏)(字는 仁仲, 1106-1161)은 '천리인욕 동체이용(天理人欲 同體異用)'의 이욕관(理欲觀)을 전개하고 있다. 그의 인성론(人性論)에서 맹자(孟子)의 성선론(性善論)은 순자(荀子)의 성악설(性惡說)보다 훌륭하다고 인정하지만 맹자(孟子)의 견해에 완전히 동의하지는 않는다. 그는 만약 선(善)이 악(惡)의 상대되는 범

---

190) 『中庸或問』: "但以氣質之偏, 口鼻耳目四肢之好, 得以蔽之, 而私欲生焉, …… 惟聖人氣質淸純, 渾然天理, 初無人欲之私."

주라면 그러한 선(善)은 성(性)을 묘사하기에 부족하다고 생각하였다. 왜냐하면 호굉(胡宏)에게 있어서는 성(性)은 인성(人性)관념인 동시에 우주의 본체(本體)개념이기 때문이다. 우주의 본체로서 성(性)은 선악(善惡)을 초월하는 것이며 천지만물이 존재하는 근거이다. 따라서 호굉(胡宏)은 '성(性)'에 대하여 다음과 같이 주장한다.

> 형이상자(形而上者)를 일러 성(性)이라 하고 형이하자(形而下者)를 일러 사물이라 한다. 성(性)에는 대체(大體, 큰 바탕)가 있고 사람은 그것을 다한다. 한 사람의 성(性)은 만물이 구비되어 있다. 그 체(體, 바탕)를 논하면 천지(天地)에 어지럽게 널려 있고, 만물에 두루 스며들어 있으니, 비록 성인(聖人)이라 하더라도 이름을 얻을 수 없다. 그 발생됨을 논함에 있어 흩어져서 모두 달라지고, 선악길흉의 모든 행위가 전부 실려 있기 때문에 가리거나 막을 수 없다. 논함이 여기까지 이른다면, 사물에는 일정한 성(性)이 있다는 것을 알지만 性에는 일정한 체(體, 바탕)가 없음을 알 수 있다.[191]

형이상자(形而上者)인 성(性)은 대체(大體), 즉 큰 바탕이 있고 사람들은 그것을 다하기에 한 사람의 성(性)은 만물이 구비되어 있는 것이다. 또한 성(性)에는 선악길흉(善惡吉凶)의 전부가 실려 있기에 성(性)은 가리거나 막을 수 없는 것이다. 그러므로 사물에는 일정한 성(性)이 있다는 것이다. 나아가 성(性)은 우주의 본체를 의미하므로

---

191) 『胡宏集』, 「釋疑孟·辨」: "形而上者謂之性, 形而下者爲之物, 性有大體人盡之矣, 一人之性萬物備之矣, 論其體則渾淪乎天地博浹乎萬物, 雖聖人無得而名焉, 論其生則散而萬殊, 善惡吉凶百行俱載, 不可掩遏, 論至於是則知物有定性性無定體矣."

성(性)의 보편성·궁극성·중요성·결정성·근본성 등은 선(善)이 표현할 수 있는 의미를 훨씬 뛰어넘는다. 왜냐하면 악(惡)과 상대적인 선(善)은 단지 인간 사회의 윤리 관계에만 사용되는 개념이기 때문이다. 이러한 측면에서 말하자면 윤리학의 범주인 선(善)은 우주의 본체를 묘사하기에 부족하지만 호굉(胡宏)은 사실상 언어의 한계 때문에 우리는 선(善)보다 더 보편적이며 더 우주 본체의 위대함과 심오함을 특기할 만한 개념을 찾을 수 없다고 지적하고 있다.

또한 인간의 감정의 근거가 공적(公的)인가, 사적(私的)인가의 여부에 따라 천리(天理)와 인욕(人欲)의 차이를 구분하여 천리(天理)와 인욕(人欲)은 실제적인 면에서 동체이용(同體異用)임을 주장하였다. 또한 그는 인간의 욕망 그 자체에는 선(善)과 악(惡)이 존재하는 것이 아님은 물론 욕망의 기원을 인간의 본성으로 보고 인간이 지선(至善)에 도달할 수 있으려면 인간의 욕망을 잘 조절해야 함을 강조하고 있다. 다시 말해 인간의 욕망은 우주의 보편법칙이다. 넓은 관점에서 욕망을 말하자면 '천지에 가득 차 있는 자연계의 보편 규율이며, 좁은 관점에서 말하면 식욕이나 색욕과 같은 일상생활에 존재하는 것으로서 인류생명활동의 규범이자 준칙이다.

사람의 생명활동은 부정될 수 없는 것이기에 식욕이나 색욕을 호굉(胡宏)은 긍정하고 있다. 그러나 이러한 활동은 본체적인 의미는 물론이고 도덕적인 의미도 함께 지닌다고 할 수 있다. 따라서 이러한 활동을 어떻게 수행할 것인지에 대해서는 일정한 준칙을 규범화해야 하는 것이다.

호굉(胡宏)은 이러한 사상을 "천리(天理)와 인욕(人欲)은 본체가 같고 작용이 다르다. 함께 움직이지만 그 상태(情)가 다를 뿐이다.”192) 라는 말로 표현하였다. 호굉(胡宏)은 사람들에게 생리적인 욕구활동을 할 때, 그 당연한 준칙을 따르도록 주의할 것을 요구하였다. 다시 말해 정당한 욕망의 발휘가 곧 천리(天理)이고 준칙에 합치되지 않는 방탕한 욕망만이 인욕(人欲)인 것이다. 그러므로 천리(天理)와 인욕(人欲)의 구분이란 사람의 정당하며 자연적인 욕망을 배척하거나 금지해야 함을 뜻하는 것이 아니라 어떻게 사람의 자연적인 욕망을 사회에서 통행되는 준칙에 따라 합리적으로 표출시킬 것인지를 의미하는 것이다. 그러므로 호굉(胡宏)에게 있어 천리(天理)·인욕(人欲)의 구분은 사람의 자연적인 욕망의 배척이 아니라 이러한 욕망을 사회에서 통행되는 준칙에 따라 합리적으로 표출시킬 것인지를 의미하는 것임을 알 수 있다. 이러한 호굉(胡宏)의 ‘천리인욕 동체이용(天理人欲 同體異用)’의 설(說)을 후외려(候外廬)는 “호굉(胡宏)의 성본론(性本論)에 근거하여 보면 이른바 ‘체(體)’는 곧 성(性)의 체(體)이며, ‘용(用)’이란 곧 심(心)의 용(用)이다. 천리(天理)·인욕(人欲)은 똑같이 성(性)으로 체(體)를 삼으며 성체(性體)의 가운데에 있는데 본질이 서로 동일하므로 선악(善惡)의 구분이 없는 것이다. 그러므로 이를 ‘동체(同體)’라 하며, 성(性)이 발함에 미쳐서는 심(心)의 용(用)이다. 발(發)할 때 중절(中節)을 하느냐 못하느냐에 따라서 시비(是非), 정사(正邪), 선악(善惡)의 구분이 형성되는 것이다. 그러므로 이를 ‘이용(異用)’이라 한다.”193)고 하였다. 그러므로 정주(程

---

192) 『胡宏集』,「知言疑義」: “天理人欲同體而異用, 同行而異情.”
193) 侯外廬, 박완식 역, 『송명이학사 1』, 서울, 이론과 실천, pp.360−361.

朱)의 이욕관(理欲觀)과는 달리 호굉(胡宏)의 이욕관(理欲觀)은 천리(天理)·인욕(人欲)의 관계에 대하여서는 서로 분리될 수 없음을 말하고 있으며, 그 내용에 있어서는 본래부터 천리(天理)·인욕(人欲)에는 선악(善惡)이 존재하지 않는다는 특징을 지니고 있음을 알 수 있다. 이러한 정주학(程朱學)과의 다른 이욕관(理欲觀)을 전개한 호굉(胡宏)의 사상에도 불구하고 정주학(程朱學)에서는 천리(天理)와 인욕(人欲)을 철저히 분리하여 인욕(人欲)을 제거하여 천리(天理)를 보존하고자 하는 이욕관(理欲觀)을 전개하고 있다.

요약하면 신유학(新儒學)에서는 인욕(人欲)을 생존을 취해 필요한 욕망과 사사로운 감정이 개입되어 나타나는 사욕(私欲)으로 구별하여 인욕(人欲)의 의미를 제시하지 않고 있음을 알 수 있다. 따라서 주돈이(周敦頤), 장재(張載), 정이(程頤)는 인욕(人欲)의 제거를 통해 천리(天理)를 보존하고자 하는 당위의 법칙에 인간관의 초점을 맞추고 있음을 볼 수 있다. 그러므로 이러한 학문적 경향은 주희(朱熹)로 이어지면서 더욱더 정리적 엄격주의를 확고히 하고 있다. 그러나 인간이 삶을 살아감에 있어 마땅히 존재하고 있는 인욕(人欲)에는 생존을 위한 욕망과 성취를 위한 욕망이 혼재해 있다. 생존을 위한 욕망과 성취를 위한 욕망을 한꺼번에 인욕(人欲)이라는 범주에 몰아넣어 천리(天理)의 보존을 위해 제거해야 한다고 주장하고 있는 신유학(新儒學)의 논리는 주희(朱熹)에 와서 이들을 분리하여 고찰하면서부터 새로운 방향으로 전개되어 나간다.

5. 朱熹의 욕망

1) 理氣心性論

이미 중국 성리학사(性理學史)에서 확인되고 있듯이 주희(朱熹)의 이기심성론(理氣心性論)은 정이(程頤)의 관점을 따라 심화되는 모습이었다.

이를테면 주희(朱熹)가 말하는 '성즉리(性卽理)'는 이(理)로서 성(性)을 말하는 것으로, 성(性)은 이(理)의 내재화(內在化)이며, 또 선천적으로 생성된 수많은 도리들이 각각의 개체에 흩어져 들어가 있는 것을 뜻하는 것이었다. 그러므로 성(性)은 다만 이(理-只是理), 다시 말해 성(性)만이 이(理)이므로 성(性)은 심(心)이 아니며, 또 정(情)도 아니라는 뜻이다. 나아가 이(理)는 선(善)하지 아니함이 없는 지선지체(至善之體)이므로 '성즉리(性卽理)'에서의 성(性) 또한 순선(純善)의 지선체(至善體)가 되며, 인의예지(仁義禮智)는 바로 이 성

(性) 속의 이(理)가 된다. 따라서 주희(朱熹)는 "성(性)은 이(理)의 총체적인 이름이며, 인의예지(仁義禮智)는 모두 성(性) 속의 일리(一理)의 명칭이다."라고 하였으며 "성(性)은 실리(實理)이며 인의예지(仁義禮智)를 모두 갖추고 있다."194)고 하였다.

그러므로 이러한 성(性)은 두 가지의 의미를 가지고 있다. 하나는 의리지성(義理之性)이고 다른 하나는 기질지성(氣質之性)이다. 이때 말하는 의리지성(義理之性)은 성즉리(性卽理)의 의미를 지니고 있다. 따라서 주희(朱熹)는 "천지(天地)의 성(性)을 논하자면 이는 오로지 이(理)를 가리켜 말하는 것이다."195)라고 하고 또 "성(性)은 단지 이(理)이며 모든 이(理)의 총체적인 이름이다."196)라고 한다.

그러므로 의리지성(義理之性)에서의 이(理)는 선천적이고 초월적인 실체이므로 지선(至善)이며, 이 이(理)를 가리키는 의리지성(義理之性) 또한 지선(至善)한 것임을 알 수 있다. 그러하기에 이상훈은 의리지성(義理之性)을 일러 "순수지선(純粹至善)한 의리지성(義理之性)에는 기(氣)의 잡(雜)이 없으므로 편(便)과 전(全)의 문제도 있을 수 없는 것이며, 이 성(性)의 구체적인 내용은 인의예지(仁義禮智)가 되는 것이다."197)라고 하였다. 따라서 주희(朱熹)에게 있어 '성(性)이 곧 이(理)'라면 이(理)의 의미는 무엇인가에 대한 고찰이 있어야 한

---

194) 『朱子語類』, 卷5, 「性理二」: "性是理之總名, 仁義禮智皆性中一理之名"; "性是實理, 仁義禮智皆具."
195) 『朱子語類』, 卷4, 「性理一」: "論天地之性, 則專指理言."
196) 『朱子語類』, 卷11, 「學五」: "性卽是理, 萬理之總名."
197) 이상훈, 「朱子의 心性論」, 단국대 동양학 연구소, 『東洋學』 제27집, 1997, pp.26－27.

다. 주희(朱熹)에게 있어 이(理)는 형이상자(形而上者)를 의미한다.

> 이(理)라는 한 글자는 있다 없다는 말로 논할 수 없다. 천지(天地)가 있기 전에 곧 이미 이와 같다.[198]

이렇게 이(理)는 사물에 적용되는 범주를 넘어선다. 사물을 형언하는 '있다' 또는 '없다'는 말로 이(理)를 표현할 수 없다는 것이다. 그러므로 이(理)는 천지(天地)가 있기 전에 이미 존재하고 있었던 것으로 모든 사물의 존재 근거인 것이다.

또한 정이(程頤)는 "형이상(形而上)이라는 것을 일러 도(道)라고 하고, 형이하(形而下)라는 것을 일러 그릇(器)이라고 한다."[199]라는 언명에 착안하여 형이상(形而上)과 형이하(形而下)의 차원을 명확히 구분하여, 양자를 혼동해서는 안 됨을 강조하였다.

주희(朱熹)는 이러한 정이(程頤)의 사상을 계승하고 理의 개념을 정립하여 이(理)를 형이상(形而上)이라 표현하고 있다. 그러므로 주희(朱熹)는 "형이상(形而上)이란 이(理)를 가리켜 말한 것이고, 형이하(形而下)란 사물을 가리켜 말한 것이다."[200]고 하였으며 "형이상(形而上)이란 곧 이(理)이다. 작용이 있으면 곧 형이하(形而下)이다."[201]라고 하였다. 따라서 주희(朱熹)에게 있어 이(理)는 만물의 존재근거이며, 온갖 변화의 가능 근거이다. 이(理)는 '형이상자(形而上者)'이

---

198) 『朱子大全』: "理之一字, 不可以有無論 未有天地之時, 便已如此了也."
199) 『周易』, 「繫辭傳」: "形而上者謂之道, 形而下者謂之器."
200) 『周易傳義』, 朱子註: "形而上者 指理而言, 形而下者, 指事物而言."
201) 『周易傳義』, 朱子註: "形而上者是理, 總有作用, 便是形而下者."

고 '초월'을 의미하지만 현실적인 사물과 아무런 관련이 없는 것은 아니다. 즉 이(理)는 비록 만물 중의 어떤 일물(一物)은 아니지만, 만물을 생성하는 근본이며 온갖 변화의 중심축으로서 만물과 함께 존재한다.

또한 주희(朱熹)는 주돈이(周敦頤)의 『태극도설(太極圖說)』의 구절을 주석하여 이(理)의 개념을 다음과 같이 설명하고 있다.

> 상천(上天)의 일(理)은 소리도 없고 냄새도 없지만 온갖 조화의 중심이고 온갖 만물의 뿌리이다. 그러므로 무극(無極)이면서 태극(太極)이라고 한다. 무극(無極) 외에 다시 태극(太極)이 있는 것은 아니다.[202]

이(理)는 천지를 형언하는 범주를 넘어서 존재하고 있기에 소리와 냄새가 없다는 것이며 만물의 중심이 되는 것이다. 이러하기에 태극(太極)이면서 무극(無極)인 것이다. 또한 이(理)가 만물의 뿌리라는 것은 모든 사물의 존재근거라는 것이다. 이것이 주희(朱熹)가 제시하고 있는 이(理)의 의미이다.

다음에 제시되는 주희(朱熹)의 이개념(理槪念)을 살펴본다면 주희(朱熹) 학문에 있어서 이(理)의 의미는 좀 더 명확해진다.

> 천하의 사물은 모두 실리(實理)가 (근거가 되어) 만들어 낸 것이다. 철두철미하게 모두 이 이(理)가 근거가 된다. 그러므로 이 이(理)가 없으면 이 사물이 있는 것은 아니다.[203]

---

202) 『性理大全』, 「太極圖說」, 朱子註: "上天之載, 無聲無臭, 而實造化之樞紐, 品之根柢, 告曰無極而太極, 非無極之外, 復有太極也."

천하의 물은 모두 실리(實理)가 만든 것이다. 그러므로 반드시 이(理)를 얻은 뒤에 사물(事物)이 있으니, 얻은 바의 이(理)가 다하면 물(物) 또한 존재하지 못한다.204)

위의 두 구절에서 알 수 있듯이 천하의 모든 사물과 사태는 그러한 바의 理(원칙 또는 존재근거)를 지니고 있다. 나아가 이(理)가 없으면 모든 사물은 존재할 수 없는 것이다. 즉 이(理)는 모든 변화의 가능 근거이자 모든 존재의 존재 근거이며 만물에 품수(稟受)되어 있는 것이다. 또한 주희(朱熹)는 이(理)와 기(氣)를 분리하여 다음과 같이 말하고 있다.

하늘과 땅 사이에 이(理)가 있고 기(氣)가 있다. 이(理)란 형이상(形而上)의 도(道)이고 생물(生物)의 근본이다. 기(氣)란 형이하(形而下)의 그릇이고 생물(生物)의 갖춤이다. 그러므로 사람과 사물이 생김에는 반드시 이 이(理)를 받은 연후에 성(性)이 있고 이 기(氣)를 받은 연후에 형체(形體)가 있게 된다.205)

위의 구절에서 알 수 있듯이 이(理)가 있기에 성(性)이 있는 것이고, 기(氣)가 있기에 그 형체(形體)가 있다는 것이다. 하늘과 땅 사

---

203) 『朱子語類』, 卷8, 「學二」: "天下之物, 皆實理之所爲, 徹頭徹尾, 皆是此理所爲, 未有無此理而有此物也."
204) 『中庸章句』: "天下之物, 皆實理之所爲, 故必得是理, 然後有是物, 所得之理旣盡, 則是物, 亦盡而無有矣."
205) 『朱子文集』, 「答黃道夫書」: "天地之間, 有理有氣, 理也者, 形而上之道也, 生物之本也, 氣也者, 形而下之器也, 生物之具也, 是以人物之性, 必稟此理, 然後有性, 必稟此氣, 然後有形."

이에 가득 차 있는 것은 모두 사물이다. 사물은 이(理)와 기(氣)로 이루어져 있다. 기(氣)가 형이하(形而下)의 그릇으로써 만물을 담는 도구라면 이(理)는 형이상(形而上)의 도(道)로써 만물을 생성하는 근본이다. 그러므로 기(氣)가 인물의 형체를 이룬다면 이(理)는 인물의 본성이 된다. 이것을 도식화하면 형이상(形而上 - 道) → 이(理) → 성(性)으로 이어지고, 형이하(形而下 - 그릇) → 기(氣) → 형체(形體)로 드러남을 알 수 있다. 그러므로 성(性)이라는 것은 이(理)를 받은 연후에 그렇게 되는 것이다. 이것이 바로 '성즉리(性卽理)'이다.

이로서 '성즉리(性卽理)'라 할 때의 성(性)과 이(理)의 의미를 고찰해 보았다. 다음으로 주희(朱熹)에게 있어 정(情)의 의미와 성(性)과 정(情)의 관계는 무엇인지를 고찰해 보자.

주희(朱熹)는 성(性)이란 미발(未發)이며 무형(無形)이어서 구체적으로 드러나지 않는다고 하였다. 그러나 이러한 성(性)은 정(情)을 통하여 현상계에 드러나게 되는데 "이러한 성(性)이 있어야 이 정(情)이 드러날 수 있으며 이 정(情)으로 인하여 이 성(性)을 볼 수 있는 것이다. 오늘 이 정(情)이 있음으로 인해서 본래 이러한 성(性)이 있었음을 보게 되는 것이다."206)라 하였다. 이는 성(性)이라는 것은 사람과 사물에 내재되어 있는 것이기에 드러나지 않으나 이러한 성(性)은 정(情)을 통하여 사람과 사물에 드러나고 정(情) 또한 성(性)이 내재되어 있어야 그 구체적인 모습을 드러낼 수 있음을 알 수 있다. 따라서 주희(朱熹)는 성(性)과 정(情)의 관계를 다음과 같이 말하고 있다.

---

206) 『朱子語類』, 卷5, 「性理二」: "有這性便發出這情, 因這情便見得這性, 因今日有這情, 便見得本來有這性."

성(性)은 말할 수 없다. 성(性)이 선(善)하다고 하는 까닭은 단지 측은(惻隱), 사양(辭讓)과 겸손(謙遜)의 사단(四端)의 선(善)을 보고서 그 성(性)이 선(善)하다는 것을 볼 수 있는 것이다. 물 흐름이 맑은 것을 보고 그 근원 시초도 반드시 맑을 것임을 아는 것과 같다. 사단(四端)은 정(情)이며 성(性)은 곧 이(理)이다. 발동한 것은 정(情)이나 그 근본은 성(性)이다.[207]

위의 구절에서 알 수 있듯이 주희(朱熹)는 성(性)과 정(情)의 관계를 말함에 있어 정(情)의 발동은 성(性)에 근거한다고 주장하고 있다. 사단(四端)은 정(情)이다. 그러나 사단(四端)의 근본에는 성(性)이 내재되어 있는 것이다. 따라서 성(性)이 선(善)하다는 것은 사단(四端)이 선(善)이기에 그러하며, 그 사단(四端)의 근본이 성(性)이기에 그러하다는 것이다. 그러므로 발동한 것으로 미루어 본다면 정(情)이나 그 근본에는 항상 성(性)이 있다는 것으로 정(情)은 성(性)을 근본으로 하며 성(性)은 정(情)을 통해 드러남을 알 수 있다. 따라서 주희(朱熹)에게 있어서 성(性)과 정(情)의 관계는 형이상(形而上)과 형이하(形而)下의 관계로 파악하고 있음을 알 수 있다.

다시 말해 성(性)이 존재하기에 정(情)이 드러나는 것이고 정(情)이 존재하기에 성(性)의 의미가 명확해진다는 것이지 성(性)과 정(情)의 관계를 체(體)와 용(用)의 관계로 설명한 것은 아니다. 성(性)은 형이상(形而上)에 속하고 정(情)은 형이하(形而下)에 속하는 것이므

---

207) 『朱子語類』, 卷5, 「性理二」: "性不可言, 所以言性善者, 只看他惻隱辭遜四端之善則可以見其性之善, 如見水流之淸, 則知源頭必淸矣, 四端情也, 性卽理也, 發有情也, 其本則性也."

로 만약 심(心)의 주재(主宰)로 인하지 않으면 정(情)은 반드시 중절(中節)된다고 볼 수 없다는 것이 주희(朱熹)의 견해이다. 따라서 주희(朱熹)가 비록 "흐르는 물이 맑으면 그 원류도 맑다.(水流之淸, 則知源頭必淸矣)"라고 말하고 있으나 만약 흐르는 물이 탁할 때 그 원류는 어떻게 되는 것인가? 체(體)와 용(用)의 관계로 성(性)과 정(情)을 말한다면 그 원류가 탁할 때는 흐르는 물은 반드시 탁하게 되어 있다. 이는 실천공부상(實踐工夫上)의 성(性)과 정(情)의 관계를 말한 것이지 정(情)이 직접 성(性)으로부터 발동된다는 것은 아님을 알 수 있다. 따라서 성(性)과 정(情)의 관계는 체(體)와 용(用)의 관계가 아니라 형이상(形而上)과 형이하(形而下)의 관계이며 이것은 심(心)의 기능에 의해 조절되며 중절(中節)과 부중절(不中節)로 나누어지는 것이다. 이에 이상훈은 "성(性)과 정(情)의 관계는 체용(體用) 관계에 있지 않고, 체용(體用)의 관계는 심(心)과 정(情) 사이에 있는 것이다."208)라고 한 것이다.

이로써 본다면 주희(朱熹) 인성론(人性論)에 있어 성(性)과 정(情)의 관계를 통섭하는 것은 심(心)의 기능이라는 결론에 도달하게 된다. 성즉리(性卽理)와 심통성정(心統性情)209)이란 각각 정이(程頤)와 장재(張載)가 한 말이다. 그러나 유인희는 "정이(程頤)는 심(心)을 미발(未發)과 이발(已發)로 이분하거나 성(性)과 정(情)으로 이분해서 보는 문제점을 남겼고, 장재(張載)는 성(性)이 곧 이(理)라는 것을 자각적으로 제기하지 못한 문제점을 남겼다."210)라고 하여 정이(程頤)

---

208) 이상훈, 앞의 논문, p.36.
209) 『張子全集』, 卷14, 「性理拾遺」: "張子曰, 心統性情者也."

와 장재(張載)의 제설(諸說)에 관한 문제점을 지적하였다. 이에 주희(朱熹)는 이러한 문제점들을 그의 이(理)개념과 본체론(本體論)을 통하여 두 견해를 융합시킴으로써 명쾌하게 해결하고 있다.

주희(朱熹)는 "성(性)은 심(心)의 이(理)이다. 정(情)은 성(性)의 움직임이다. 심(心)은 성(性)과 정(情)의 주재(主宰)이다."[211]라 하고 "성(性)은 정(情)에 대하여 말한 것이고, 심(心)은 성(性)과 정(情)에 대하여 말한 것이다. 이와 같은 것을 합한 것은 성(性)이고, 움직이는 곳은 정(情)이며, 주재(主宰)하는 것은 심(心)이다."[212]라고 말하고 있다. 따라서 성(性)은 미발(未發)이고 정(情)은 이발(已發)이며 심(心)은 미발(未發)의 성(性)과 이발(已發)의 정(情)을 통섭한다.

다시 말해 심(心)과 성(性) 그리고 정(情)은 비록 셋으로 나누어져 있지만 정(情)일 때의 미발(未發)의 성(性)과 동(動)일 때의 이발(已發)의 정(情)은 모두 이 심(心)에 의해 통섭(通攝)된다는 것이다. 그러므로 주희(朱熹)는 "성(性)은 움직이지 아니한 것이고, 정(情)은 이미 움직인 것이다. 심(心)은 이미 움직인 것과 움직이지 아니한 것을 포괄한 것이다. 대개 심(心)이 움직이지 아니하면 성(性)이 되고, 이미 움직였으면 정(情)이 되는 것이니 이른바 심(心)이 성(性)과 정(情)을 통섭했다고 한다는 것이다."[213]라 하고, "성(性)은 이(理)로서

---

210) 유인희, 「程·朱의 人性論」, 한국동양철학회, 『동양철학의 본체론과 인성론』, 서울, 연세대학교출판부, 1996, p.273.
211) 『朱子語類』, 卷5, 「性理二」: "性者心之理, 情者性之動, 心者性情之主."
212) 『朱子語類』, 卷5, 「性理二」: "性對情言, 心對性情言, 合如此是性, 動處是情, 主宰是心."
213) 『朱子語類』, 卷5, 「性理二」: "性是未動, 情是已動, 心包得已動未動,

말한 것이고 정(情)은 곧 발용된 곳이다. 심(心)은 곧 성정(性情)을 주관하고 거느리는 것이다."214)라고 하여 심통성정(心統性情)을 말하였다. 이에 채인후(蔡仁厚)는 주희(朱熹)의 심통성정론(心統性情論)에서 주의해야 할 점이 있다고 하여 "심(心)이 성(性)과 정(情)을 주재(主宰)한다고 해서 심(心) 스스로가 필연적으로 성(性)을 주재한다는 의미는 아니다."215)고 하였다. 심(心)이 성(性)과 정(情)을 통섭한다는 것은 동태적(動態的)인 의미로서 단지 거느린다는 의미에 불과하다. 성(性)은 곧 본체론적(本體論的)으로 이(理)를 말한 것이고, 정(情)은 이에 발용된 것이며, 심(心)은 성(性)과 정(情)을 거느린다. 이러한 점이 육왕(陸王)의 심학(心學)과 주희(朱熹)의 이학(理學)의 본질적인 차이로 드러나는 것이다.

요컨대 주희(朱熹)는 자신의 인성론(人性論)을 전개함에 있어 이(理)의 해석을 성(性)을 통하여 해석하고 있음을 볼 수 있다. 이러한 성(性)은 정(情)과의 관계를 통하여 나타나게 되는데, 이러한 성(性)과 정(情)의 관계를 통섭하는 것이 심(心)이다. 따라서 심(心)을 다음과 같이 설명하고 있다.

하늘에 있는 것은 명(命)이 되고 인간에게 품부된 것이 성(性)이 되며 이미 발하면 정(情)이 된다는 것, 이것은 그 맥리가 매우 잘 통하며 또한 분명해서 이해하기 쉽다. 오직 마음만은 허명통철(虛明洞徹)하여 전후를 통섭하는 것을 말한 것이다. 성(性) 위에 의거해서 적연

___

蓋心之未動則爲性, 已動則爲情, 所謂心統性情也."
214) 『朱子語類』, 卷5, 「性理二」: "性以理言, 情乃發用處, 心則管攝性情者也."
215) 蔡仁厚, 『宋明理學(南宋篇)』, 大灣, 學生書局, 1983, p.197.

부동(寂然不動)한 데가 마음이라고 말하는 것 역시 터득함이요, 정(情) 위에 의거하여 감이수통(感而遂通)하는 데가 마음이라고 말하는 것도 터득함이다.216)

즉 마음이야말로 그 허명통철(虛明洞徹)한 직각능력과 정동성정(靜動性情)에 의하여 성(性)을 갖추고 보존할 수도 있으며 외물에 응접하여 움직이되 중절(中節)할 수 있는 주체라는 것이다. 따라서 주희(朱熹)의 심(心)은 실심(實心)이기에 오히려 인식과 실천의 주체인 것을 밝혀내 준 것이다. 그러므로 주희(朱熹)는 심(心)의 동태적(動態的) 기능성을 강조한 심통성정(心統性情)을 통하여 자신의 인성론(人性論)을 완성하고 있다.

나아가 성(性)과 정(情)의 의미를 고찰하면 性이 인간의 본성 혹은 본질 또는 인(仁)·도덕(道德)·이성(理性) 등으로 말하여지는 일종의 동물과 구별되는 질적 규정의 의미를 갖는 것이라면, 정(情)은 인간의 감정, 즉 인간의 본성이 외물과 상접하여 표현되어 나온 희노애구애오욕(喜怒哀懼愛惡欲)으로 경험·현상 등 심리적·생리적·사회적인 현실과 밀접하게 연관되어 있다. 따라서 주희(朱熹)가 말하는 정(情)은 대개 성(性)과 심(心)에 상대하여 말한 것이다.

만일 성(性)이 미발(未發), 즉 정(靜)의 상태에 처한 것이라 말한다면, 정(情)은 이발(已發), 즉 동(動)의 상태에 처한 것으로 본다.

---

216) 『朱子語類』, 卷5, 「性理二」: "在天爲命, 稟人爲性, 旣發爲情, 此其脈理甚貫, 仍篇分明易曉, 惟心乃虛明洞徹統前後而爲言耳, 據性上說寂然不動處是心亦得, 據情上說感而遂通處是心亦得."

그러므로 이발(已發)인 정(情)의 선(善)과 악(惡)의 문제에 있어서 그는 성(性)은 체(體)가 되고 정(情)은 용(用)이 된다는 체용(體用)관계로 파악하기도 하여[217] 다음과 같이 말하고 있음을 볼 수 있다.

> 장횡거(張橫渠)가 '마음은 성(性)과 정(情)을 통섭한다'고 하였다. 대개 선(善)을 좋아하고 악(惡)을 싫어함은 정(情)이다. 그 선(善)을 좋아하고 악(惡)을 싫어하게 되는 까닭은 성(性)의 절도이다. 또 악(惡)을 보고 분노(忿怒)하며 선(善)을 보고 기뻐하는 것 같은 것들은 곧 정(情)이 발동한 바이다. 마땅히 기뻐할 바에 기뻐하되 기쁨이 지나치지 않고, 마땅히 노여워할 바에 노여워하되 노여워함을 옮기지 않음에 이르며, 슬픔 즐거움 사랑함 미워함의 욕망(欲望)에서 모두 절도에 알맞아 지나침이 없는 것이 곧 성(性)이다.[218]

따라서 주희(朱熹)는 정(情)은 선(善)과 악(惡)이 있다고 보았다. 성(性)의 발(發)인 정(情)이 발(發)하였을 때 소당연(所當然)의 법도에 들어맞거나 중절(中節)할 경우에만 곧 선(善)이고, 중절(中節)하지 못하면 곧 불선(不善)이 된다는 것이다. 또한 인간이 가지는 기본적인 희로애락(喜怒哀樂)의 욕망 역시도 절도에 맞을 때에 한하여 性이라는 것이다. 그러므로 이발(已發)된 정(情)의 선(善)과 악(惡)을 파악하는 문제에 있어서는 성(性)과 정(情)의 관계를 체용(體用)의

---

217) 『性理大全』, 卷33, 「心性情」: "情則性之用, 性是體, 情是用."
218) 『朱子語類』, 卷5, 「性理二」: "橫渠云, 心統性情, 蓋好善而惡惡, 情也, 而其所以好善而惡惡, 性之節也, 且如見惡而怒, 見善而喜, 這便是情之所發, 至於喜其所當喜而喜不過, 怒其所當怒而怒不遷, 以至哀樂愛惡欲皆中節而無過, 便是性."

관계로 파악하고 심(心)이 성(性)과 정(情)을 통섭한다고 하였다.

또한 "질문하여 '심(心)이라는 것이 여러 이(理)를 갖추고 있으니 발동하여 선(善)인 것은 진실로 심(心)에서 나타나 발동해 선(善)에 이르는 것이니, 모두 기품 물욕(物欲)의 사(私)도 또한 그 심(心)에서 나오는 것이 아닌가요?'라 하니, 이르되 '진실로 심(心)의 본체는 아니다. 그러나 역시 심(心)에서 나타난다'고 하였다."[219]고 하여 선(善)한 성(性)이 드러난 상태인 정(情)이 악(惡)할 수도 있는 것은 그 드러남에 있어서 이기(理氣)가 병존하는 심(心)에 있어서 그 기(氣)의 작용 때문이라고 하였다. 그러므로 주희(朱熹)에게 있어서 성(性)과 정(情)의 의미를 명확히 하기 위해서는 본연지성(本然之性)과 기질지성(氣質之性)의 의미를 고찰해 본다면 좀 더 쉽게 접근할 수 있다. 본연지성(本然之性)의 연원(淵源)은 『중용(中庸)』의 "천명지위성(天命之謂性)"에서 나타나고 기질지성(氣質之性)의 연원(淵源)은 장재(張載)의 말[220]에서 그 연원(淵源)을 찾을 수 있다.

장재(張載)에게 있어 본연지성(本然之性)은 하늘이 명(命－하늘로부터 부여받은 것)한 것이기에 순연하고 순수한 인간 본연의 성(性)을 의미하는 것이고, 기질지성(氣質之性)은 형체가 있고 난 뒤에 생기는 것이다. 따라서 기질지성(氣質之性)은 인간의 행위와 관계된 것이며 군자(君子)의 본성으로 볼 수 없는 영역이라 하였다. 또한

---

219) 『朱子語類』, 卷5, 「性理二」: "問心之爲物, 衆理具足, 所發之善, 固出於心, 至所發於善, 皆氣品物欲之私, 亦出於心否. 曰, 固非心之本體, 然亦是出於心也."
220) 『正夢』, 「誠明篇」: "形而後, 有氣質之性, 善反之, 則天地之性存焉, 故氣質之性, 君子有弗性者焉."

정이(程頤)는 기질지성(氣質之性)을 다음과 같이 말하고 있다.

> 본성은 서로 가깝지만 습성은 서로 멀다. 성(性)은 하나이니 어찌하여 서로 가깝다고 하는가? 이것은 단지 기질지성(氣質之性)을 말한다. 풍속(風俗)에 성급(性急), 성완(性緩)이라고 말하는 것과 같다. 성(性)이 어찌 완급(緩急)이 있는가? 여기에서 성(性)이란 생(生)을 일러 성(性)이라 할 때를 말함이다.[221]

정이(程頤)에게 있어서는 성(性)의 멀고 가까움은 기(氣)의 영향을 받은 것, 즉 기질지성(氣質之性)을 말하는 것으로 본래의 성(性)을 말하는 것은 아니다. 따라서 성(性) 그 자체로는 완급(緩急)이 없다는 것을 의미하고 있다. 나아가 '습성이 서로 멀다'는 것은 본체로서의 성(性)이 기질(氣質)의 영향을 받아 '생(生)'한 이후의 모습을 의미하고 있음을 알 수 있다. 다시 말해 "천명지위성(天命之謂性)"에서 '천명(天命)'은 '이(理)'이다. 그러므로 이(理)를 품부(稟賦)받아 성(性)이 된다는 것은 사람이 선천적으로 선(善)한 품성(稟性)을 지녔다는 것을 말할 뿐이지, 악(惡)한 품성(稟性)이 생기는 근원(根源)을 설명해 주지 않는다. 따라서 주희(朱熹)는 본연지성(本然之性)과 기질지성(氣質之性)을 말함에 있어 본연지성(本然之性)의 의미는 『중용(中庸)』의 의미를 따르고 있지만 기질지성(氣質之性)의 의미에 있어서는 장재(張載)와 정이(程頤)의 생각과는 조금 다른 견해를 보이

---

221) 『二程全書』, 卷18, 「劉元承手編」: "性相近也, 習相遠也. 性一也, 何以言相近, 曰, 此只是言氣質之性, 如俗言性急性緩之類, 性安有緩急, 此言性也, 生之謂性也."

고 있다.

주희(朱熹)는 악(惡)한 품성(稟性)도 역시 선천적인 근거를 갖는다고 생각하였는데 이것이 바로 기질(氣質)이다. 따라서 사람이 품부(稟賦)받은 기질(氣質) 가운데 어둡고 탁하며 편벽되고 막힌 것이 악(惡)한 품성(稟性)을 이루는 근원인 것이다. 기품(氣稟)이 선(善)하지 않음이 악(惡)의 근원인 까닭은, 주로 기품(氣稟)의 혼탁이 본성을 끊고 가림으로써 사람의 선(善)한 본성이 발현되는 것을 방해하며, 나아가서 악(惡)한 성질을 드러내기 때문이다. 모든 사람과 사물은 품부(稟賦)받은 이(理)와 기(氣)의 두 측면에서 모두 영향을 받기 때문에 현실적인 인성(人性)과 물성(物性)이 전적으로 이(理)에 의해서만 결정된다고 할 수 없다. 따라서 주희(朱熹)는 인성(人性)이 이(理)와 기(氣)에 동일하게 영향을 받는다고 주장하면서 기질지성(氣質之性)을 설명하고 있다.

'사람이 태어나 고요함'이란, 발동하지 않을 때이다. 그 이상은 사람이나 사물이 태어나지 않을 때이니 성(性)이라 이를 수 없다. 비로소 성(性)이라 이르면 곧 사람이 태어남 이후로서 이 이(理)가 형기(形氣) 가운데에 있는 것이니 순전히 성(性)의 본체는 아니다. 그러나 그 본체 또한 일찍이 이것을 벗어나 있지 않으니, 요컨대 사람은 이것에 함께하면서 이것과 섞이지 않음을 볼 수 있는 것이다.222)

---

222) 『朱文公全集』, 卷61: "人生而靜是未發時, 以上則人物未生時, 不可謂性, 才謂之性便是人生以后, 此理墮在形氣之中, 不全是性之本體矣, 然其本體又未嘗外此, 要人卽此而見得其不雜于此者耳."

　사람과 사물의 성(性)은 천지(天地)의 이(理)를 품부(稟賦)받아 생긴다. 그러나 사람과 사물에 있어서 천지(天地)의 이(理)를 품부(稟賦)받아 성(性)이 생긴다는 것은 본연적인 측면에서의 주장이다. 그러므로 일정한 이(理)는 형기(形氣)가 품부(稟賦)된 연후에라야 진정한 성(性)이 된다. 따라서 형기(形氣)가 품부(稟賦)된다는 것은 기질지성(氣質之性)을 의미하는 것으로 형기(形氣)라는 기질지성(氣質之性)이 있어야만 인간의 올바른 성(性)이 생길 수 있다는 것이다.

　그러나 본연적인 성(性)은 외부에 영향을 받지 않지만 형기(形氣)에서 나오는 기질(氣質)은 외부의 영향을 받지 않고는 형성될 수 없다. 외부의 영향을 받기에 기질(氣質)은 오염될 수 있는 소지를 가지고 있다. 또한 "천지지성(天地之性)을 논할 때는 전적으로 이(理)를 가리켜 말하는 것이고, 기질지성(氣質之性)을 논할 때는 이(理)와 기(氣)를 섞어서 말하는 것이다."[223]라고 하여 기질지성(氣質之性)은 이(理)의 작용과 기(氣)의 작용을 함께 가지고 있는 것으로 도덕이성(道德理性)과 욕망이 함께 공존한다. 따라서 천명지성(天命之性)은 기질지성(氣質之性)의 본래 상태이고 기질지성(氣質之性)은 천명지성(天命之性)이 기질(氣質)의 영향을 받아 전화된 형태인 것이다. 그러므로 모든 사람의 천명지성(天命之性)은 동일하다. 하지만 기질(氣質)이 다르기 때문에 사람과 사물의 기질(氣質)이 달라지는 것이다. 따라서 주희(朱熹)는 인간의 본성은 선(善)하지만 형기(形氣)의 기품(稟賦)으로 인한 기질(氣質)의 악(惡)함에 의해서 인간은 악(惡)으로

---

223) 『朱文公全集』, 卷58: "論天地之性則是專指理言, 論氣質之性則以理與氣雜而言之."

나아갈 수 있다는 것을 말하고 있는데, 기질(氣質)의 악(惡)함이라 함은 바로 인욕(人欲－私欲)을 말하는 것이다. 그러므로 본연지성(本然之性)의 순연한 성(性)을 가리는 것이 바로 기질지성(氣質之性)의 인욕(人欲－私欲)인 것이다. 물론 기질지성(氣質之性) 전체가 악(惡)이라고 주희(朱熹)는 주장하지 않았다. 다만 기질지성(氣質之性)에는 선(善)의 요인과 악(惡)의 요인이 혼재해 있다는 것이고, 혼재해 있다는 것은 인욕(人欲)의 사사로움에 의해 인간의 악(惡)한 성품을 드러낼 수 있다는 근거를 말하는 것이다. 여기서 이발(已發)과 미발(未發)의 차이를 밝힌다면 본연지성(本然之性)과 기질지성(氣質之性), 그리고 성(性)과 정(情)의 관계를 좀 더 명확히 할 수 있다.

> 성(性)과 정(情)은 한 가지인데, 그렇게 나뉘는 까닭은 단지 미발(未發)과 이발(已發)이 다르기 때문이다. 만일 이발(已發)과 미발(未發)로 그것들을 나누지 않는다면 어느 것이 성(性)이고 어느 것이 정(情)이겠는가?224)

위의 구절에서 드러나듯이 성(性)과 정(情)은 본래부터 한 가지이다. 그러나 그것이 나뉘는 것은 미발(未發)과 이발(已發)이 다르기 때문이다. 따라서 성(性)과 정(情)은 하나이기에 성(性)은 미발(未發)일 때를 일러 성(性)이라 하고 정(情)은 성(性)이 발(發)하여 나타난 것, 즉 이발(已發)의 성(性)을 일러 말하는 것이다. 그러므로 성(性)

---

224) 『朱文公全集』, 卷41, 「答何叔京」: "性情一物, 其所以分, 只爲未發已發之不同耳, 若不以未發已發分之, 則何者爲性, 何者爲情耶."

이 발(發)하지 않은 것을 본연지성(本然之性)이라 하고, 성(性)이 발하여 나타난 것은 정(情)이며 기질지성(氣質之性)이라 한다. 나아가 주희(朱熹)에게 있어서 본연지성(本然之性)이 인간의 본연한 순수성이라 한다면 정(情)은 성(性)이 발(發)하여 기질(氣質)과 결합하여 생겨난 것으로 성(性)의 움직임을 말한다. 다시 말해 성(性)은 이(理)이지만 부동하지 않고 발동하는데, 발동한 상태가 정(情)이다. 따라서 주희(朱熹)는 "성(性)은 본체는 이(理)일 뿐이고, 정(情)은 성(性)의 움직임이다."[225]고 한 것이다.

주희(朱熹)는 인욕(人欲)을 말함에 있어 성(性)과 정(情)을 분리하여 사욕(私欲)을 경계(警戒)하고 천리(天理)를 보존(保存)하고자 하는 것은 본연지성(本然之性)인 성(性)의 순수함이라 하고, 인간의 성(性)이 발(發)하여 기질지성(氣質之性)과 결합하여 인욕(人欲)으로 나아가고자 하는 것을 정(情)의 욕망[226]이라 하였다. 그러므로 주희(朱熹)에게 있어서 성(性)은 인간의 본질적 영역에 해당되는 것으로 깊고 은미(隱微)하여 아직 발현되지 않은 순수하고 본연적인 모습이다. 이러한 성(性)은 현상적인 의식 활동인 이발(已發)의 정(情)인 기질(氣質)을 통하여 나타난다. 그러나 정(情)은 성(性)과는 달리 현상적 영역에서 현실 생활을 통하여 현실에 그대로 드러나는 모습이다. 그러므로 성(性)과 정(情)은 하나이지만 그것은 의미상의 것이고 본질적인 의미를 가지고 말할 때에는 다른 것임을 알 수 있다.

---

225) 『孟子或問』, 「告子上」: "性之本體, 理而已, 情, 則性之動."
226) 『朱文公全集』, 卷67, 「太極說」: "情之未發者性也, 是乃所謂中也, 天下之大本也, 性之已發者情也, 其皆中節則所謂和也, 天下之達道也."

따라서 성(性)과 정(情)의 관계는 이발(已發)과 미발(未發)의 관계로 설명될 수 있다. 성(性)은 미발(未發)이며 정(情)은 이발(已發)이다. 또한 성(性)은 이발(理發)이며 정(情)은 기발(氣發)이다. 그러므로 성(性)은 본연지성(本然之性)이고 정(情)은 기질지성(氣質之性)이다. 나아가 정(情)은 성(性)의 표현이고, 성(性)은 정(情)의 근원(根源)인 것이다. 이발(已發)의 정(情)은 기질지성(氣質之性)이므로 사람이 품부(稟賦)받은 기질(氣質) 가운데 어둡고 탁하며 편벽되고 막힌 것이 악(惡)한 품성(稟性)을 이루어 사사로운 사욕(私欲)으로 흐를 수 있다는 것이다. 따라서 기품(氣稟)의 혼탁이 본성(本性)을 가림으로써 사람의 선(善)한 본성이 발현되는 것을 방해하여 천리(天理)를 보존하지 못하고 人欲(私欲)에 빠지는 것이다.

아래 문장에서는 성(性)과 정(情)의 발현에 의한 천리(天理)와 인욕(人欲)의 관계에 대하여 직접적으로 언급하고 있다. 천리(天理)와 인욕(人欲)은 하나이나 그 상태에 따라서 천리(天理)가 될 수도, 인욕(人欲－私欲)이 될 수도 있다는 것이다.

> '마시고 먹을 때는 어떠한 것이 천리(天理)이고, 어떠한 것이 인욕(人欲)입니까?'라고 묻자, 마시고 먹는 것은 천리(天理)이나, 좋은 맛을 찾는 것은 인욕(人欲)이라고 답하였다.[227]

위에서 나타나는 것처럼 먹고 마시는 것은 성(性)이 아니라 정(情)

---

227) 『朱子語類』, 卷13, 「學七」: "問 飢食之間, 孰爲天理, 孰爲人欲, 曰 飢食者天理也, 要求美味, 人欲也."

이다. 그러나 이러한 정(情)이 본연에 순수한 성(性)으로 향할 때, 즉 단지 배고픔만을 충족시킬 때에는 천리(天理)가 되지만 정(情)이 사사로운 욕망과 결합한 것, 즉 더 나은 것을 원할 때는 인욕(人欲-私欲)이 되는 것이다. 즉 생존적 본능을 따르는 욕망에 있어서는 부정하지 않지만, 그 이후의 행위에 의해 나타나는 것은 욕망이므로 그것은 곧 사욕(私欲)이 될 수 있음을 말한다. 음식을 먹고자 하는 것은 성(性)이나 더 나은 것을 요구하는 것은 사사로움의 인욕(人欲)이다. 이러한 사사로움은 결국 인간의 욕망을 악(惡)으로 흐르게 하는 요인이다. 인간의 어떠한 행위는 결국 그 행위의 결과를 가지고 온다. 결과가 있다는 것은 본질적으로 무엇인가 얻기를 원하는 욕망에 그 행위의 근거를 두고 있다. 따라서 인간의 먹고 마시는 행위는 생존(生存)이라는 결과를 가지고 올 수도 있지만 더 많은 행복이라는 결과를 가지고 올 수도 있다. 바로 이 점에서 문제가 발생한다. 생존(生存)을 위한 것은 성(性)이며 천리(天理)이지만, '더 많은 것'이라는 수식어가 있는 것은 사사로움이라는 문제를 가지고 있다. '더 많은 것'이라면 이것은 정(情)이 사사로움과 결합하였다는 것이다. 따라서 이것은 철저한 제거의 대상이 되는 사욕(私欲)이 된다.

그러나 '생존'과 '더 많은 것'의 차이는 실로 미세하여 밝히기에 실로 어려움이 많다. 따라서 주희(朱熹)는 "천리(天理)와 인욕(人欲)은 아주 작은 간격이 있다."[228]고 한 것이다. 그러므로 사사로움에 의한 욕망과 아닌 것의 차이는 실로 미세하다는 것이다. 그러나 분

---

228) 『朱子語類』, 卷13, 「學七」: "天理人欲, 幾微之間."

석하면 이것은 '정(情)'에 의해 나누어짐을 볼 수 있다. 따라서 천리(天理)와 인욕(人欲)의 기미(幾微)가 바로 정(情)의 분기점인 것이다. 정(情)이 성(性)으로 향할 때 정(情)은 천리(天理－性)가 되지만 정(情)이 사사로운 욕망과 결합할 때는 바로 인욕(人欲)이 되는 것이다.

> "선(善)과 악(惡)이 나뉘는 그곳에는 다만 공정한 천리(天理)와 사사로운 인욕(人欲)이 있을 뿐입니까?"라고 묻자, "그것은 오히려(天理와 人欲이) 이미 드러난 다음에 말한 것이어서 그런 명칭이 있는 것이다. 단지 그것이 집착해서 말하기만 해서는 아무런 소용이 없다. 반드시 이 마음으로 검증하여, 어떤 것이 천리(天理)이고, 어떤 것이 인욕(人欲)인지를 참으로 알아야만 한다. 그리고 미세한 기미(幾微) 사이에서 끝까지 찾고 이해해야 한다. 이 마음이 항상 깨어 있도록 해야지 잠시라도 여유를 부려 흐트러지게 해서는 안 된다."고 답하였다.229)

그러므로 기미(幾微) 사이에서 어떠한 것이 인욕(人欲)이고 어떠한 것이 천리(天理)인지 끝없이 찾고 이해하기 위해 노력해야 한다고 강조하고 있는 것이다. 이것이 '계신공구(戒愼恐懼)'와 '신독(愼獨)'의 의미이다. 또한 주희(朱熹)는 성(性)과 정(情)의 관계에 대한 제설과 주재자(主宰者)로의 심(心)의 기능을 말하면서 장재(張載)의 심통성정론(心統性情論)을 따르고 있다. 앞에서도 언급하였듯이 주희(朱熹)는 성(性)과 정(情)을 형이상(形而上)과 형이하(形而下)의 관

---

229) 『朱子語類』, 卷13, 「學七」: "問 此善惡分處, 只是天理之公, 人欲之私耳, 曰 此却是已有說後, 方有此名, 只執此爲說, 不濟事, 要須驗之此心, 眞知得如何是天理, 如何是人欲, 幾微間極索理會, 此心常常要惺覺, 此令頃刻悠悠憒憒."

계로 보고 있기에 심(心)이 주재하여 성(性)은 마음의 본체(本體)이고 정(情)은 마음의 작용이다. 그러므로 주희(朱熹)는 성(性)은 선(善)으로 향하는 본체성(本然性)이라 하였고 정(情)은 좋음과 싫음이 내재해 있으며 사사로움 역시 내재되어 있다는 것이다.

> 누군가 좋아하는 것과 싫어하는 것에 대해 물었다. "좋아하고 싫어하는 것은 정(情)이다. 선(善)을 좋아하고 악(惡)을 싫어하는 것은 성(性)이다. 성(性)에서는 당연히 선(善)을 좋아하고 악(惡)을 싫어한다. 막연하게 좋아하거나 싫어하는 것은 바로 사사로움이다."라고 답하였다.[230]

요컨대 성(性)이 발(發)하지 않은 상태를 본연지성(本然之性)이라 한다. 그러므로 성(性)은 본연의 순수함과 인간의 본성에 내재한 도덕본성(道德本性)이다. 그러나 이러한 성(性)이 발(發)한다는 것은 기질지성(氣質之性)으로 나아간다는 것이고 발(發)하여 형기(形氣)로 구체화되는 것이 바로 정(情)이다. 또한 성(性)과 정(情)은 일물(一物)이기에 성(性)과 정(情)의 본연의 모습에서는 선(善)과 악(惡)의 개념이 내재되어 있지 않다. 성(性)이 발(發)하여 정(情)이 된다는 것은 형기(形氣)와 결합하여 구체화된다는 것이다. 이러한 구체화되는 지점에 천리(天理)와 인욕(人欲)의 경계가 구분되는 것이고, 성(性)의 구체적 발현인 정(情)이 인간 본연의 순수함으로 흐를 때는 성(性)이

---

230) 『朱子語類』, 卷13, 「學七」: "有問好惡, 曰 好惡是情, 好善惡惡是性, 性中當好善, 當惡惡, 泛然好惡, 乃是私也."

되어 순선한 모습이 되지만, 정(情)이 형기(形氣)와 접촉하여 사사로 움으로 나아갈 때는 인욕(人欲－私欲)으로 흐른다. 이것이 바로 주 희(朱熹)가 말하는 이기이원론(理氣二元論)의 기초이다.

> 마음이란 비유하면 물의 성질과 같다. 성(性)은 물의 이치이다. 성 (性)은 물이 고요할 때 확립하는 것이며, 정(情)은 물이 움직일 때 행 동하는 것이다. 욕(欲)이란 물이 흐르다가 넘치는 것과 같다.231)

위에서 주희(朱熹)는 정(情)과 욕망을 구분지어 말하되 성(性)은 고요한 것, 그 본연이 가지고 있는 성질을 말하는 것이고, 정(情)은 고요한 성(性)이 움직여 행동하는 것을 일러 말하는 것이다. 또한 욕 망은 정(情)이 움직여 행동하다가 나타나는 불규칙한 행동을 말하는 것으로 '흐르다가 넘친다'라고 표현하고 있음을 볼 수 있다. 이에 조 민환은 정(情)과 욕망의 관계와 욕망의 근원을 일러 "정(情)이 이치 를 좇으면 욕망이 아니고, 정(情)이 이치를 좇지 않으면 욕망이며 악 (惡)이다. 성(性)은 정(情)의 근원이 되나 정(情)이 발(發)한 것이 어 떤 것이냐에 따라 정(情)의 선악(善惡)은 결정되며, 이에 욕망이라는 개념이 나타난다는 것이다."232)고 하여 욕망(私欲)의 근원을 설명하 고 있다.

그러므로 주희(朱熹)는 인의예지(仁義禮智)의 발현(發現)이 곧 천

---

231) 『朱子語類』, 卷5, 「性理二」: "心, 譬水也, 性, 水之理也, 性所以立乎 水之靜, 情所以行乎水之動, 欲則水之流而至於濫也."
232) 조민환, 앞의 논문, p.157.

리(天理)라 하고, 인욕(人欲)은 정반대되는 개념이라 하여 이 양자를 엄격히 구분할 것을 주장하였다. 또한 주희(朱熹)는 이기이원론(理氣二元論)의 입장에서 철저하게 인욕(人欲)의 배제를 주장하고 있는데, 이러한 점은 기질지성(氣質之性)과 본연지성(本然之性)으로 설명하였다. 본연지성(本然之性)과 기질지성(氣質之性)은 두 종류의 성(性)이 있다는 것이 아니라 본연지성(本然之性)이 기질(氣質) 속에 있는 것을 기질지성(氣質之性), 즉 기질(氣質) 가운데 있는 성(性)이라고 한다. 그러므로 성(性)은 동일한 것이다. 성(性)이라는 개념은 이미 기질(氣質)을 가진 인간이 갖춘 이(理)를 가리키는 것이므로 사실 인간에게 있는 것은 기질지성(氣質之性)이라고 해도 무방하다. 성(性)은 기질(氣質)이 아니면 기착(奇着)할 수 없기 때문이다. 그러나 이것을 바꾸어 말하면 기(氣) 또한 천성(天性)이 아니면 이루는 바가 없다는 것이 된다. 그러므로 인간과 사물은 기(氣)가 응취할 때 정수한 것과 조잡한 것에 따라 달라진 것이며, 정수한 인간에 있어서도 또 기(氣)의 청탁(淸濁)에 따라서 개인의 차이가 생긴다. 따라서 동일한 천리(天理)가 기질(氣質) 가운데 있을 경우 이 기질(氣質)의 차이에 따라서 바로 실현되기도 하고 그렇지 못하기도 한 것이다. 이 때문에 인간에게 있어서 수양(修養)과 공부(工夫)가 필요한 것이다. 이 공부(工夫)가 바로 기질지성(氣質之性) 속의 본연지성(本然之性)을 확장하는 것이며 이 본연지성(本然之性)의 인식이야말로 이(理)를 궁구하는 것이다.

2) ‘天理’와 ‘人欲’의 意味

유가철학(儒家哲學)에 있어서 천리(天理)·인욕(人欲)에 대한 견해는 선진유가(先秦儒家)는 물론 신유학(新儒學)에서도 인간의 본질을 파악하고 그 인간의 본질을 통하여 인성론(人性論)과 수양론(修養論)을 설명해 나감에 있어서 가장 중요하고, 핵심적 위치에 놓여 있다. 그러므로 본 항에서는 욕망의 작용과 작용처를 고찰하여, 인간의 본질 속에 내재해 있는 욕망의 내용을 살펴보자. 다음 구절을 살펴보면 고전에서 전하고 있는 욕망의 근원을 알 수 있다.

하늘이 백성을 낳을 때부터 욕(欲)이 있었으니 임금이 없으면 곧 어지러워질 것이다. 하늘은 총명한 이를 내셔서 이들을 다스리는 것이다.233)

위의 구절에 나타나듯이 인간에게 욕망이라는 것은 하늘이 인간을 만들 때부터 존재하고 있었던 것으로 인간이 존재함에 필수불가결한 요소이다. 다만 하늘로부터 부여받은 이러한 욕망이 어떠한 것은 善을 지향하는 욕망이고 어떠한 것은 사욕(私欲)인가의 문제는 연구의 대상이 되고 있다. 또한 사욕(私欲)의 문제는 맹자(孟子)와 순자(荀子) 그리고 송학(宋學)에서는 각기 다른 견해를 보이고 있다. 그러나 이들의 견해는 근본 입장은 다르지만 궁극적으로 인간의 도덕성과 합치된 욕망을 실현해야 한다는 것을 가르치고자 하는 도덕적 순기

---

233) 『書經』, 「仲虺之誥」: “惟天生民有欲, 無主乃亂, 惟天生聰明 時乂.”

능으로서의 그 이론적 귀결점은 모두 일치한다. 따라서 인간의 본질을 말함에 있어서 선(善)·악(惡)의 개념을 논(論)하기 이전에 욕망을 살펴보아야 하는 것이다.

욕망은 모든 생명현상의 본성이다. 다만 그 발현의 형태에 따라 인욕지사(人欲之私)의 경우로 나타나기도 한다. 인간이 태어나면서부터 품부받았던 욕망은 천리(天理)와 구별된다. 그러므로 천리(天理)와 구별되는 인간(人間)의 욕망은 중국철학(中國哲學)의 전개에 커다란 영향을 미쳤을 뿐만 아니라 천(天)의 개념이 본체론(本體論)과의 연계성을 가지는 것과 함께 인간의 욕망은 인성론(人性論)과의 밀접한 관계를 가지면서 발전하게 된다.

천리(天理)·인욕(人欲)이라는 단어는 서론에서 언급하였듯이 『예기(禮記)』의 「악기(樂記)」 편에 처음으로 등장하고 있다. 『예기(禮記)』에 나타난 천리(天理)와 인욕(人欲)의 의미를 살펴보면, 인간의 본연적이고 하늘로부터 부여받은 본성의 모습은 성(性)이라고 하여 고요함 그 자체라고 하고 있다. 그러나 그 본연적 순수한 성(性)은 외물과의 접촉(性이 情으로 發하는 것)을 통하여 물질에 대한 욕망이 생기고, 이 물질에 대한 욕망의 추구에 의해 천리(天理)가 멸(滅)해지고 인욕(人欲)을 추구한다고 하였다.

그러므로 「악기(樂記)」 편에서 ‘천리(天理)’라는 것은 하늘이 인간에게 부여한 ‘성(性)’의 고요하고 순연한 모습을 의미하는 것으로 악(惡)이나 사(私)가 개입되어 있지 않은 모습을 의미하고 있다. 또한 욕망이라는 것은 性의 욕망으로서 물질에 감응하여 움직이는 것을 일러 말하는 것이다. 이러한 물질은 사람을 감응시킴에 한이 없고,

나아가 사람은 물질에 동화되어 절도가 없게 되어 마침내 천리(天理)를 없애고 인욕(人欲)에 사로잡히게 된다는 것이다. 그러므로 인욕(人欲)은 천리(天理)의 상대적 개념으로 천리(天理)의 순수성을 가리는 요인으로 인식되고 있는 것이다. 따라서 인욕(人欲)이라는 것은 『예기(禮記)』의 「소(疏)」에서도 알 수 있듯이 "하늘이 만든 맑고 고요한 성(性)을 멸(滅)하는 것은 사람이 탐내고 즐기는 욕망을 끝까지 다하려는 것이다."234)고 하여 인간에게 사사로움 감정이 개입되어 나타나는 욕망을 통칭하여 나타냄을 알 수 있다.

천리(天理)의 의미 규정에 대해서는 선진유가(先秦儒家)에서 신유학(新儒學)에 이르기까지 이견이 없으나 인욕(人欲)에 관해서는 학자나 시대에 따라 조금씩 달리 해석되고 있다. 이러한 인욕(人欲)의 견해가 달라지는 근본적인 이유를 오종일은 "유학(儒學)의 정통 가르침에서 볼 때, 본성이 간직한 욕망이란 선(善)을 실현하고자 하는 당연한 욕망으로서 성(性) 그 자체를 의미하지만 구체(口體)의 편안이나 사욕(私欲)으로서의 욕망이란 본성이기는 하지만 본성일 수는 없는 것이기에 그러하다."235)라고 지적하고 있다. 따라서 인욕(人)欲의 문제는 사욕(私欲)의 문제와 함께 살펴야 하기에 인성론(人性論)을 달리하는 학자와 시대적 변화에 따라 그 견해를 조금씩 달리하고 있음을 볼 수 있다.

먼저 주희(朱熹)가 말한 천리(天理)와 인욕(人欲)의 개념을 고찰해

---

234) 『禮記』, 「疏」: "滅其天生淸靜之性, 而窮極人所貪嗜慾也."
235) 오종일, 「유학사상에 있어서 욕의 문제」, 범한철학회, 『범한철학』 제17집, 1998, p.55.

보면, 이학(理學)에서 말하는 이(理)는 신비한 것이 아님을 알 수 있다. 선진시대(先秦時代)에는 본체론적(本體論的)인 견해가 명확하지 않으나, 송대(宋代) 이후 주자학(朱子學)에서 이개념(理槪念)이 본체론적(本體論的)인 형이상학적(形而上學的) 개념으로 확립되었다. 그러므로 주희(朱熹)가 확립한 이개념(理槪念)에서 이(理)의 가장 중요한 의미는 사물의 존재원리236)라는 점이다. 이것은 우리들이 통상 말하고 있는 '물리(物理)', '도리(道理)'와 같은 의미이다. 또한 『장자(莊子)』에서 말하는 천하의 이치(天下之理)237)는 자연법칙으로서 인사(人事)와는 무관한 의미를 지니는 말이나, 『순자(荀子)』에서 말하는 사물의 이치(物之理)나 『역전(易傳)』에서 말하는 궁리(窮理)238) 등의 예(例)에서 알 수 있듯이 이학(理學)에서 말하는 이(理)는 형이상적(形而上的)인 사물의 규율(規律)과 도덕원칙(道德原則)이라는 점이다. 나아가 『예기(禮記)』의 「악기(樂記)」 편에 나오는 '멸천리이궁인욕자야(滅天理而窮人欲者也)'에서의 천리(天理)는 인간의 순선한 성(性)을 말하고 있음을 볼 수 있다.

다음 인용구를 보면 이학(理學)에서 말하고 있는 이(理)의 의미를 명확히 할 수 있다.

> 사람과 사물이 생길 때 하늘이 이(理)를 부여하는데 일찍이 이 이(理)가 같지 않은 적이 없다.239)

---

236) 『朱子語類』, 卷1, 「理氣上」: "有是理後生是氣."
237) 『莊子』, 「養生主」,; "依乎天理, 批大却."
238) 『周易』, 「說卦傳」: "窮理盡性以至於命."
239) 『朱子語類』, 卷4, 「性理」: "人物之生, 天賦以此理, 未嘗不同."

‘이(理)’라는 것은 하늘이 인간을 만듦에 있어서 근본적으로 부여한 것이다. 그러므로 ‘이(理)’를 인성론(人性論)의 측면에서 말한다면, 천리(天理)란 하늘이 인간에게 부여한 도덕본성(道德本性)이다. 이에 주희(朱熹)는 천리(天理)를 인륜(人倫), 즉 삼강오상(三綱五倫)이라 보고 있으며240) 이를 조민환은 “주희(朱熹)에게 있어 천리(天理)라는 것은 봉건도덕의 윤리강상(倫理綱常)을 의미한다. 그러하기에 인의예지(仁義禮智) 역시 천리(天理)이고 이것은 선험적이고 본체론에 속하는 것이며, 사람마다 반드시 준수해야 하는 도덕원칙이며 윤리규범이다.”241)라고 설명하고 있다.

이에 반하여 인욕(人欲)의 의미를 규정해 보면 “몸이라는 것은 사람이 하고자 하는 바의 사사로움이다.”242)라고 말하는 것에서 알 수 있듯이 인간의 마음속에 욕망의 존재는 인정하나 그러한 욕망이 사사로움에 처할 때도 있다는 것을 의미한다. 이것은 곧 사욕(私欲)을 의미함이다. 그러나 인욕(人欲) 그 자체가 곧 사욕(私欲)이라는 것이 아니라 인간이 가지고 있는 보편적 욕망에는 사욕(私欲)으로 흐를 수 있는 욕망도 있음을 말한다. 인욕(人欲)이 사사로움으로 흐른다는 것은 ‘가능성’의 의미이다. 인욕(人欲)이 선(善)을 지향하는 욕망으로 흐르는 것은 나쁜 것이 아니다. 그러나 인욕(人欲)이 사사로움과 결합한다면 그 욕망은 반드시 악(惡)의 근원이 된다는 것을 말한다. 이

---

240) 『朱子大全』, 「答吳斗南」: “所謂天理, 復是何物, 仁義禮智, 豈不是天理, 君臣, 父子, 兄弟, 夫婦, 朋友, 豈不是天理.”
241) 조민환, 앞의 논문, p.152.
242) 『孟子集註』, 「梁惠王上」: “己者 人欲之私也.”

러한 이유로 인하여 인욕(人欲)의 의미를 고찰함에 있어 선행되어야 할 것은 인욕(人欲)과 사욕(私欲)에 대한 의미의 구분이다.

인욕(人欲)은 인간이 보편적으로 가지고 태어나는 욕구(need)와 생존을 위해 필요한 것을 요구(demand)하는 것 그리고 어떤 특정한 것을 가지려거나 취하려는 욕망(desire)을 포함하고 있으나 사욕(私欲)은 인욕(人欲) 속에 있는 작은 개념으로 사사로운 마음으로 인하여 탐(貪)하거나, 무엇인가를 더 가지고자 하는 욕망이다. 따라서 인욕(人欲) 그 자체만으로는 선(善)과 악(惡)을 논(論)할 수 없으나 이 인욕(人欲)이 대상과 결합하면서 사사로운 마음과 결합되어 사욕(私欲)으로 나타나는 것은 곧 악(惡)이다. 주희(朱熹)가 천리(天理)의 대립되는 개념으로 지적하여 철저한 경계를 해야 한다고 말하는 인욕(人欲)은 사욕(私欲)에 한정하여 그렇게 말하는 것으로 욕구(need)나 요구(demand)가 아닌 사사로운 욕망(desire)을 말하고 있다. 그러므로 주희(朱熹)는 천리(天理)와 인욕(人欲)을 상반되는 존재라 하여 천리(天理)의 온전한 보존을 위해 인욕(人欲)을 부정한다.

이렇듯 인욕(人欲)이 천리(天理)의 대립되는 것으로 부정의 대상이 된다면 '음식과 남녀의 욕망', 곧 식욕과 성욕은 어떤 것일까? 그 근본을 미루어 가면 식욕과 성욕은 본래 사람에게는 당연히 있어야 할 바로서 없을 수 없는 것이다. 다만 먹고자 하는 것은 욕망이나 그것은 천리(天理)이면 먹되 사량(思量)하여 감미로운 맛을 요구하는 것은 사욕(私欲)이 되는 것이다. 이런 점에서 주희(朱熹)는 "음식을 먹는 것은 천리(天理)이다."243)라고 하였다. 그러므로 인간의 생존을 위해 음식을 먹는 것은 마땅히 천리(天理)이나 "맛있는 음식을 추구하는 것은 인욕(人欲).”244)이라는 것이다.

다시 말해 먹고 마시는 욕망 그 자체는 긍정하였지만, 다만 그것은 마땅히 어떠해야 한다는 전제가 미리 규정된 욕망으로서, 본래적 측면만 인정된다는 것이지 인간의 생존을 위한 욕망이라 하더라도 욕망의 무한정한 충족을 인정한다는 것이 아님을 볼 수 있다. 물론 어디까지가 기본적인 욕망이고, 어디서부터가 기호(嗜好)의 욕망인지는 명확하게 구분 지을 수 없다. 그러나 살펴본 바와 같이 유가(儒家)는 인간의 기본적인 물질적 욕망을 타고난 것으로 피할 수 없는 것으로 이해했음에 반해, 기호(嗜好)에서 출발한 욕망은 타자와의 관계성, 그리고 물질과의 관계성 속에서 발생한 것으로 제거되어야 할 사욕(私欲)으로 규정하고 있는 것이다. 그러므로 공자(孔子)가 말한 ‘종심소욕불유구(從心所欲不踰矩)’245)에서의 ‘욕(欲)’은 타자와의 관계성 그리고 물질과의 관계성을 고려한 욕망으로서 인격 수양 이후에 나타나는 것으로 물질에 동화되지 않은 것으로 사욕(私欲)을 의미함이 아니라 천리(天理)로서의 욕망을 의미함을 알 수 있다.

또한 주희(朱熹)가 ‘거인욕 존천리(去人欲 存天理)’라고 한 것은 인욕(人欲)을 배제하고 천리(天理)를 보존하는 것이 두 가지가 아니라 하나의 일이라는 것이다. 따라서 이러한 욕망에는 윤리적 규제가 필요하다. 그것은 바로 천리(天理)와 인욕(人欲)을 분별하는 척도이

---

243) 『朱子語類』, 卷13, 「學七」: “飢食者, 天理也.”
244) 『朱子語類』, 卷13, 「學七」: “要求美味, 人欲也.”
245) 『論語』, 「爲政」－4: “子曰, 吾十有五而志于學, 三十而立, 四十而不惑, 五十而知天命, 六十而耳順, 七十而從心所欲不踰矩.”

다. 위에서도 말한 바와 같이 천리(天理)와 인욕(人欲)은 분별(分別)이 있으므로 털끝만큼의 어긋남도 없다. 다시 말하면 천리(天理)와 인욕(人欲)의 구별에는 약간의 오차도 있어서는 안 된다는 엄격한 도덕률을 말하는 것이다.

그렇다면 천리(天理)와 인욕(人欲)을 구별하는 기준은 무엇인가에 대한 문제가 남는다. 앞에서 말한 바와 같이 "천리(天理)의 공명함과 인욕(人欲)의 사사로움"을 말한 것을 미루어 본다면 그것은 공명함과 사사로움이다. 따라서 공명함과 사사로움을 구별하는 기준은 바로 사물에 내재해 있는 이(理－道德原則)이다. 그러므로 식욕(食欲)과 성욕(性欲)은 물론이고 인간의 사사로운 욕망은 인간에게 당연히 있어야 할 것이기 때문에 이러한 사사로운 욕망의 존재근거로서 이(理)를 궁구하지 않으면 안 된다.

욕망에 대한 근원적인 이(理)를 궁구하지 않고 단지 식욕(食欲)·성욕(性欲)·사사로운 욕망에 이끌리는 것을 꺼려 모든 것을 거부한다면 그것은 단지 먹고, 마시지 않아야 만이 비로소 정당한 음식의 도(道)를 얻을 수 있고 성적(性的) 관계를 갖지 않아야 만이 비로소 도리 있는 부부의 도(道)를 얻을 수 있다는 말이 된다. 이는 결정적으로 이(理)에 어긋나는 말이다. 식욕과 성욕은 사욕(私欲)은 아니나 이(理)에 타당하지 않을 때 비로소 사욕(私欲)이 되는 것이다.

엽하손(葉賀孫)이 물었다. "자기의 사욕(私欲)을 이겨내기 어려운 것은 사욕(私欲)에 아주 익숙해져 있기 때문입니다. 이제 의리(義理)를 안다고 하더라도 옛날에 좋아하고 즐기던 바가 마음에 남아 있으므로 외물이 유혹하면 마음이 움직입니다. 따라서 긴요한 것은 극(極)입니다. 극(極)은 이기는 것입니다. 항상 사욕(私欲)을 이기지 않으면 안 됩니다. 천리(天理)가 승(勝)하면 사욕(私欲)이 소멸되고 사욕(私欲)이 커지면 천리(天理)가 곧 막힙니다. 중요한 것은 사욕(私欲)을 이겨내는 것이 곧 천리(天理)를 회복하는 사실입니다. 저는 이와 같이 생각하는데 어떠합니까?" 주희(朱熹)가 대답하였다. "진실로 그러하다. 이는 저울과 저울추를 가지고 재는 것과 같으므로 내려가지 않으면 올라가고 올라가지 않으면 내려간다. 천지 음양(天地 陰陽)의 소장과 해와 달의 가득 참과 모자람은 모두 그러하지 않은 것이 없다."246)

위의 구절에서 알 수 있듯이 주희(朱熹)는 천리(天理)와 인욕(人欲)의 관계에 대해서 음양(陰陽)이 대립적(對立的)인 것이 아니라 대대적(對待的)인 관계로 설명한다. 천지음양(天地陰陽)은 하나의 기(氣)의 동정(動靜)이며, 해와 달의 가득 참과 모자람도 한 사물의 변화이다.

천리(天理)와 인욕(人欲)은 둘이 아니다. 천리(天理)와 인욕(人欲)은 단지 한 사람의 마음이다. 도리(道理)에 합당한 것이 천리(天理)이고 정욕(情欲)에 따르는 것이 인욕(人欲)이니, 그 나뉘는 곳을 반드시 깨우쳐야 한다는 것이다. 따라서 욕망이 이(理)에 합당할 때는

---

246) 『朱子語類』, 卷41, 「論語」, 賀孫錄: "賀孫問. '如今所以難克也, 是習於私欲之深. 今雖知義理 而舊所好樂, 未免沈伏於方寸之間, 所以外物纏誘, 裏面便爲之動, 所以要緊只在克字上. 克者, 勝也. 日用之間, 只要勝得也. 天理纏勝, 私欲便消, 私欲纏長, 天理便被遮了, 要緊最是勝得去, 始得, 曰 固是如此, 如權衡之設, 若不低便昂, 不昂便低, 凡天地陰陽之消長, 日月之盈縮, 莫不皆然."

천리(天理)로 나아가지만 이(理)에 합당하지 않으면 사욕(私欲)으로 흐른다는 것으로 그 중심점에 이(理)가 있어 천리(天理)와 인욕(人欲)의 분기점이 된다는 것이다.

그러므로 주희(朱熹)는 "천리(天理)와 인욕(人欲)은 나뉘는 곳이지 두 개가 아니다. 사람의 마음이 천리(天理)에 있으면 천리(天理)를 보존하고 인욕(人欲)에 있으면 인욕(人欲)을 제거한다."[247]고 하였다. 따라서 결국 하나인 인간 마음이 이(理)를 자각하면 천리(天理)를 보존하게 되는 것이고 자각(自覺)하지 못하면 인욕(人欲)을 따라가게 되는 것이지 그것이 두 존재물로 있는 것이 아니다. 그러므로 욕망 그 자체를 거부하거나 없애라는 것이 아니라 천리(天理)는 공공(公共)한 욕망이요, 인욕(人欲)은 이기심(利己心)에 의해 사량(思量)하여 나온 사적(私的)인 욕망이라는 차이가 있을 뿐이다.

따라서 마음이 지향하는 것에 따라 천리(天理)와 인욕(人欲)이 나뉜다. 그러므로 그 분기점이 중요하다. 천리(天理)와 인욕(人欲)이 비록 한 사람의 같은 행위일지라도 정(情)이 나아가는 방향이 다른 것이다. 즉 정욕(情欲)이 공명함으로 향하는가, 사사로움으로 흐르는가의 차이이다. 따라서 이(理)를 궁구하여 사욕(私欲)으로 흐른 인욕(人欲)을 제거하고 천리(天理)에 이르는 길은 "예(禮)가 아닌 것은 보지도, 듣지도, 말하지도, 행하지도 않는 것."[248]이다.

주희(朱熹)는 이 구절에서 '말라(勿)'라는 글자를 중시하여 "'말라'

---

247) 『朱子語類』, 卷78: "天理人欲是交界處, 不是兩箇, 人心須是在天理則存天理, 在人欲則去人欲."
248) 『論語』, 「顔淵」-1: "子曰 非禮勿視, 非禮勿聽, 非禮勿言, 非禮勿動."

는 금지의 말이니, 사람 마음이 주가 되어 사사로움을 이겨 예(禮)로 돌아가는 기틀이다."249)라고 하였다. 이는 금지(禁止)의 의지가 마음의 주체(主體)가 된다는 말이다. 따라서 이때가 사욕(私欲)을 이기고 천리(天理)로 돌아가는 분기점, 전환점이 된다. 그러므로 사욕(私欲)에 사로잡히지 않으려면 먼저 천리(天理)와 사욕(私欲)의 분기점과 전환점을 알아야 한다.

"보지도 않고 듣지도 않는다는 것과 혼자일 때 삼가는 것은 어떻게 다릅니까?"라고 물었다. "위의 일절은 천리의 본연을 보존하는 것을 말하고, 아래의 일절은 인욕이 장차 싹트려 함을 막음을 말한다."고 답하였다.250)

『중용(中庸)』에서 "도(道)는 잠깐이라도 떠날 수 없다. 떠나면 도(道)가 아니다. 그러므로 군자(君子)는 그 보지 않는 바에서 경계하고 삼가며, 그 듣지 않는 바에서 두려워한다."251)고 하였고, "숨은 것보다 더 잘 드러나는 것은 없고 미묘한 것보다 더 잘 드러나는 것은 없다. 그러므로 군자(君子)는 그 혼자일 때 삼간다."252)고 하였다. 주희(朱熹)는 이 두 구절을 천리(天理)를 보존(保存)하고 인욕(人

---

249) 『論語集註』, 「顔淵」-1: "勿者 禁止之辭 是人心之所以爲主 而勝私復禮之機也."
250) 『朱子語類』, 卷62: "問 不睹不聞與謹獨何別, 曰 上一節說存天理之本然, 下一節說 遏人欲於將萌."
251) 『中庸』-1: "道也者 不可須臾離也. 可離 非道也. 是故, 君子 戒愼乎其所不睹, 恐懼乎其所不聞."
252) 『中庸』-1: "莫顯乎隱, 莫顯乎微, 故君子, 愼其獨也."

欲)을 막는 방법(方法)이라고 하여 다음과 같이 말하고 있다.

> '계신(戒愼)'한 구절은 마땅히 나누어 두 가지 일로 하여야 한다.
> '보이지 않는 곳에서 경계하고 삼가며 듣지 않는 곳에서 두려워한다'
> 는 것은, 소리 없는 곳에서 듣고 형체 없는 곳에서 보는 것과 같다.
> 이것은 미연에 예방함으로써 그 몸을 온전히 함이다. '그 홀로일 때를
> 삼간다(謹獨)'는 것은 장차 무언가가 일어나리라는 것을 살핌으로써
> 그 기미를 자세히 보는 것이다.[253]

'그 홀로일 때를 삼간다'는 것이란 체(體)에서 용(用)으로, 무(無)
에서 유(有)로의 전환점, 곧 기미(幾微)를 분명히 하는 것이다. 나아
가 주희(朱熹)는 "은미한 사이는 사람들이 보지 못하지만 자기에겐
혼자 그것을 알고 있으니 그 일의 작은 것까지 모두 드러나지 않음
이 없고 또 타인이 아는 것보다 더 심함이 있다. 공부하는 자는 더
욱이 온당하게 그 생각이 시작되는 곳을 따라 깊이 살피며 선악(善
惡)의 기미(幾微)에 삼가야 한다."[254]고 하여 인욕(人欲－私欲)에 사
로잡히지 않으려면 기미(幾)를 알고 그것을 삼가는 것이 필요하다는
것을 지적하였다. 기미(幾微)는 천리(天理)에서 인욕(人欲－私欲)으
로 바뀌는 전환점이다. 주희(朱熹)의 말에 따르면 기미(幾微)는 인욕

---

253) 『朱子語類』, 卷62: "戒愼一節, 當分爲兩事. 戒愼不睹, 恐懼不聞, 如言
聽於無聲, 視於無形. 是防之於未然, 以全其體. 謹獨, 是察之於將然,
以審其幾."
254) 『中庸或問』: "隱微之間, 人所不見, 而己獨知之, 則其事之纖悉, 無不
顯著, 又有甚於他人, 之知者學者尤, 當隨其念之方萌, 而致察焉, 而謹
其善惡之幾也."

(人欲)이 장차 싹트려고 하는 것이다. 그것은 자기만이 알고 있다. 그러므로 그곳에서 삼가는 것이 '그 혼자일 때를 삼간다.'는 것이다.

또한 주희(朱熹)는 "보이지 않는 곳에서 경계하고 삼가며, 듣지 않는 곳에서 두려워한다."는 말은 '그 홀로일 때를 삼간다.'는 의미와의 상통함을 지적하였으며 또한 이 두 가지는 동일한 일이 아니라고 주장한다. 앞에서 인용한 부분에서도 나타나지만 "위 일절은 천리(天理)의 자연(本然)을 보존(保存)하는 것을 말하고, 아래의 일절은 인욕(人欲)이 장차 싹트려 함을 말한다."는 문장에 대해, 위 일절과 아래 일절은 두 가지 일이므로 다르다는 주장이다. 이러한 주장에 대한 주희(朱熹)의 설명은 다음과 같다.

'보이지 않는 곳에서 경계하고 삼가며 듣지 않는 곳에서 두려워한다.'고 이미 말하였으니, 이는 거처하는 곳마다 삼가지 않음이 없다는 의미이다. 또 '그 홀로일 때를 삼간다.'고 말하였으니, 이는 삼가는 것이 더욱 자기 자신에 있다. 그러니 이는 진실로 다르지 않을 수 없다.[255]

'보지도 않고 듣지도 않은 곳에서 경계하고 삼간다.'는 것은 대강(근본)을 들어서 말하는 것이고, '그 홀로일 때를 삼간다.'는 것은 아주 작은 것까지도 자세히 본다는 의미이다. 그러므로 듣지 않고 보지 않는 때는 다른 사람이 알지 못하는 것이다. 홀로일 때라고 말하는 것은 다른 사람은 알지 못하지만 홀로 알고 있으니 지극히 경계하고 두려워해야 한다.[256]

---

255) 『中庸或問』: "旣言戒謹不睹, 恐懼不聞, 則是無處而不謹矣, 又言謹獨, 則是其所謹者尤在於獨也, 是固不容於異矣."
256) 『朱子語類』, 卷62: "不睹不聞, 是提其大綱說, 謹獨乃審其微細, 方不

　위의 두 구절을 살펴보면 다소 큰 차이가 있다. 먼저 삼가는 장소가 보편적인지 특수한지, 무한정인지 한정적인지 그리고 대강과 세미의 차이이다. 만약 이것이 두 가지가 아니고 하나의 일이라고 하면 보편과 특수를 그리고 한정과 무한정을 동일시하는 것이 되고 만다. 물론 보편적인 이(理)를 규명하면 특수한 이(理)도 규명할 수 있다. 이미 알고 있는 것처럼 이(理)는 모든 사물에 내재해 있는 모든 사물의 존재 근거이다.

　따라서 주자학(朱子學)에 있어서의 이(理)의 개념은 고정 불변의 천리(天理)이다. 그러므로 보편적인 이(理)를 규명할 수 있다면 당연히 그 특수한 이(理)도 규명할 수 있으리라 본다. 그러나 중요한 것은 이(理)를 중심으로 한 기(氣)의 작용이다. 각각의 사물은 기(氣)의 영향을 받는다. "이(理)는 기(氣)를 떠난 적이 없다."257) "이미 이(理)가 있으면 기(氣)가 있고, 이미 기(氣)가 있으면 이(理) 또한 기(氣)의 가운데 있다."258)는 말에서도 나타나듯이 사물(事物)과 나는 동일하다는 생각, 즉 물아일리(物我一理)이지만 사물과 나는 그대로 동일하지는 않다. 그것은 바로 기품(氣稟)을 품부받는 데서 차이가 생기기 때문이다. 기(氣)에는 정편(正偏), 통색(通塞), 순잡박(純雜駁), 혼명(昏明)이 존재하는데 그 어떤 것을 품부받았는가에 따라 사물과 사물이 그리고 사람과 사물이, 나와 남이 다르다는 것이다. 따라서

　　聞不睹之時不惟人所不知 若所謂獨, 卽人所不知, 而己所獨, 知極是要戒懼."
257) 『朱子語類』, 卷1, 「理氣上」: "理未嘗離乎氣."
258) 『朱子語類』, 卷94, 「周子之書」: "旣有理, 便有氣, 旣有氣, 則理又在乎氣之中."

보편적인 사물, 일반의 이(理)가 판명되었다고 해서 그대로 개개 사물의 이(理)가 판명되었다고 말할 수는 없다.

또한 사물의 이(理)가 판명되었다고 해서 그대로 사람의 이(理)가 판명되었다고 말할 수 없으며, 마찬가지로 사람의 이(理)가 판명되었다고 해서 그대로 나의 이(理)가 판명되었다고 말할 수 없다. 이로써 미루어 볼 때 주희(朱熹)는 초월적인 이(理)를 탐구하면서 그 이(理)가 사물에 내재(內在)한 미세한 부분까지도 놓치지 않고 탐구했다. 그리고 '보이지 않는 곳에서 경계하며 삼간다.', '그 홀로일 때를 삼간다.'고 하는 것을 두 가지 일이라고 하는 것은 주희(朱熹)의 일관된 견해이다.

나아가 주희(朱熹)는 "천리(天理)는 선(善)."[259]이라고 하였다. 그러나 천리(天理)는 순수하지 않을 때도 있다. "천리(天理)가 아직 순수하지 않을 때는 선(善)을 실천하나 그 역량을 확충할 수 없고 인욕(人欲)을 제거하였다고 하나 그 뿌리까지 제거할 수 없다."[260]는 것이다. 그래서 "인간이 천리(天理)가 순수해지고 인욕(人欲)을 다함에 이르고자 한다면 경(敬)으로써 천리(天理)를 확충하고 인욕(人欲－私欲)을 극복해야 한다."[261]고 한다. 따라서 조민환은 천리(天理)의 의미를 규정하면서 "주희(朱熹)에게 천리(天理)는 하나의 철학범

---

259) 『孟子集註』, 「告子上」－2: "性卽天理, 未有不善者也."
260) 『朱子大全』, 「戊申箚和秦延五」: "所謂天理者有未純, 所謂人欲者有未盡而然歟, 天理有未純, 是以爲善常不能充其量, 人欲有未盡, 是以除惡常不能去其根."
261) 『朱子大全』, 「戊申箚和秦延五」: "果天理也, 則敬以擴之, 而不使其少有壅閼, 果人欲也, 則敬以克之, 而不使其少有凝滯."

주일 뿐만 아니라 윤리개념(倫理槪念)이다. 즉 삼강오륜(三綱五倫)이며 심(心)의 본연(本然)이며 선(善)한 것으로서 보존해야 하는 것으로 보고 있는 것이다."262)라고 하였다.

또한 인욕(人欲)은 인간이 가지고 있는 욕망 전체를 의미한다. 이러한 욕망은 두 가지로 나누어진다. 그 첫째는 인간이 나면서 하늘로부터 부여받은 생존과 성장에 관한 식욕(食欲)과 성욕(性欲)이며, 다음으로 인간이 외부세계와 물욕(物欲)에 빠져 생겨나는 욕망으로 사욕(私欲)이다. 따라서 천리(天理)와 인욕(人欲)의 관계를 고찰함에 있어 중요한 위치에 있는 것은 생존이나 성장을 위한 욕망이 아니라 사사로움으로 인해 발생하는 사욕(私欲)에 있다. 천리(天理)와 인욕(人欲)의 관계와 의미를 고찰하는 것은 인간의 사사로움으로 인해 발생하는 사욕(私欲)과 천리(天理)의 관계를 고찰하는 것이며 이러한 사욕(私欲)의 문제로 인하여 선(善)과 악(惡)의 문제가 나타난다. 그러므로 '성명(性命)의 바름'과 '인욕(人欲)의 사사로움'을 통하여 주희철학(朱熹哲學)에서의 선(善)과 악(惡)에 문제에 대한 해답을 찾을 수 있다.

『중용혹문(中庸或問)』에서는 '성명지정(性命之正)'과 '인욕지사(人欲之私)'의 의미에 대하여 다음과 같이 나타나고 있다.

무릇 사람과 사물이 생김에서 성명(性命)의 바름 같은 것은 실로 또한 천리(天理)의 실상 아님이 없다. 다만 기질(氣質)의 치우침 때문에 이목구비(耳目口鼻)와 사지(四肢)의 기호(嗜好)가 그것을 덮어서

---

262) 조민환, 앞의 논문, p.154.

사욕(私欲)이 생길 뿐이다. ……오직 성인(聖人)은 기질(氣質)이 청순하여 천리(天理)와 혼연하므로 처음부터 인욕(人欲)의 삿됨이 없다.[263]

'성(性)과 명(命)의 바름'은 '천리(天理)'의 실체이다. 그러나 이것은 기질(氣質)의 치우침으로 인하여 사지(四肢)의 좋아함이 나타나 천리(天理)의 본래성을 가리는 사욕(私欲)이 나타난다는 것이다. 따라서 천리(天理)의 본래성을 가리는 것이 곧 사욕(私欲)이다. 그러나 성인(聖人)의 기질(氣質)은 밝고 순수하여 그 자체가 천리(天理)이기에 인욕(人欲)의 사사로움은 없다는 것으로 천리(天理)의 실체는 성명(性命)의 바름이요 성명(性命)의 바름을 간직한 욕망에는 사사로움이 없다. 여기에서 인간의 욕망은 '성인(聖人)의 욕망'과 '사욕(私欲)'으로 구분됨을 알 수 있다. 성인(聖人)의 욕망은 인(仁)을 실현하고자 하는 욕망과 사지(四肢)의 좋아함에 치우치지 않은 욕망을 말함이요 사욕(私欲)은 사지(四肢)의 좋아함이나 개인의 사사로움으로 인해 발생하는 욕망이다. 따라서 '성인(聖人)의 욕망'은 천리(天理)이나 '사지(四肢)의 좋아함으로 나타나는 욕망'은 그 본래성, 즉 성명(性命)의 바름을 해(害)하는 사욕(私欲)이기에 천리(天理)와 대립적 관계에 놓여 있다.

요컨대 인간의 욕망에는 두 가지가 존재한다. 그 하나는 성인(聖人)이 되고자 함이나 인(仁)을 행하려고 하는 욕망이며 다음으로 사

---

263) 『中庸或問』: "若夫人物之生, 性命之正, 固亦莫非天理之實, 但以氣質之偏, 口卑耳目四肢之好得以蔽之, 而私欲生焉, ……惟聖人氣質淸純, 渾然天理, 初無人欲之私."

지(四肢)의 사사로움으로 인해 발생하는 사욕(私欲)이다. 따라서 성명(性命)의 바름을 지향하는 욕망은 선(善)이나, 사지(四肢)의 좋아함으로 인해 발생하는 사욕(私欲)은 악(惡)이기에 철저히 제거되어야 한다.

천리(天理)와 인욕(人欲)이 대립적 관계라면, 인욕(人欲)은 천리(天理)의 어디에서 오는 것인가? 하는 물음을 던질 수 있다. 이 물음의 대답은 인욕(人欲)은 천리(天理)에서 오는 것이 아니라 나 자신의 사사로움(私)으로부터 온다는 것이다. 그러므로 주희(朱熹)는 "마음의 온전한 덕(德)은 천리(天理) 아님이 없지만, 이 역시 인욕(人欲)에 의해 무너지지 않을 수 없다."264)고 하였다. 여기서 인욕(人欲)이라 함은 사사로운 감정이 개입하여 취욕하는 마음에 근거한 욕망으로 사욕(私欲)을 의미한다. 따라서 마음이 가지고 있는 온전한 덕(德)은 천리(天理)이나 그 온전한 덕(德)을 잃어버리고 사사로운 감정에 치우쳐 나타나는 사욕(私欲)은 마음의 온전한 덕(德)인 천리(天理)를 방해하는 직접적인 요인이다. 그러므로 주희(朱熹)의 철학 체계 안에서 본래성이 인욕(人欲)에 의해 파괴되는 것은 비정상적이며 일시적인 상태이다. '인욕(人欲)에 무너지지 않을 수 없다.'는 것은 인욕(人欲)의 파괴력이나 폐해를 직접적으로 언급한 것으로 인욕(人欲)이 철저한 경계의 대상으로 자리잡는 단서이다.

주희(朱熹)는 이 점에서 이정(二程)의 인욕관(人欲觀)을 수정하고 있다. 그는 "인욕(人欲) 가운데 천리(天理)가 있고."265) 그리고 "천리

---

264) 『論語集註』, 「顔淵」－1: "心之全德, 莫非天理, 而亦不能不壞於人欲."
265) 『朱子語類』, 卷13, 「學七」: "人欲中自有天理."

(天理)와 인욕(人欲)은 함께 유행하면서 정(情)이 다른 것."266)이라고 주장하여 도덕의식과 물질 욕망은 함께 연결되어 나누어질 수 없는 것이라고 생각했다. 그리하여 "천리(天理)가 있으면 인욕(人欲)이 있고 천리(天理)와 인욕(人欲)은 확고히 정해진 경계가 없다."267)고 하였다. 이로써 주희(朱熹)가 인욕(人欲)의 필연적 존재성을 인정하고 있음을 알 수 있다.

그러나 주희(朱熹)는 천리(天理)를 보존하기 위해 인욕(人欲)을 없애야 한다는 도덕명제에 있어서는 이정(二程)의 견해를 따르고 있다. 다시 말해 이정(二程)에게 있어서는 천리(天理) 아니면 인욕(人欲)이 마음속에 존재하는 것이지만, 주희(朱熹)는 천리(天理)로 향하는 욕망과 사사로움으로 향하는 욕망을 분리하여 인욕(人欲)을 고찰하고 있다. 따라서 주희(朱熹)의 천리 인욕관(天理 人欲觀)은 천리(天理)와 인욕(人欲)을 이분하여 고찰하고 있다고 판단되기보다는 인욕(人欲)을 천리(天理)로 향하는 욕망과 사사로움으로 향하는 욕망으로 양분하여 고찰하고 있음을 볼 수 있다. 그러므로 주희(朱熹)는 '먹고 마시는 것은 천리'라고 전제하였으나 다만 '맛있는 음식을 추구하는 것은 인욕'(要求美味人欲)이라는 단서를 달았다.

인간의 사사로움에서 인욕(人欲)이 나오기에 이러한 인욕(人欲)은 천리(天理)의 공명함을 가리는 것이다. 뿐만 아니라 인욕(人欲)에 의해 인간의 온전한 마음이 가려지는 것이다. 다시 말해 인욕(人欲)은

---

266) 『朱子語類』, 卷13, 「學七」: "然天理人欲, 同行異情."
267) 『朱子語類』, 卷13, 「學七」: "有個天理, 便有個人欲, 天理人欲無硬定底界."

하늘이 부여한 도덕본성(道德本性)인 천리(天理)를 방해하는 요인이다. 그러므로 천리(天理)는 본래적 내재성(內在性)이고, 인욕(人欲-私欲)은 그러한 본래성(本來性)이 재대로 발현되지 못하게 방해하는 요인이다. 나아가 성인(聖人)이 되고자 하는 욕망은 결국 본래성이 발휘되는 욕망으로서 천리(天理)이지 사욕(私欲)은 아니다. 따라서 아래 구절에서 말하는 인욕(人欲)은 사사로운 감정에서 발로한 인간의 사욕(私欲)에 한정하여 표현하고 있음을 볼 수 있다.

사람의 하나의 마음에 천리(天理)가 있으면 인욕(人欲)이 없어지고, 인욕(人欲)이 이기면 천리(天理)가 멸한다. (그러므로) 천리(天理)와 인욕(人欲)은 함께 섞여 있을 수 없다. 학자는 모름지기 이것을 몸소 알고 성찰하는 데에 요령을 가져야 한다.268)

이처럼 주희(朱熹)에게 있어서 천리(天理)와 인욕(人欲)의 관계는 천리(天理)가 있으면 인욕(人欲)은 없고, 인욕(人欲)이 있으면 천리(天理)가 멸(滅)해지는 철저한 상호 대립적 관계인 것이다. 또한 천리(天理)와 인욕(人欲)이 섞일 수 없다는 것은 천리(天理)와 인욕(人欲)은 섞이면 안 된다는 경고와 철저한 분리(分離)를 의미하는 것이다. 천리(天理)에서 인욕(人欲)을 분리한다는 것은 인욕(人欲)을 멸(滅)할 때만 인간의 도덕본성(道德本性)을 고양할 수 있고 이러한 도덕본성(道德本性)의 고양을 통해 성인(聖人)으로 나아가고자 함이

---

268) 『朱子語類』, 「論學」: "人之一心, 天理存則人欲亡, 人欲勝則天理減, 未有天理人欲夾雜者, 學者須要於此體認省察之."

다. 그러므로 성인(聖人)의 경지에 이를 수 있는 인(仁)의 체인의 출발점을 자신의 사사로움의 극복(克復)에 두고 있는 것이다. 따라서 주희(朱熹)에게 있어서 인욕(人欲)이란 것은 천리(天理)의 보존(保存)과 성인(聖人)으로 나아감에 있어서 철저한 경계의 대상이며 어떠한 경우에도 인간의 온전한 덕(德)에 섞일 수 없는 것이다.

또한 주희(朱熹)는 『중용(中庸)』의 「서(序)」에서 천리(天理)의 개념을 명확히 하였는데, '성명(性命)의 바름'이라 한 것은 『대학(大學)』의 주자주(朱子註)에서 말한 '명덕(明德)'이라 한 것으로 곧 천리(天理)를 말한 것이며 "명덕(明德)은 사람이 하늘에서 얻은 것으로서 허령불매(虛靈不昧)하여 모든 이(理)를 갖추고 온갖 일에 응하는 것이다. 단지 기품(氣稟)에 구애받고 인욕(人欲－私欲)에 가려진다면 때로 어둡게 되지만, 그 본체의 밝음은 그친 적이 없다."[269]고 하여 천리(天理)의 혼연한 순수성을 강조하였다. 그러므로 명덕(明德)은 인간의 본성(本性)이다. 그것은 밝은 상태로 있으나, 시각의 대상으로는 되지 않는다. 또 공허(空虛)한 것이 아니라 온갖 이(理)를 내부에 구비하며 동(動)과 정(情)을 초월하여 갖가지 일에 대응한다. 단지 기품(氣稟)에 구속되고 인욕(人欲)에 가려지면 어두울 때가 있다. 그러나 본래성은 처음부터 끝까지 어떠한 구름도 낀 것 없이 밝음을 보존하고 그 기능은 끊임없이 작용한다. 인욕(人欲)은 인간의 본래성을 가리고 그 기능을 방해한다. 따라서 주희(朱熹)는 인욕(人欲)을

---

269) 『大學集註』－1: "明德者, 人之所得乎天, 而虛靈不昧, 以具衆理, 而應萬事者也. 但爲氣稟所拘 人欲所蔽則有時而昏, 然其本體之明, 則有未嘗息者."

없애야 할 것이라며 철저하게 부정한다. 인욕(人欲)은 천리(天理)에 순응하지 않고 개인적인 사사로움에 치우치는 욕망으로써 사적(私的)인 '욕망', 곧 사욕(私欲)이라고 말하며 천리(天理)를 따르고 인(仁)을 실행하기 위해서는 사사로운 욕망인 사욕(私欲)을 철저히 제거해야 한다고 말하는 것이다. 또한 주희(朱熹)는 『논어(論語)』 '극기복례(克己復禮)'의 구절을 다음과 같이 해석한다.

> '기(己)'란 인욕지사(人欲之私)요 '예(禮)'란 천리지공(天理之公)이다. 한 마음속에 이 두 가지의 병립은 용인되지 않으니 그 사이는 가는 털도 낄 수 없다. 이곳에서 나오면 저곳에 들어가고 저곳에서 나오면 이곳에 들어가니 이러한 극복과 극복 못함은 손을 앞뒤로 뒤집는 것, 팔을 구부리고 펴는 것과 같다.[270]

몸이라는 것은 인욕(人欲)의 사사로움이고 예(禮)는 천리(天理)의 공명(公明)함이라 하고 있으며 몸과 예(禮), 인욕(人欲)과 천리(天理)는 대비되어서 설명되고 있다. 예(禮)를 행하고자 하는 것도 욕망이요, 몸을 따르고자 하는 것도 욕망이다.

그러나 예(禮)를 따르고자 하는 욕망은 선(善)을 지향하는 욕망이기에 천리(天理)이나 몸을 따르고자 하는 욕망은 사사롭기 때문에 사욕(私欲)인 것이다. 따라서 선(善)을 지향하는 욕망과 사욕(私欲)은 서로 병립할 수 없다는 것이고 나아가 천리(天理)와 사욕(私欲)은

---

270) 『論語或問』, 「顏淵」: "己者人欲之私也, 禮者天理之公也. 一心之中, 二者不容竝立, 而其相去之間不能以毫髮. 出乎此則入乎彼, 出於彼則, 入於此矣. 是其克與不克, 復與不復如手反復, 如臂屈伸."

함께 있을 수 없다는 것이다. 그러므로 하나의 마음속에 두 가지가 병립할 수 없다. 즉 천리(天理)와 인욕(人欲)은 함께 존재(存在)할 수 없다. 또한 천리(天理)와 인욕(人欲)은 작은 간격도 둘 수 없다. 오히려 양자(兩者)는 서로 상반되므로 인욕(人欲)에서 벗어나면 천리(天理)에 가깝고 천리(天理)에 멀어지면 인욕(人欲)에 가까워진다. 따라서 마음에 인욕(人欲)이 있는 한 천리(天理)가 존재하지 않고 천리(天理)가 존재하면 인욕(人欲)은 들어올 수 없다는 것이다.

요약하면 주희(朱熹)가 천리(天理)와 인욕(人欲)을 분리하여 고찰하였다고 하는 것은 인욕(人欲)이 천리(天理)와 분리되어 있다는 것을 말함이다. '극기복례(克己復禮)'하는 것은 내 몸의 사사로움을 이겨 예(禮)로 돌아가고자 하는 욕망이다. 이러한 욕망은 '인(仁)'을 구현하기 위한 욕망이기에 선(善)이다. 그러나 몸의 사사로움으로 인하여 발생하는 욕망은 사욕(私欲)이라 하여 천리(天理)의 순연함을 가리는 것이기에 악(惡)한 것이다. 따라서 인욕(人欲)에는 천리(天理)로 향하는 욕망이 있는 반면에 사사로움으로 인해 나타나는 사욕(私欲)이 있다. 주희철학(朱熹哲學)에 있어 선(善)과 악(惡)의 문제는 천리(天理)와 인욕(人欲)이 문제에 한정된 것이 아니라 인욕(人欲)이 사(私)인가 공(公)인가가 문제도 포함하고 있음을 볼 수 있다. 그러므로 '성명(性命)의 바름'을 향하는 욕망은 천리(天理)이며 선(善)이기에 보존되어야 하나 몸의 사사로움으로 향하는 욕망은 사욕(私欲)으로 악(惡)의 근원이기에 철저한 제거의 대상이 됨을 알 수 있다.

3) '去人欲存天理'論

앞의 항에서는 천리(天理)와 인욕(人欲)의 의미와 함께 인욕(人欲)의 의미에서 생존을 위한 하고자 함과 즐거움을 추구하기 위한 하고자 함은 어떻게 다른가에 대하여 살펴보았다. 또한 성명지정(性命之正)과 인욕지사(人欲之私)에 대하여서도 고찰하였다. 따라서 본 항에서는 인욕(人欲)의 내용과 의미를 인심(人心)과 도심(道心)의 관계를 통하여 고찰하여 '거인욕존천리(去人欲存天理)'의 방법론으로서의 주희(朱熹)의 수양론(修養論)에 대하여 고찰하고자 한다.

'이로 욕망을 절제한다'(以理節欲)는 것은 공자(孔子) 이래 유가철학(儒家哲學)의 인성론(人性論)에 있어서 고유한 사상이다. 그러므로 송대(宋代) 유학자(儒學者)들은 이상적 인격(人格)의 함양과 성인(聖人)됨의 중요한 요인으로 인욕(人欲)의 절제를 주장하였다. 앞에서 언급하였듯이 '인욕(人欲)'이라는 단어는 '천리(天理)'와 함께 『예기(禮記)』의 「악기(樂記)」 편에 처음으로 등장하고 있다. 물론 「악기(樂記)」 편에서는 천리(天理)가 무엇을 가리키며 어디에서 오는 것인가에 대하여 명확히 해석하지 않았으나 채중덕(蔡仲德)은 "인생이정(人生而靜)은 '천지성(天之性)'이며, '인도지정(人道之正)'임을 알 수 있다."[271]고 하였다. 이것은 선천적이며 천부적인 선성(善性)임을 말하고 있는 것이다. 나아가 조민환은 인욕(人欲)이 선악(善惡)의 분기점이라고 하여 "이미 외관적인 호오(好惡)로서 희로애락(喜怒哀樂)

---

271) 蔡仲德, 『樂記哲學史想辨析』 「樂記辨解」, 人民音樂出版社, 1983, p.310.

의 정(情)이 밖으로 드러난 것이다. 그것은 '감어물이동(感於物而動)' 한 결과, 즉 후천적으로 표현되어 나온 것이다. 그것의 구체적인 내용은 인간의 음식을 먹고자 하는 욕망·남녀 간의 정욕(情欲) 및 기타 각종 물질 욕망(欲望)으로서 선악(善惡)의 분기점이 된다."[272]고 하였다. 따라서 좋아함과 싫어함에 절도(節度)가 없는 것이 바로 천리(天理)를 멸(滅)하고 인욕(人欲)을 '궁(窮-추구)'하는 것으로 보고 있다.

이러한 인간의 욕망에 대한 사상은 이정(二程)에게 이어지면서 멸욕(滅欲)은 '존천리(存天理)'의 전제 조건으로 변모해 갔고, 주희(朱熹)에 와서는 이(理)와 욕망을 둘로 나누어 대립적 관계로 파악함으로써 철저한 금욕주의(禁慾主義)로 자리잡게 되었다. 나아가 천리(天理)와 인욕(人欲)의 의미를 구분함은 인심(人心)과 도심(道心)의 의미를 통하여 더욱더 선명하게 드러남을 볼 수 있다. 따라서 주희(朱熹)의 이욕관(理欲觀)은 이정(二程)의 사상을 계승하여 보완하였기에 주희(朱熹)의 인심(人心)·도심(道心)을 살펴보기 전에 정호(程顥)의 인심(人心)·도심(道心)에 관하여 살펴본다면 주희(朱熹)의 이욕관(理欲觀)에 좀 더 쉽게 접근할 수 있다.

인심(人心)과 도심(道心)의 어원은 『서경(書經)』의 「대우모(大禹謨)」 편의 '인심유위, 도심유미(人心惟危　道心惟微)'에서 유래되었다.[273] 따라서 도심(道心)은 은미(隱微)하고 인심(人心)은 위태롭다고

---

272) 조민환, 앞의 논문, p.147.
273) 이상은, 앞의 논문, p.42.에 따르면 "人心道心十六字의 原出處는 書經이 아니라 荀子解蔽篇이며 이 十六字에 표현된 사상은 당초에 堯舜

하였다. 인심(人心)이 위태롭다는 것은 인심(人心)이 사사로운 욕망으로 치우칠 수 있다는 가능성을 의미한다. 정호(程顥)는 인욕(人欲)을 인심(人心)과 동일시하여 『서경(書經)』의 「대우모(大禹謨)」 편의 '인심유위(人心惟危)'는 인욕(人欲)을 가리킨다고 하였다. 뿐만 아니라 사람이 인욕(人欲)에 지배되면 천리(天理)를 잃는다고 하여 인욕(人欲)의 가림을 제거하고 천리(天理)를 회복(回復)할 것을 주장하였다. 그러나 이 점에서 주목해야 할 것은, 인심(人心)이 위태롭다는 것이지 인심(人心) 그 자체가 인욕(人欲)이나 사욕(私欲)은 아니다.

　따라서 주희(朱熹)는 "인심(人心)은 지각이다. 입이 맛을 지각하고, 눈이 색을 지각하고, 귀가 소리를 지각하는 것은 나쁜 것이 아니고 단지 위태로운 것일 뿐이다. 만약 인심(人心)을 인욕(人欲)으로 간주한다면 악(惡)에 속하는 것이니 왜 위태롭다고 말하겠는가?"274)라고 한 것이다. 이러한 점으로 미루어 본다면 인욕(人欲) 역시 사욕(私欲)을 흐를 수 있는 가능성을 내포하고 있는 것이지 곧바로 사욕(私欲)은 아니다. 따라서 인심(人心)과 인욕(人欲)을 동일시하였다 하여, 인욕(人欲)이 곧바로 제거의 대상은 아님이 알 수 있다. 그러나 앞에서 설명하였듯이 정허(程顥)는 인심(人心)과 인욕(人欲)을 동일한 의미로 사용하였으며 나아가 인욕(人欲)을 곧 사욕(私欲)이라고 하였다.

　따라서 정호(程顥)의 주장에 의하면, 전통적인 성선론(性善論)에서

　의 思想이라기보다 차라리 荀子의 思想이 보는 것이 도리어 妥當할 것이다"라고 되어 있다. 그러나 일반적 견해에 따라 인심과 도심의 출처에 대하여 『書經』「大禹謨」라 하기에 그 출처를 밝힌다.
274) 『朱子語類』, 卷78: "人心是知覺, 口之於味, 目之於色, 耳之於聲底, 未是不好, 只是危, 若便說做人欲, 則屬惡了, 何用說危."

악(惡)은 오직 사람이 후천적인 환경의 영향을 받아 나타난다고 하였으나 그는 인성(人性)이 기품(氣稟)에 의해 결정된다고 보고, 기품(氣稟)에는 선(善)과 악(惡)이 각각 존재해 있다고 하였다. 어떤 사람은 태어나면서 선(善)하고, 어떤 사람은 태어나면서 악(惡)하다. 그러므로 선(善)도 악(惡)도 전적으로 후천적인 것만은 아니라는 것이다. 악(惡)이 기품(氣稟)에 의해 선천적으로 결정된 것이라면, 기품(氣稟)의 악(惡)이 결정한 사람의 선천적인 악(惡)도 '성(性)'으로 긍정하지 않을 수 없다. 이렇게 볼 때 정호(程顥)가 말하는 성(性)이란 사람이 태어나면서 갖게 되는 현실적인 속성을 가리킨다. 기품(氣稟)이 선(善)하면 성(性)도 선(善)하고, 기품(氣稟)이 악(惡)하면 성(性)도 악(惡)하다. 선천적으로 결정된 성(性)만이 선(善)하고, 선천적으로 결정된 악(惡)은 성(性)이 아니라고 말할 수 없다. 마치 맑은 물도 물이며 탁한 물도 물인 것처럼 선(善)한 성(性)도 성(性)이며, 악(惡)한 성(性)도 성(性)이다. 이러한 점에서 살펴보면 맹자(孟子)의 인성론(人性論)이 구체적인 현실 인간의 성(性)을 말하지 못했고, 단지 천지(天地)의 이(理)로 이루어진 성(性)을 말한 것인 데 반해 정호(程顥)의 인성론(人性論)은 현실적인 사람의 성(性)이란 이미 천지(天地)의 이(理)로 이루어진 성(性)이 아니라 기품(氣稟)에 의해 결정된 성(性)이라는 점이다. 따라서 이 점에서 인성론(人性論)을 바라보는 선진유학(先秦儒學)과 송명리학(宋明理學)의 인성론(人性論)의 차이를 알 수 있다.

정호(程顥)의 인성론(人性論)을 이어받은 주희(朱熹)는 천리(天理)와 인욕(人欲)의 구분뿐만 아니라 인심(人心)과 인욕(人欲)에 대해서도 구분하여 자신의 이기이원론(理氣二元論)을 설명해 나가고 있다. 인심(人心)과 인욕(人欲)의 차이를 설명하기에는 인심(人心)과 도심(道心)의 문제의 접근으로부터 시작하는 것이 양자 간의 차이를 좀 더 쉽게 설명할 수 있으리라 생각된다. 먼저 주희(朱熹)가 말한 인심(人心)과 도심(道心)의 의미부터 고찰해 보면 다음과 같다.

> 마음의 영명함이 이(理)에서 지각하는 것은 도심(道心)이고, 욕(欲)에서 지각하는 것은 인심(人心)이다.[275]

위의 구절에 나타난 것과 같이 도덕본성(道德本性)인 '이(理)'에서 지각(知覺)하는 것이 도심(道心)이고, 인심(人心)은 인간의 욕망에서 지각한다고 하였다. 인심(人心)이 인간의 욕망에서 지각(知覺)하기에 인심(人心)은 인욕(人欲－私欲)으로 흐를 수 있는 가능성이 내재되어 있다. 뿐만 아니라 도심(道心)은 도덕본성(道德本性)인 이(理)에서 인지되기에 "도심은 은미하다(道心惟微)"고 하였다.

나아가 이(理)는 하늘이 부여한 도덕본성(道德本性)이므로 인심(人心)과는 달리 인간에게 절대적 도덕가치(道德價値)를 주는 것이다. 그러므로 도심(道心)의 의미는 하늘이 인간에게 부여한 도덕본성(道德本性)을 지칭하는 것이고 인심(人心)은 인간이 가지는 도덕본성(道德本性)을 바탕으로 하는 행위자로서의 마음임을 알 수 있다. 이러한 행위자로서의 마음은 도심(道心)으로 흐를 수도 있고 그와는 반대로 인심(人心)으로도 흐를 수 있는 가능성을 내포하고 있다.

---

275) 『朱子語類』, 卷78: "此心之靈, 其覺於理者, 道心也. 其覺於欲者, 人心也."

또한 주희(朱熹)는 "오직 이 한마음일 뿐이지만, 귀와 눈의 욕망으로 지각해 나가는 것은 인심(人心)이고, 의리(義理)로 지각해 나가는 것은 도심(道心)이다."[276]라고 하였다. 따라서 인간의 마음은 도심(道心)과 인심(人心)의 두 마음이 있는 것이 아니다.[277] 인간의 마음은 오직 하나인데 마음이 욕망으로 인해 지각(知覺)하는 것을 인심(人心)이라 하고 이(理)로 지각(知覺)해 나가는 것을 도심(道心)이라 하기에 인간에게는 본래부터 두 마음이 존재하는 것이 아니고 하나의 마음뿐이다.

그러나 지각처(知覺處)가 다르기에 인심(人心)과 도심(道心)으로 나누어진다는 것이다. 그러나 인심(人心)이 개인의 감성적 욕망을 가리킨다고 하여 생존을 위하여 발생하는 욕망을 제외하고 있는 것을 의미하지는 않는다. 인심(人心)에는 생존을 위한 욕망과 감성적 욕망이 함께 자리하고 있는 것이다. 그러므로 주희(朱熹)가 말하는 인심(人心)은 몸을 가지고 있기 때문에 발생하는 취욕하는 마음을 말하는 것이고 도심(道心)은 이(理)를 깨닫는 마음을 말하는 것이니, 넓은 의미로 말하면 모두 인심(人心), 즉 인간의 마음이라 할 수 있다. 따라서 "마음이 허령하여 지각함은 한 가지이지만, 인심(人心)과 도심(道心)의 차이가 있는 것은 혹 '형기의 삿됨(形氣之私)'에서 생기고 혹 '성명의 바름(性命之正)'에서 비롯하여 지각하는 것이 같지

---

276) 『朱子語類』, 卷78: "只是這一箇心, 知覺從耳目之欲上去, 便是人心, 知覺從義理上去, 便是道心."
277) 『朱子語類』, 卷78: "若說道心天理, 人心人欲, 却是有兩箇心, 人只有一箇心, 但知覺得道, 理底是道心, 知覺得聲色臭味底是人心."

않기 때문이다. 이로써 혹은 위태롭고 불안하며 혹은 미묘하여 보기 어려운 것이다.”278)라고 한 것이다. 그러므로 인심(人心)과 도심(道心)의 차이(差異)는 인간의 두 마음이 존재하여 그곳에서 나타나는 것이 아니라 지각됨의 차이(差異)에서 온다.

따라서 도심(道心)은 ‘성명의 바름’, 즉 『대학(大學)』에서 말하고 있는 명덕(明德)에서 나오는 것이고, 인심(人心)은 형기(形氣)의 ‘사사로움’에서 나온다는 것이다. 도심(道心)에 대대(待對)하는 인심(人心)은 기질(氣質)에 의거해서 발동된 마음으로 성인(聖人)이라도 없을 수 없는 것이며 도심(道心)은 마음이 의리(義理)에 의거해서 생긴 것으로서 어떤 누구에게라도 없을 수 없는 것이다. 그러므로 모두 한마음임에 틀림없으므로 그냥 인심(人心)이라고 할 때는 모두 좋은 것이다.

여기에서 우리는 주희(朱熹)의 천리(天理)나 도심(道心)이 구체적인 마음, 즉 실심(實心)을 반드시 통과해서 성립된 것임을 알 수 있다. 따라서 도심(道心)에 대립하는 인심(人心)과 천리(天理)에 대립하는 인욕(人欲)은 서로 다른 것임을 알 수 있다. 그러므로 주희(朱熹)에게 있어서는 도심(道心)은 천리(天理)이고 인심(人心)은 인욕(人欲)이라는 데에는 부정적인 견해(見解)를 보이고 있으며 악(惡)한 것으로 향할 수 있는 인욕(人欲)을 인심(人心)과 동일시해서는 안 된다고 한 것이다. 따라서 인심(人心)은 무엇인가를 지각하는 마음인

---

278) 『中庸集註』, 「序」: “心之虛靈知覺, 一而已矣, 而以爲有人心道心之異者, 則以其或生於形氣之私, 或原於性命之正, 而所以爲知覺者不同, 是以或危殆而不安, 或微妙而難見耳.”

데 반하여 인욕(人欲)은 무엇인가를 하고자 하는 마음이다. 이러한 인심(人心)과 인욕(人欲)은 악(惡)은 아니다. 나아가 인심(人心)은 인욕(人欲)을 포함하고 있다.

그러하기에 인심(人心)만을 가지고는 선(善)과 악(惡)을 논할 수가 없으며, 인욕(人欲) 그 자체만으로도 선(善)과 악(惡)을 논할 수는 없다. 다만 인욕(人欲)이 '사사로움'으로 인해 발동된다면 그것은 사욕(私欲)이라 일러 철저한 경계의 대상이라는 것이다. 그러므로 인욕(人欲)이 생존을 위하여 무엇인가를 추구하는 것은 나쁜 것이 아니나 형기(形氣)의 사사로움으로 인해 취욕(取欲)하는 마음이 생기는 것은 악(惡)인 것이다.

따라서 형기의 사사로움의 요인으로 인하여 발생하는 욕망을 일러 사욕(私欲)이라 하여 악(惡)이라는 것이다. 또한 주희(朱熹)에게 있어서는 심(心)이 곧바로 사욕(私欲)은 아니며 또한 인심(人心)을 곧바로 악(惡)이라고 보지 않는다. 인심(人心)은 악(惡)이 아니라 단지 그 마음에 욕망이 있고 그 욕망이 사욕(私欲)일 경우 악(惡)한 것이다. 따라서 주희(朱熹)의 이욕관(理欲觀)을 고찰함에 있어 인심(人心)과 인욕(人欲) 그리고 사욕(私欲)의 분별을 정확히 하여야 한다. 이러한 점에서 주희(朱熹)는 인욕(人欲)과 사욕(私欲)의 차이(差異)는 무엇이며 그것은 어떻게 나타나는가에 대해서 다음과 같이 말하고 있다.

 털끝만큼이라도 천리(天理)에서 자연적으로 발출하지 않은 것은 곧 사욕(私欲)이다.[279]

---

279) 『朱子大全』, 卷32, 「問張敬夫」: "蓋只一豪髮, 不從天理上, 自然發出,

위의 구절에서 드러나듯이 주희(朱熹)는 천리(天理)에서 자연적으로 발출하지 않은 것은 모두 사욕(私欲)이라 하였다. 앞에서도 고찰하였듯이 천리(天理)라는 것은 하늘로부터 부여받은 순연한 이치를 말한다. 그러므로 하늘로부터 부여받은 이(理)에 어긋나는 것은 이유를 막론하고 사욕(私欲)인 것이다. 그러므로 인욕(人欲)과 사욕(私欲)의 차이는 이(理)의 소재에 있음을 알 수 있다.

따라서 어린아이가 우물 속에 빠지는 것을 보았을 때 그것을 보고 가엾게 여기는 마음이 발동하는 것은 정(情)이다. 이는 심(心)에 내재(內在)한 천리(天理)의 자연스러운 발동이기 때문에 인(仁)으로 연결되는 것이지 사욕(私欲)은 아니다. 그러므로 천리(天理)의 자연스러운 발동인 한 식욕(食欲)·성욕(性欲)·정욕(情欲)·인욕(人欲)은 나쁜 것이 아니다.

천리 자연(天理 自然)의 발동을 중요시하는 것은 "반드시 일에 있어서 미리 기대하지 말라. 마음에서 잊어버리지 말고 조장하지도 말라."280)는 의미이다. 다시 말해 천리(天理)의 자연스러움으로 해서 일어나야 어떠한 일에도 도에 어긋남이 없고 사욕(私欲)으로 치우치지 않는다는 것이다. 따라서 '천리(天理)'는 '성명의 올바름'281)이므로 사람과 사물의 정당한 본래성(本來性)이다. 사욕(私欲)은 정당한 본래성의 자연적인 발동을 방해하는 것이다. 인간에게 주어져 있는 선천적(先天的)인 환경이나 위치의 차이가 있는 것은 어쩌면 정당한

便是私欲."
280) 『孟子』,「公孫丑上」－2: "必有事焉而勿正, 心勿忘勿助長也."
281) 『中庸集註』,「序」: "或原於性命之正."

본래성(本來性)이다. 그러므로 천리(天理)의 측면에서 볼 때, 인욕(人欲)이 환경(環境)이나 지위(地位)나 신분(身分)의 차이(差異)를 분별(分別)하지 못하는 것은 사욕(私欲)이 되는 것이다. 즐거움을 추구하는 것은 인간의 보편적인 심정(心情)이다. 그것은 인욕(人欲)이기는 하나 그것이 곧바로 사욕(私欲)은 아니다. 그러나 단지 '현재 자기 자신이 처한 위치에 따라' 분별없이 즐거워할 때 인욕(人欲)은 사욕(私欲)이 되는 것이다. 즉 정해진 한계(孟子가 말한 '명(命)'을 의미함)를 분별하지 않고 즐거워할 때에 인욕(人欲)과 사욕(私欲)의 분별이 이루어지는 것이다.

요컨대 사람은 태어나면서 모두 '기(氣)'를 품부(稟賦)받아 형체(形體)를 이루고 '이(理)'를 품부(稟賦)받아 본성(本性)을 이룬다. 도덕본성(道德本性)은 '이(理)'에서 발현되고 감성적 욕망은 '기(氣)'에 근거한다. 따라서 도덕본성(道德本性)은 인간의 본성(本性)에 존재하고 있기에 은미(隱微)한 것이고 감성적 욕망은 '기(氣)'에서 발현되기에 '선(善)'하지 않은 방향으로 흐를 수 있기에 '위태로운' 것이다. 그러므로 주희(朱熹)의 견해에 따르면 인간의 마음은 두 가지로 나눌 수 없다.

그러나 그 작용처의 차이로 인하여 인간의 마음은 도심(道心)과 인심(人心)으로 나누어지고 도심(道心)은 본연지성(本然之性)에 충실한 마음으로 도덕감으로 나타난 선(善)한 것이라면 인심(人心)은 다만 위태로운 것이다. 그러나 인심(人心)이 형기(形氣)의 사사로움으로 인해 인간의 사사로운 욕망과 결합하여 나타나는 것은 악(惡)이며 사욕(私欲)임을 알 수 있다. 따라서 "반드시 도심(道心)으로 하여

금 늘 자신을 주재하도록 하고, 인심(人心)으로 하여 항상 그 도심(道心)에게서 명령받도록 한다면 위태로운 것은 편안해질 것이고, 은미(隱微)한 것은 뚜렷해질 것이며, 동정(動靜)은 운위(云爲)함에도 자연히 지나침과 모자람이 없어질 것이다."[282]라고 한 것이다. 그러므로 주희(朱熹)는 도심(道心), 즉 도덕본성(道德本性)에 근거하여 항상 자신을 경계(警戒)하고 성찰(省察)할 것을 강조하고 있다.

따라서 '거인욕 존천리(去人欲 存天理)'의 명제는 결코 인욕(人欲), 즉 모든 감성적 욕망을 제거하라는 것이 아니며 도덕원칙(道德原則)에 위배되고 인간의 순연한 도덕본성(道德本性)을 '해(害)'하는 욕망을 도덕의식(道德意識)으로 극복(克復)하라는 의미이다. 그러므로 주희(朱熹)는 인간에게 있어서는 도심(道心)과 인심(人心)이 따로 존재하는 것은 아니다. 또한 인간의 희로애락(喜怒哀樂)에 대한 기본적인 욕망에 대해서는 인정을 하고 있으며 천리(天理)의 발현이라고 말하고 있다. 그러나 이러한 자연스러운 천리(天理)의 발현이 사욕(私欲)에 치우쳐서는 안 됨을 강조하고 있고, 만약 이것이 사욕(私欲)에 치우치게 된다면 비록 시작은 천리(天理)의 발현이지만 인간의 사사로움으로 인하여 악(惡)이 되어버리는 것이다. 따라서 인간의 욕망이 천리(天理)에 순응하면 도심(道心)으로 천리(天理)에 어긋나면 사욕(私欲)이 되는 것일 뿐이다.

주희(朱熹)의 철학(哲學)에 있어서는 도심(道心)에 어긋나는 사욕(私欲)은 절제의 대상으로 자리잡고 있다. 그러나 이러한 주희(朱熹)

---

282) 『中庸集註』, 「序」: "必使道心常爲一身之主, 而人心每聽命焉, 則危者安, 微者著, 以動靜云爲自無過不及之差矣."

의 인심(人心)과 도심(道心)의 대립적 해석에 대하여 이상은은 다음과 같이 말하고 있다.

> 이와 같이 인심(人心)·도심(道心)을 분리 대립시킨 결과는 인간의 내부 생활의 분열을 초래하게 되어 후일 비단 성리학 외권(性理學 外圈)으로부터의 공격뿐 아니라 같은 성리학권 내(性理學圈 內)에 있어서도 정주(程朱)의 반대파인 육왕(陸王)은 물론 정주파(程朱派)인 나정암(羅整菴)도 그것에 불만을 표시하였다. 나아가 명말(明末)의 유학자 대동원(戴東原)은 심지어 '살인의 이(理)'라고까지 하여 송명리학(宋明理學)에 반기를 들었다. 그러나 그것은 '이(理)'의 죄(罪)가 아니라 이(理)를 기(氣)로부터 분리시켰던 죄(罪)이며 이 분리(分離)는 당초부터 있었던 것이 아니라 주자(朱子)의 해석 이후부터 비로소 생겼던 것이다.283)

그러므로 이상은 주희(朱熹)가 인심(人心)과 도심(道心)을 분리하여 고찰한 인성론(人性論)을 비판하고 있다. 그러나 주희(朱熹)로부터 시작된 인심(人心)·도심(道心)의 분리와 이에 대한 문제제기로 인하여 중국유학사(中國儒學史)에 있어 인심(人心-人欲)의 문제가 본격적으로 전개되었음을 볼 수 있다.

여기서 '거인욕(去人欲)'하는 방법론으로 주희(朱熹)의 수양론(修養論)을 고찰하여 보자. 먼저 수양론(修養論)을 고찰하기 전에 본 항에서 계속하여 말하고 있는 '거인욕(去人欲)'의 구절에서 주희(朱熹)가 사용하고 있는 '거(去)'의 어원을 먼저 고찰해 보면 다음과 같음

---

283) 이상은, 앞의 논문, p.40.

을 알 수 있다.

유가사상(儒家思想)에서 통상 '인욕(人欲)의 제거(除去)'를 말할 때에 '알인욕(遏人欲)'이라는 표현을 쓰기도 하고 '거인욕(去人欲)'이라는 표현을 쓰기도 한다. '알(遏)'은 '막다', '금지하다', '저지하다'의 의미를 지니고 있고, '거(去)' 역시 '제거'나 '버림'의 의미로 사용되고 있다. 따라서 의미상의 문제에 있어서는 '알(遏)'이나 '거(去)'의 의미는 동일하며 그 용례에 있어서도 큰 차이는 없다. 그러나 원전구절의 인용에 충실하기 위하여 그 차이를 밝혀보면 다음과 같다.

먼저 주희(朱熹)는 자신의 저작에서 '알(遏)'과 '거(去)'를 동시에 사용하고 있음을 볼 수 있다. 다음 구절을 살펴보자.

대개 덕(德)을 닦는 실제는 인욕(人欲)을 버리고 천리(天理)를 보존하는 데에 있다. 인욕(人欲)이란 반드시 소리와 모양 그리고 재화의 이로움을 즐기는 것이나 궁실을 보며 노니는 사치함만이 아니다. 무릇 마음가짐에서 조금이라도 바름을 잃으면 곧 인욕(人欲)이 되는 것은 필연이다.284)

위의 구절에서 주희(朱熹)는 덕(德)을 닦는 것은 인욕(人欲－私欲)을 버리는 것이라고 하면서 '거인욕(去人欲)'의 표현을 사용하고 있다. 또한 주희(朱熹)는 '알인욕(遏人欲)'의 표현도 사용하고 있는데 이는 앞에서 인용된 『주자어류(朱子語類)』 卷62의 구절에서 "'보지

---

284) 『朱子大全』, 卷37, 「與劉共父」: "蓋修德之實, 在乎去人欲存天理, 人欲不必聲色貨利之娛宮室觀遊之侈也, 但存諸心者, 小失其正便是人欲必也."

도 않고 듣지도 않는다는 것과 혼자일 때 삼가는 것은 어떻게 다릅
니까?'라고 물었다. ‘위의 일절은 천리(天理)의 본연을 보존하는 것
을 말하고, 아래의 일절은 인욕(人欲)이 장차 싹트려 함을 막음을
말한다'고 답하였다."285)에서 알인욕(‘遏人欲’)의 단어가 사용되고 있
음을 볼 수 있다. 이러한 ‘알인욕(遏人欲)’의 사용은 이퇴계의 「성학
십도(聖學十圖)」 중 제 팔도(八圖)인 ‘심학도(心學圖)’로 인용되는
원(元나)라 정복심(程復心)의 말에서 확인되는데, "임은정 씨(林隱程
氏) 복심(復心－본명)이 말하기를 ……(이 그림 중의) ‘유정유일택선
고집(惟精惟一擇善固執)’ 아래는 인욕(人欲)을 막고 천리(天理)를 보
존하는 공부 아닌 것이 없고, 신독(愼獨) 아래는 인욕(人欲)을 막는
곳의 공부이다."286)에서도 ‘알인욕(遏人欲)’의 표현이 사용되고 있음
을 알 수 있다. 그러나 위의 세 구절에서 알 수 있듯이 ‘알인욕(遏
人欲)’이나 ‘거인욕(去人欲)’은 의미상에 있어서는 큰 차이가 없음을
알 수 있으며 본 연구에서는 단어 사용의 간결함을 위하여 ‘거인욕
(去人欲)’의 단어로 통일하여 사용하고자 함을 밝혀둔다.

다시 본론으로 들어가 주희(朱熹)의 수양론(修養論)을 살펴보면,
주희(朱熹)의 수양론(修養論)은 선진유가(先秦儒家)의 사상을 계승하
고 있으며, ‘예(禮)’를 통하여 수양론(修養論)을 전개하고 있음을 볼
수 있다. 이에 최복희는 "유학(儒學)의 수양과정은 곧 극기복례(克己

---

285) 『朱子語類』, 卷62: "問: 不睹不聞與謹獨何別 曰: 上一節說存天理之本
然, 下一節說 遏人欲於將萌."
286) 『聖學十圖』, 「心學圖」: "林隱程氏復心曰, ……自精一擇執以下, 無非所
以遏人欲而存天理之工夫也, 愼獨以下, 是遏人欲處工夫."

復禮), 즉 자기를 초월하는 과정으로서, 그 방법으로 제시되어온 신독(愼獨)은 일상적으로 정신을 개발시키고 사유와 행위를 일치시킴으로써 내외를 통일시키는 작업이다."287)라고 하였다. 그러므로 극기복례(克己復禮)와 신독(愼獨)은 유학(儒學)의 수양방법(修養方法)의 핵심 요체이다. 예(禮)는 선진유가(先秦儒家)에서부터 수양(修養)의 핵심단어로 사용되고 있음을 앞에서도 고찰하였다. 주희(朱熹)는 선진유가(先秦儒家)의 수양론(修養論)을 계승 발전시키고 있음을 볼 수 있다. 따라서 선(善)을 향한 수양이론(修養理論)으로 '극기복례(克己復禮)'와 '신독(愼獨)'의 의미를 고찰해 보자.

주희(朱熹)는 예(禮)라는 것을 "천리(天理)의 절문(節文)."288)이라 하였다. 예(禮)라는 것은 천리(天理)가 치우치거나 편벽되지 아니하여 나타나는 것으로 천리(天理) 본연의 모습이 제대로 드러난 것임을 알 수 있다. 따라서 예(禮)에 대한 고찰은 천리(天理)로 나아가기 위한 수양론(修養論)에 있어 첫걸음이다.

또한 '복례(復禮)'에 대해 공자(孔子)가 "자기를 극복하여 예(禮)에 돌이키면 인(仁)이 되는 것이니 하루라도 자기를 이겨서 예(禮)에 돌이키면 천하사람 모두가 인(仁)으로 돌아갈 것이다."289)라고 한 말은 잘 알려진 바이다. 주희(朱熹)는 『논어(論語)』의 「안연(顏淵)」 편에 말하고 있는 '극기복례(克己復禮)'를 다음과 같이 말하고 있다.

---

287) 최복희, 「朱熹의 修養論과 佛敎思想」, 한국유교학회, 『儒敎思想硏究』 제17집, 2002, p.212.
288) 『論語集註』, 「顏淵」－1: "禮者 天理之節文."
289) 『論語』, 「顏淵」－1: "克己復禮爲仁, 一日克己復禮 天下歸仁焉."

인(仁)이란 본심의 온전한 덕(德)이다. 극(克)은 이김이다. 기(己)는 일신(一身)의 사욕(私欲)을 이른다. 복(復)은 돌아감이다. 예(禮)는 천리(天理)의 절문(節文)이다. 위인(爲仁)이란 그 마음의 덕(德)을 온전히 하는 것이다. 마음의 온전한 덕(德)은 천리(天理) 아님이 없으나 또한 인욕(人欲)에 파괴되지 않을 수 없다. 그러므로 인(仁)을 하는 자는 반드시 사욕(私欲)을 이김에 있어서 예(禮)로 돌아가면 일마다 모두 천리(天理)여서 본심의 덕(德)이 다시 내 몸에 온전하게 된다.290)

그러므로 주희(朱熹)는 '예(禮)로 돌아간다'는 것은 사욕(私欲)을 이기는 것이고 본심(本心)의 덕(德)을 고양하는 것이어서 곧 인(仁)을 구현할 수 있다고 말하고 있다. 또한 사람이 짐승과 구별되는 중요한 근거는 바로 예(禮)를 안다는 점을 들어 경전에서는 "앵무새는 말을 잘하지만 나는 새에 지나지 않으며, 성성(猩猩)이는 말을 할 줄 알지만 금수에 지나지 않는다. 여기에 사람으로서 예(禮)가 없다면 비록 말을 할 줄 알지만 금수의 마음과 무엇이 다르겠는가. 저 금수에게는 예(禮)가 없다. 그런고로 아비와 자식이 암컷을 함께하고 있는 것이다. 그런고로 성인(聖人)이 예(禮)를 만들어 사람을 가르쳐 사람으로 하여금 예(禮)가 있게 하였다. 그리하여 스스로 금수와 다르다는 것을 알게 하였다."291)라고 하였다. 이와 같이 사람들은 예

---

290) 『論語集註』, 「顏淵」－1: "仁者 本心之全德, 克勝也, 己謂身之私欲也, 復反也, 禮者 天理之節文也, 爲仁者 所以全其心之德也, 蓋心之全德 莫非天理 而亦不能不壞於人欲, 故爲仁者必有以勝私欲而復於禮, 則 事皆天理, 而本心之德 復全於我矣."

291) 『禮記』, 「曲禮上」: "鸚鵡能言, 不離飛鳥, 猩猩能言, 不離禽獸, 今人而 無禮, 雖能言, 不亦禽獸之心乎, 夫唯禽獸無禮, 故父子聚麀, 是故聖人 作, 爲禮以教人, 使人以有禮, 知自別於禽獸."

(禮)를 통해 자신을 통제할 뿐만 아니라 사람과 짐승의 구별 점을 찾아 사람의 존엄성을 확인하였다.

그러므로 예(禮)는 자신을 통제하고 절제하며 수신(修身)하는 길의 통로이기에 『예기(禮記)』에서는 예(禮)의 도덕적 순기능을 강조하여 "도덕인의(道德仁義)는 예(禮) 없이는 실현되지 않는다. 가르치고 풍속을 바로잡는 일도 예(禮)가 아니면 잘 안 된다."292)고 하여 인간의 삶에 있어 윤리 도덕의 실천은 물론 백성을 교화하고 풍속을 바로잡는 데에도 예(禮)를 통해야 함을 지적하고 있다. 따라서 주희(朱熹)는 사욕(私欲)을 제거하고 천리(天理)로 나아가는 것이 인간으로써 마땅히 해야 하는 도덕원칙이라고 말하면서, 그 방법으로 예(禮)를 강조하였으며 '비례(非禮)'를 "몸의 사사로움이다."293)라고 해석하였다.

나아가 주희(朱熹) 역시도 천리(天理)와 인욕(人欲)의 구분이 쉽지 않다는 것을 인정하고 있으며 그러하기에 예(禮)를 강조하여 천리(天理)에 순응하고 인욕(人欲－私欲)을 제거하기를 기대하는 것이다.

> 예(禮)는 하늘의 이(理)이다. 예(禮) 아닌 것은 몸의 사사로움이다. 보고 듣고 말하고 행동할 때 신중히 살피고, 예(禮)가 아닌 것을 알면 거기에 머물러서는 안 된다. (禮가 아닌 것에 머무르지 않는다면) 자기의 사사로움(욕망)을 이기고 예(禮)로 돌아갈 수 있다. "예(禮)가 아닌 것을 보고 듣지 말라."는 것은 밖에서 들어와 안에서 움직이는 것을 막는 것이고, "예(禮)가 아닌 것은 말하지도 행하지도 말라."는 것은 안에서 나가 밖에서 접하는 것을 삼가는 것이다.294)

---

292) 『禮記』, 「曲禮上」: "道德仁義, 非禮不成, 敎訓正俗, 非禮不備."
293) 『論語集註』, 「顔淵」－1: "非禮者 己之私也."

예(禮)가 아닌 것은 보지도 듣지도 말하지도 행동하지도 않는 것이 천리(天理)로 가는 도(道)라고 하는 것은 예(禮)에 따라 보고 듣고 말하고 행동한다면 자기에게 내재한 천리(天理)로 나아갈 뿐만 아니라 사욕(私欲)을 제거하여 천리(天理)를 보존(保存)할 수 있다는 것이다. 그러므로 예(禮)는 필연적이고 자연스러운 천리(天理)의 발현(發現)이다. 이에 주희(朱熹)는 "대개 예(禮)의 본체(本體)는 엄함으로 말하나 모두 자연(自然)의 이(理)에서 나온다."295)고 하여 자연스러운 이(理)의 발현을 통해서 보고 듣고 말하고 행동함으로써 사욕(私欲)에 빠지는 것을 막을 수 있다고 하였다. 즉 자연의 질서를 따르게 되면 사욕(私欲)은 없게 된다는 것이다.

기질(氣質)의 습성으로 인하여 물욕(物欲)의 폐단이 생긴다. 그러므로 물욕(物欲)은 성급하게 고칠 수 없다. 이것은 금속을 녹이듯 서서히 고칠 수밖에 없다. 그 근원의 병에 대하여 알지 못하고 제거하기 위해 노력하지 않는다면, 선(善)이 악(惡)에 묶여 굳어지고 뒤섞여 그것은 (선과 악이) 묶이는 것으로 (선과 악을 자르기 위해)용단을 내릴 수 없다. 본래의 마음을 보존하는 데 조금이라도 태만히 하면 숨어 있던 물욕(物欲)이 어지럽게 일어나 자기도 알지 못하는 사이에 악(惡)으로 바뀌는 경우가 많다. 이런 까닭에서 단칼에 두 토막을 내듯 결정하여 의심이 머무르지 않도록 해야 한다.296)

---

294) 『論語或問』, 「顏淵」: "禮卽天之理也. 非禮則己之私也. 於是四者, 謹而察之, 知其非禮, 則勿以止焉, 則是克己之私而復於禮矣. 且非禮而勿視聽者, 防其自外入而動於內者也, 非禮而勿言動者, 謹其自內出接於外者也."
295) 『論語集註』, 「學而」－12: "蓋禮之爲體, 雖嚴然皆出於自然之理."

천리(天理)는 사람에 있어서 만고에도 없어지지 않는다. 천리(天理)는 항상 그렇게 존재하며, 인욕(人欲) 가운데서 발출하지 않을 때가 없다. 단지 사람이 자각하지 못할 뿐이다. 마치 맑은 진주나 큰 조개가 모래 가운데 섞여 있어도 때가 됨에 점차 나오는 것과 같다. 이 선(善)의 의지의 싹을 즉시 인식하고 아주 작은 싹이라도 차례로 모아 점차 늘린다면, 천리(天理)는 자연히 순고해지고 지난날의 사욕(私欲)은 자연히 사라져 오래도록 다시 싹트지 않을 것이다. 만약 사욕(私欲)을 없애려는 노력만 하고 선(善)을 향한 싹을 조장하지 않는다면, 설사 한순간에 사욕(私欲)을 억누르더라도 또한 움직여 나올 것이다.[297]

위의 구절에서 나타나는 물욕(物欲)이라는 단어를 사욕(私欲)으로 바꾸더라도 해석상에는 별다른 것이 없을 것 같다. 따라서 사욕(私欲)은 제거해야 할 대상이다. 의심하거나 주저해서는 안 되고 단칼에 두 도막을 내듯 결정해야 하는 것이다. 또한 사욕(私欲)을 소멸시키는 것도 중요하지만 선(善)을 향한 의지의 싹을 양성하는 것도 잊어서는 안 될 것이다. 그러므로 주희(朱熹)의 수양론(修養論)은 예

---

296) 『朱子語類』, 卷117: "始謂氣習物欲之蔽, 不能頃革, 當以漸銷鑠之而已, 不知病根未盡除, 則爲善去惡之際固已爲之繁累, 不能勇決, 操存少懈, 則其隱伏於中者往往紛起, 而不自覺其動於惡者, 固多有之, 今須是將此等意思便與, 一刀兩斷, 勿復凝滯."

297) 『朱子語類』, 卷117: "蓋天理在人 亘萬古而不泯, 選甚如何蔽固, 而天理常自若, 無時不自私意中發出, 但人不自覺, 正如明珠大貝, 混雜沙礫中, 零零星星逐時出來, 但只於這箇道理發見處, 當下認取, 簇合零星, 漸成片殷, 到得自家好底意思日辰月益, 則天理自然純固;向之所謂私欲者, 自然消靡退散, 久之不復萌動矣, 若專務克治私欲, 而不能充長, 善端, 則吾心所謂私欲者日相鬪敵, 縱一時按伏得下, 又當復作矣."

(禮)를 통하여 사욕(私欲)을 줄여야 함을 강조하고 있음을 볼 수 있다.

그렇다면 욕망을 줄인다는 방법은 무엇인가에 대해 살펴보아야 할 것이다. 그것은 신독(愼獨)이다. 신독(愼獨)을 일러 『중용(中庸)』에서 말하기를 "도(道)라는 것은 한시도 떨어질 수 없는 것이며, 떨어질 수 있다면 도(道)가 아니다. 그러므로 군자(君子)는 보이지 않는 곳에서 경계하고 들리지 않는 곳에서 두려워한다. 가려진 것보다 더 드러나는 것이 없으며 미세한 것보다 더 나타나는 것은 없다. 따라서 군자(君子)는 혼자 있음을 신중히 해야 한다."298)고 하였고, 『대학(大學)』에서는 "중심에서 정성되어 외면에서 드러나니 군자는 반드시 홀로임을 신중히 한다."299)고 하였다. 이로써 볼 때 신독(愼獨)의 의미는 '스스로 삼간다'의 뜻으로 '신중함'의 의미로 파악될 수 있다. 또한 『성학십도(聖學十圖)』에서는 신독(愼獨)을 다음과 같이 말하고 있다.

신독(愼獨)의 아래 부분도 인간의 인욕(人欲－私欲)을 막는 공부이니, 반드시 어떠한 유혹에도 본래의 마음이 움직이지 않는 데 이르게 되어서야 부귀가 마음을 음란하게 할 수 없고, 빈천히 본래의 마음에서 다름 마음으로 변하게 할 수 없으며, 어떠한 권위와 압력이라도 굴복시킬 수 없게 되어 진리가 선명하게 밝아지고 덕망이 이루어진다는 것을 알 수 있게 된다.300)

---

298) 『中庸』－1: "道也者, 不可須臾離也, 可離非道也, 是故君子, 戒愼乎其所不睹, 恐懼乎其所不聞, 莫見乎隱莫顯乎微, 故君子愼其獨也."
299) 『大學』－7: "誠於中, 形於外, 故君子必愼其獨也."
300) 『聖學十圖』, 「心學圖」: "愼獨以下, 是遏人欲處工夫, 必至於不動心, 則富貴不能淫, 貧賤不能移, 威武不能屈, 可以見其道明德立矣."

그러므로 신독(愼獨)이라는 것은 인간의 사욕(私欲)을 막는 공부를 일러 말하는 것으로 어떠한 유혹에도 미혹되지 않는 마음에 이르게 되면 진리가 선명해지고 덕망이 이루어진다는 것으로 사욕(私欲)을 막고 천리(天理)를 보존하기 위한 수양공부(修養工夫)로서의 신독(愼獨)의 중요성을 강조하고 있음을 볼 수 있다.

그렇다면 '신독(愼獨)'이 극기복례(克己復禮)의 방법이라면 이러한 것은 주희(朱熹)의 철학에서 어떤 모습으로 말해질 수 있는가? 그것은 '거경(居敬)'과 '궁리(窮理)'이다. 그러므로 주희(朱熹)는 '경(敬)'의 의미를 다음과 같이 설명하고 있다.

> 경(敬)이란 어떤 것인가? 오직 삼가 조심한다는 말과 같을 뿐이다. 나무토막처럼 가만히 앉아 귀에 들리는 것도 없고 눈에 보이는 것도 없이, 전혀 아무 일도 살피지 않는 것을 말함이 아니다. 오로지 심신(心身)을 수검(收斂)하고 정제(整齊)하여 순일(純一)하게 하여 저렇게 방존(放縱)하지 않는 것이 바로 경(敬)이다.301)

'경(敬)'이란 삼가 조심한다는 것이고, 아무 일도 살피지 않는 것이 아니라 심신(心身)을 수검(收斂)하고 순일(純一)하게 하여 방종하지 않는다는 것은 결국 항상 스스로 삼가여 인욕(人欲)이 사욕(私欲)으로 흐르지 않게 한다는 것이다. 물론 '삼가 조심한다'는 것도 욕망의 한 형태이다. 그러나 이러한 욕망은 성인(聖人)으로 나아가기 위

---

301) 『朱子語類』, 卷12, 「學六」: "敬有甚物, 只如畏字相似, 不是塊然尤坐, 耳無聞, 目無見, 全不省事之謂, 只收斂身心, 整齊純一, 不恁地放縱, 便是敬."

한 수양공부(修養工夫)에 있어 당연히 있어야 하는 욕망이다. 따라서 이러한 욕망을 제외한 사사로움으로 인해 발생하는 욕망에 있어서는 심신(心身)을 수검(收斂)하고 정제(整齊)하여 방종(放縱)하지 말아야 함을 강조하는 것이다.

결국 주희(朱熹)가 주장하고 있는 수양론(修養論)에 있어 '경(敬)'의 의미를 욕망의 관점에서 고찰하여 본다면 '거경(居敬)'하고자 함도 욕망일 것이나 이것은 선(善)을 지향하는 욕망이라면 거경(居敬)으로 나아가기 위해 방해요인으로 작용하는 사람들의 사사로운 욕망은 제거되어야 함을 말하고 있음을 볼 수 있다. 그러하기에 '방종하지 않는 것이 경(敬)'이라는 것이다.

따라서 주희(朱熹)는 "경(敬)은 만사를 내버려 두는 상태를 말함이 아니다. 오직 전일하게 삼가 조심하면서 마음을 풀어놓지 않는 것일 따름이다."302)라고 하여 '삼감'을 강조하고 있는데, '마음을 풀어놓지 않는다'는 것은 인심(人心)이 천리(天理)를 떠나는 것이 아니라 천리(天理)에 순연할 수 있는 마음의 상태를 유지하는 것이다. 마음이 천리(天理)에 순연해진다면 마음(人心)의 작용으로 인해 일어나는 욕망의 사사로움을 제거할 수 있기 때문이다.

또한 최복희는 주희(朱熹)가 주장한 '궁리(窮理)'에 대하여 다음과 같이 말하고 있음을 볼 수 있다.

주희(朱熹)가 주장하는 '궁리(窮理)'는 '격물치지(格物致知)'를 의미

---

302) 『朱子語類』, 卷12, 「學六」: "敬不是萬事休置之謂, 只是隨事專一謹畏, 不放逸耳."

한다고 할 것이다. 주희(朱熹)가 외적 공부로 제시했던 궁리(窮理), 즉 격물치지(格物致知)는 외재 사물에 대한 탐구를 통해 획득된 지식을 기반으로 객관적 도리(道理)를 궁구하는 것으로, 개별적 이치(理)를 탐구함으로써 궁극적 이치(天理)의 인식을 추구하는 것이다. 그는 만물이 천리(天理)를 갖추고 있고 인간의 심(心) 또한 천리(天理)를 갖추고 있으므로 그러한 인식이 가능하며, 이러한 과정에서 자연스럽게 활연관통(豁然貫通)의 경지에 다다를 수 있다고 생각하였다.303)

그러므로 개별적 이치(理)를 탐구한다는 것은 천리(天理)·인욕관(人欲觀)에 비추어 본다면, 개인의 욕망이 선(善)을 지향하는 욕망인가? 그렇지 않으면 사욕(私欲)인가에 대하여 스스로의 수양공부(修養工夫)를 통하여 구분한다는 것이고, 궁극적 이치(天理)로 나아간다는 것은 바로 개인의 사사로운 욕망과 천리(天理)로 나아가고자 하는 욕망의 철저한 분리를 통하여 사사로운 욕망에 대한 경계와 제거를 의미함이다.

요컨대 '사욕(私欲)을 제거하여 천리(天理)로 나아간다는 것'은 성인(聖人)이 되기 위해 수양(修養)하는 그 과정이다. 따라서 주희(朱熹)의 사상에 있어 일관적으로 견지되는 내성외왕(內聖外王), 즉 초월적 경지와 현실세계의 어느 한쪽에도 치우치지 않으려 하는 관점이 수양론(修養論)에 적용된 것이다. 현실세계를 벗어나지 않는다는 것은 인간이 무엇인가를 이룬다는 것은 현실을 토대로 이룬다는 것이다. 그러므로 '성인(聖人)이 되고자 함'도 역시 욕망이나 그 욕망

---

303) 최복희, 앞의 논문, p.213.

은 인간으로서 마땅히 가지고 있어야 하는 도덕률(道德律)이자 선(善)을 지향하는 욕망이다. 그러나 이에 반해 수양공부(修養工夫)를 하지 않는다면 인간은 스스로를 절제하지 못하고 방종하여 천리(天理)를 배격하고 사욕(私欲)에 집착하는 결과를 초래한다는 것이다. 결론적으로 말하면 주희(朱熹)의 수양론(修養論)은 '거경(居敬)'과 '궁리(窮理)'로 말할 수 있으며 이것은 사욕(私欲)을 멸(滅)하여 천리(天理)로 나아가고자 함이며 이것이 '내성외왕(內聖外王)'임을 알 수 있다.

Ⅳ. 心學과 氣學에서의 욕망론

1. 시대적·사상적 배경

이제는 위 주희(朱熹)의 경우와 같은 서술의 관점으로 심학(心學)과 기학(氣學)의 대표적인 학자들의 욕망론을 살펴보기로 한다. 그 처음으로 시대적·사상적 배경을 살피는 일이다. 특히 사상적 배경으로 기학(氣學)을 완성한 대진(戴震)학문의 기초를 제공하고 있는, 심학(心學)을 전개한 양명(陽明―王守仁, 字는 伯安, 1472―1528)의 학문과 명말 청초(明末 淸初)의 욕망긍정론을 전개한 왕부지(王夫之―字는 而農, 1619―1692)의 사상을 고찰하여 살펴볼 것이며, 나아가 서구문물을 받아들이면서 급변하게 되는 시대적 상황 속에서 성리학(性理學)이 지향했던 금욕주의를 거부하고 인욕(人欲)의 확충을 통하여 천리(天理)를 보존하려 했던 사상이 탄생하게 되는 시대적 배경을 살피고자 한다.

대진(戴震)의 인욕관(人欲觀)에 있어 인간의 욕망을 생명의 근원성이라 하여 이(理)의 실체라고 본 것은 그가 활동했던 시대적 배경과 자신의 정치적, 환경적 영향 속에서 탄생한 것으로 보인다. 그가 활동했던 청대(淸代)는 정치, 경제, 사회, 문화 전반에 걸쳐 개혁의 열풍이 몰아치고 있던 시기였고, 철학적으로는 이(理)관념의 지배구조가 철저한 성리학(性理學)을 비판하던 시기였다. 이러한 시대적 배경 속에서 대진(戴震)의 사상이 나오게 되는 연원(淵源)은 그가 처한 시대의 정치적 경제적인 영향과 당시의 자연과학 발전의 성과 외에도 앞선 몇몇의 사상에 영향을 받고 있다. 대진(戴震)의 사상은 위로는 순자(荀子)를 계승하고 아래로는 안원(顔元)의 영향을 많이 받았다. 고증학의 측면에서는 강영(江永)와 고염무(顧炎武)의 '박학(樸學)'을 직접 계승한 것으로 보인다.304)

또한 양계초(梁啓超)는 『청대학술개론(淸代學術槪論)』에서 대진(戴震)의 학문의 탐구정신과 업적을 다음과 같이 찬양하고 있다.

휴녕의 대진(戴震)은 강수(江永)에게 수학하였고 혜동(惠棟)에게 수학하였고 사우(師友)의 관계에 있었다. 대진(戴震)은 열 살 때 스승에게 가서 『대학장구(大學章句)』를 배웠는데 「우경일장(右經一章)」이라

---

304) 김태동, 「戴震의 心知論－血氣心知의 인식을 중심으로」, 영남대학교 박사학위논문, 2001, pp.13－14.에서 위로는 荀子를 따른 것은 『荀子』「勸學」을 荀子의 가장 중요한 문장이라 생각하여 荀子는 "학을 중시하는 데서 나와서 예의를 숭상하여 책의 처음에 권학 편을 두었다(『孟子字義疏證』卷 中,: 出於重學崇禮義, 首之以權學篇)"고 하고, "일반적인 사람은 학한 후에 예의를 밝힐 수 있다(『孟子字義疏證』卷 上, 常人學然後能明於禮義)"고 하여 荀子가 '선이란 학이다' 말한 것을 매우 칭찬하였다고 하여 그 근거를 제시하고 있다. 또한 안원의 영향을 많이 받은 것으로는 『顔氏學記』에서 그는 스스로 안원의 영향을 받아서 그 뜻을 펼쳤다고 하였으며, 이의 해석에 있어서도 안원이 말한 이는 나무 안의 무늬와 같다고 한 데서 그 영향을 받았다는 것을 짐작할 수 있을 것이다.

는 곳 아래에 있는 문장에 이르자 그 스승에게 묻기를 '이것은 공자(孔子)의 말인데 증자(曾子)가 계승한 것이라는 것을 어떻게 알 수 있으며 또 증자(曾子)의 생각인데 문인들이 기록한 것이라는 것을 알 수 있습니까?'라고 하니 스승이 대답하여 말하기를 '이것은 선유(先儒)인 주자(朱子)가 주석하여 말한 것일 뿐이다'고 하였다. 또 묻기를 '주자(朱子)는 언제사람입니까?'라고 하자 '남송(南宋)'이라 대답하였다. 또 '공자(孔子)와 증자(曾子)는 언제 사람입니까?'라고 묻자 '동주(東周)'라 답하였다. 그러자 또 '주(周)와 송(宋)의 간격은 얼마 쯤 됩니까?'라고 물으니 '거의 이천 년 쯤 된다'고 하였다. 또 '그렇다면 주자(朱子)가 어떻게 그러한 줄 알았습니까?'라고 물으니 스승은 대답할 수 없었다.(王昶 『述庵文鈔』戴東原基志銘에 의함) 이 일단의 이야기는 대진(戴震) 학술의 출발점을 설명해 주는 것일 뿐만 아니라 실로 청학파(淸學波)가 갖는 시대정신의 전부를 대표할 만한 것이다. 어떤 사람의 말인지를 막론하고 결코 느긋하게 믿으려 하니 아니하고 반드시 그렇게 된 까닭을 탐구하여 늘 일반 사람들이 주의하지 아니하는 곳에서 틈(모순점)을 찾아내고 이미 틈을 찾아내면 더욱 철저하게 접근하여 끝까지 파고 들어가며 그리하여 마침내 믿을 수 있는 것이 없으면 비록 성철부사(聖哲父師)의 말이라도 믿지 아니하였다. 이러한 연구정신은 근대의 과학정신이 성립되는 바탕이 된 것인데 대진(戴震)은 유년시절 이 능력을 갖추었으니 일대의 학파를 완성하고 과업을 이룰 수 있는 것은 당연한 것이라 할 수 있을 것이다.305)

---

305) 梁啓超, 『淸代學術槪論』, 北京, 東方出版社, 1996. p.24.: "休寧戴震受學江永, 其與惠棟亦在師友之間, 震十歲就傳, 受大學章句至右經一章以下, 問其塾師曰, 此何以知爲孔子之言而曾子述之, 又何以知爲曾子之意而門人記之, 師應之曰, 此先儒朱子所注云爾, 又問朱子何時人, 曰南宋, 又問孔子曾子何時人, 曰東周, 又問周去宋幾何時, 曰幾二千年, 又問然則朱子何以知其然, 師無以應(王昶 『述庵文鈔』戴東原基志銘), 此一般故事, 非惟可以說明戴氏學術之出發點, 實可以代表淸學派時代

그러므로 양계초(梁啓超)의 평가에 의하면 대진(戴震)의 학문의 시작은 성현의 말이라 할지라도 그 의미와 내용에 대한 의구심과 철저한 고찰 그리고 탐구정신이 대진(戴震)이 학문함에 있어서 근본으로 삼은 정신임을 알 수 있다.

또한 대진(戴震)은 이(理)와 기(氣)를 나누고 인심(人心)과 도심(道心)을 나누어 사유했던 성리학(性理學)의 철학적 학풍은 이(理)를 바탕으로 천리(天理)는 보존되어야 할 가치이지만 기(氣)를 바탕으로 하는 인욕(人欲－私欲)은 철제하게 제거되어야 하는 대상이었고 이러한 철학적 학풍의 이원적 구조가 지배층과 피지배층을 나누고 나아가 지배층이 피지배층을 억압하고 구속하는 계기가 되었으며, 이로 인해 피지배층의 궁핍한 생활과 사회로부터의 소외가 심해지고 있다고 여겼다.

나아가 대진(戴震) 역시도 엘리트적 사고를 가진 인물이 아니라 과거시험에 6번이나 낙방하였으며, 미관말직(微官末職)을 전전했던 자신의 처지에 대한 고뇌와 사회의 지배구조에 대한 불만이 이기일원론(理氣一元論)과 만나면서 이(理)와 기(氣)를 분리하여 인간의 사사로운 욕망이 도심(道心)을 해(害)하고 천리(天理)를 해(害)한다고 하여 철저한 제거의 대상으로 인식했던 주희(朱熹)의 인심도심설(人心道心說)과 인욕관(人欲觀)을 철저하게 거부하게 된다. 뿐만 아니

精神之全部，蓋無論何人之言決不肯漫然直信，必求其所以然之故，常從衆人所不注意處得間，隙旣得間，則層層逼拶，直到盡頭處，苟終無足以起其信者，雖聖哲父師之言不信也，此種研究精神，實近世科學所賴以成立，而震以童年具此本能，基能爲一代學派完成建設之業固宜."

라 인간의 욕망을 인정하고 나아가 욕망을 통한 생명성의 지속을 강조하여 욕망의 긍정이 사회문화 발전의 원동력이라 하였으며, 인간의 존재근거를 철저한 정리적 엄격주의에서 파악한 것이 아니라 감성적 당위인 욕망의 충족을 통해 찾고자 했다.

이러한 욕망의 충족에 대한 철학적 사유는 맹자(孟子)를 계승한 철학적 정통성 속에서 이(理)와 기(氣)를 나누어 인간의 마음을 도심(道心)과 인심(人心)으로 분리하여 해석한 주자학(朱子學)을 정면으로 반박하는 이욕일원론(理欲一元論)을 주장하게 되는 배경으로 작용하고 있다. 그러므로 임옥균은 "『맹자자의소증(孟子字義疏證)』의 후서(後序)를 보면 대진(戴震)이 이 책을 저술한 목적이 주자학(朱子學)의 천리(天理) 인욕(人欲)에 대한 설(說)의 비판에 있었음을 알 수 있다."306)고 하여 대진(戴震)의 인욕관(人欲觀)은 주희(朱熹)의 천리인욕관(天理 人欲觀)의 비판에서 출발했다는 점을 명확히 말해 주고 있다. 또한 후서(後序)의 내용을 밝혀 다음과 같이 소개하고 있다.

1) 이른바 천리(天理)를 보존한다는 것은 헛되이 이(理)의 이름을 가지고 있으나 궁구해 보면 정(情)과 욕망의 느낌을 끊는다는 것에 불과하다. 어찌 끊을 수 있겠는가?307)

2) 모든 굶주림, 추위, 서글픔, 원망, 음식, 남녀, 일상적인 정, 가여워하고 간절한 느낌을 이름하여 인욕(人欲)이라 불렀다. 그러

---

306) 임옥균, 「戴震哲學에 나타난 '朱子學的 思惟의 批判'에 관한 研究」, 성균관대학교 박사학위논문, 1994, p.44.
307) 『孟子字義疏證』, 「後序」: "其所謂存理, 空有理之名, 究不過絶情欲之感耳, 何以能絶."

　　므로 죽을 때까지 욕망이 제거되기 어려움을 보았다.308)

3) 천하(天下)에는 반드시 생양(生養)의 도(道)를 버리고 보존될 수
　　있는 것이 없다. 무릇 일과 행위가 모두 욕망에 있으니 무욕(無
　　欲)이면 무위(無爲)이고 유욕(有欲) 이후에 유위(有爲)이다.309)

4) 군자(君子)는 욕망을 정(正)에서 나오고 사(邪)에서 나오게 하
　　지 않는다.310)

5) 이(理)와 욕망의 구분은 마침내 해치고 죽이는 도구를 이루어
　　화(禍)가 되었다.311)

6) 무릇 요순(堯舜)의 근심은 사해(四海)가 곤궁(困窮)한 것이었고,
　　문왕(文王)은 백성에게 상함이 있음을 보았다. 어찌 백성을 위
　　하여 인욕(人欲)의 일을 도모하지 않겠는가? ……그러므로 마침
　　내 백성의 실정을 체득하였고 백성의 욕망을 이루어 주었다.312)

　　따라서 대진(戴震)은 이러한 시대적 배경과 사상적 영향 속에서
자신의 인욕긍정론(人欲肯定論)을 전개하고 있는데 이러한 사상에
많은 영향을 미친 양명(陽明)과 왕부지(王夫之)의 인성론(人性論)과
인욕관(人欲觀)을 살펴보기로 하자.

---

308) 『孟子字義疏證』, 「後序」: "擧凡饑寒愁怨飢食男女常情隱曲之感, 則名
　　　之曰人欲, 故終其身見欲之難制."
309) 『孟子字義疏證』, 「後序」: "天下必無舍生養之道而得存者, 凡事爲皆有
　　　於欲, 無欲則無爲矣, 有欲而後有爲."
310) 『孟子字義疏證』, 「後序」: "君子使欲出於正, 不出於邪."
311) 『孟子字義疏證』, 「後序」: "此理欲之辨適成忍而殘殺之具, 爲禍又如是也."
312) 『孟子字義疏證』, 「後序」: "夫堯舜之憂四海困窮, 文王之視民如傷, 何
　　　一非爲民謀其人欲之事……聖人體民之精, 遂民之欲"

2. 王陽明의 욕망

1) 天理와 心

명대(明代)의 철학을 송대(宋代)와는 달리 심학(心學)이라 한다. 이러한 명대(明代)의 사상적 주류를 든다면, 육상산(陸象山)과 왕양명(王陽明)의 철학을 들 수 있을 것이다. 양명(陽明)의 철학은 육상산(陸象山)의 철학을 계승 발전시킨 것이다. 따라서 심학(心學)을 탐구함에 있어서 양명(陽明)의 철학을 살펴본다면 육상산(陸象山)에서 왕양명(王陽明)으로 이어지는 심학(心學)을 고찰할 수 있으리라 본다.

왕양명(王陽明)의 철학을 한마디로 심학(心學)이라고 하는 것은 양명학(陽明學)은 자신의 철학 전반에 걸쳐 본체의 문제를 오직 '심(心)' 하나로 집약해서 설명하고 있기 때문이다. 이에 송하경은 양명(陽明)의 심학(心學)을 "심즉리(心卽理)는 양명학(陽明學)에 있어서의 세계의 형식원리이자 최고명제이며 절대공준이다. 그러므로 양명(陽明)의 심즉리설(心卽理說)은 그의 양지(良知)와 함께 양명학(陽明

學)을 이해하는 첫 출발점이 된다.”313)고 하였다. 그러므로 양명(陽明)은 사물의 이치는 내 마음 밖에 있는 것이 아니므로 이를 내 마음 밖에서 구하려고 하면 사물의 이치는 없게 된다.314)고 하였다. 이것은 우주의 모든 이치의 근원을 오직 '심(心)' 하나로 귀결시켜 본 것이다.

> 부모를 사랑하는 것은 이(理)이다. 형을 공경하는 것은 이(理)이다. 어린아이가 우물에 빠지려는 것을 보고 측은한 마음이 드는 것은 이(理)이다. ……마땅히 사양해야 할 때 사양하는 것은 이(理)이다.315)

측은지심(惻隱之心)이 바로 인리(仁理)이고, 측은한 감정은 인리(仁理)의 실제적 내용이다. 이(理)는 내재적 근거를 갖고 있으며 실질적인 내용도 갖고 있다. 심(心)이 있으면 이(理)가 있고, 이(理)가 있으면 심(心)이 있다. 심(心)은 선험적으로 갖추어진 도덕실체이지만, 잠복하여 드러나지 않으면 구체적인 본심의 방향도 보이지 않는다. 그러므로 양명은 “성은 마음의 체이며, 천은 성의 본원이므로 마음을 다하면 성을 다하는 것이니 오직 천하의 지극한 정성이라야 능히 자기의 성을 다할 수 있다.”고 한 것이다. 나아가서 인간의 마음을 우주 본체(本體)의 지위로까지 끌어올려 심(心)의 기능을 강조하였다.

---

313) 송하경, 「王陽明의 心卽理說 硏究」, 한국유교학회, 『儒敎思想硏究』 제1집, 1987, p.105.
314) 『傳習錄』, 卷 中, 「答高東橋書」: “夫物理不外於吾心, 外吾心而求物理, 無物理矣, 遺物理而求吾心, 吾心又何物邪.”
315) 『象山全集』, 卷1: “愛其親者, 此理也, 敬其兄者, 此理也, 見孺子將入井而有怵惕惻隱之心者, 此理也, ……宜辭而辭者, 此理也.”

이(理)란 천지 만물의 마음이요, 마음이란 천지만물의 주재(主宰)이다. 마음이 곧 하늘이기에 마음을 말하면 천지만물이 모두 제기된다.[316]

이렇듯 양명(陽明)은 '심즉천(心則天)'이라 하여 인간의 마음을 천(天)과 동일한 우주 본체의 지위로 격상시켜 말하고 있는 것이다. 그렇다면 양명(陽明)은 어떻게 '심(心)'을 '천(天)'과 동일한 지위로 볼 수 있었던 것인가에 대해 살펴보아야 할 것이다.

양명(陽明)이 '심즉천(心則天)'이라는 명제를 제출할 수 있었던 것은 인간에게 도덕적 자각심이 보편적으로 존재한다는 것을 인정하였고 이러한 도덕적 자각심은 천(天)의 생물지심(生物之心)과 동일하다고 인식하고 있기 때문이다. 이것은 맹자(孟子)가 말한 '불인인지심(不忍人之心)'과 '측은지심(惻隱之心)'처럼 타인의 아픔을 자신의 아픔으로 느끼는 것으로 자기 자신을 추월하여 타자의 마음을 자신의 마음처럼 이해하는 것이다. 타인의 아픔을 자신의 아픔으로 느낄 때 그들을 살려내려는 적극적인 행위가 따르게 되는 것이다. 이 마음의 작용 가운데 이미 자타(自他)의 구분이 해소되고 타자(他者)와의 일체감이 느껴지는 것이다. 나아가서 이 마음이 사회 전체로 확대되었을 때 '대동사회(大同社會)'가 이루어지는 것이다.

인자(仁者)는 홀연히 물(物)과 더불어 몸을 같이한다.[317]

---

316) 『王陽明全書』, 卷6, 「答啓明德」: "理者, 天地萬物之心也, 心者, 天地萬物之主也, 心卽天, 身心卽天地萬物皆居至矣."
317) 『二程全書』, 卷2: "仁者忽然如物同體."

　위의 정호(程顥)의 말은 인심(人心)이 천지 만물과 감통하여 그것들과 하나 되는 '여물동체(如物同體)'의 정신적 상태를 표현한 것으로 이 상태에서는 자신의 마음이 천(天)과 합일(合一)되어 있음을 나타낸다.

　양명(陽明)이 정호(程顥)의 가르침에 따라 성인(聖人)의 학문(學問)을 구하는 과정에서 체인한 마음은 타인과 나, 나와 물의 한계를 철저하게 관통하여 인생과 우주의 대본이 되는 인심(人心) 전체였다. 또한 이러한 인심(人心)은 도덕적 자각심의 표현이다.

　양명(陽明)의 심성론(心性論)은 주로 마음의 본체(本體)에 대한 사실적 설명에 초점을 맞추고 있다. 마음의 본체(本體)란 마음으로 하여 그러한 마음이 될 수 있게 하는 근본적 바탕, 즉 마음의 본래성(本然性)을 지칭한다. 그러나 마음의 본체(本體)란 마음의 기능 또는 그 작용과 분리될 수 없는 하나라고 설명한다. 다시 말해 마음을 체(體)와 용(用)이라는 개념으로 구분하여 사용할 때 그것은 상대적이며 분리될 수 없는 하나의 통일체(統一體)를 이룬다는 체용일원(體用一元)의 의미를 지닌다.

　　미발(未發)의 중(中)을 보통 사람들이 모두 지닌다고 말할 수 없다. 대개 체용(體用)은 하나의 근원이니, 체(體)가 있으면 용(用)이 있다. 미발(未發)의 중(中)이 있은즉 발(發)하여 모두 절도에 적중하는 화(和)가 있다. 오늘날 사람들이 발(發)하여 절도에 적중하는 화(和)를 갖지 못하는 것은 모름지기 미발(未發)의 중(中)을 온전히 얻지 못하기 때문이다.[318]

위의 설명에서 알 수 있듯이 체(體)와 용(用)은 하나이며 체(體)가 있으면 용(用)이 반드시 있다. 또한 미발(未發)의 중(中)은 발(發)하여 절도에 맞을 때 화(和)가 되는 것이다. 따라서 화(和)를 갖지 못하는 것은 미발(未發)의 중(中)을 온전히 하지 못하기 때문에 그러한 것이다. 그러므로 마음의 본체는 성(性)이며, 이(理)이지만, 추상적인 성리(性理)가 아니라 구체적인 성리(性理)이다. 이 때문에 마음은 성(性)의 구체적 표현이라는 것이다.

양명(陽明)도 심(心)의 이(理)가 사람의 선천적(先天的)·도덕적(道德的) 본성(本性)이며 구체적으로 오륜(五倫)·오상(五常)이라는 점에서는 주희(朱熹)와 마찬가지이다.

> 마음은 하나이다. 사람이 아직 혼잡되지 않은 것을 도심(道心)이라 하고 인위(人爲)로써 혼잡된 것을 인심(人心)이라 한다. 인심(人心)이 그 바른 것을 얻는 것이 바로 도심(道心)이며 도심(道心)이 그 바른 것을 잃어버린 것이 곧 인심(人心)이므로 처음부터 두 마음이 있는 것이 아니다.319)

정자(程子)는 인심(人心)이란 인욕(人欲)이고 도심(道心)은 천리(天理)라고 하였는데 이 말은 마음을 둘로 분석하고 있는 듯하지만 그 뜻은 실제로 옳은 바가 있다. 그런데 오늘날에는 도심(道心)은 주(主)가 되고 인심(人心)은 그 명령을 듣는다고 말하는데, 이는 마음을 두

---

318) 『傳習錄』, 卷 上, 「徐愛錄」: "不可謂未發之中, 常人俱有, 蓋體用一源, 有是體, 卽有是用, 有未發之中, 卽有發而皆中節之和, 今人未能有發而皆中節之和, 須知是他未發之中, 亦未能全得."
319) 『傳習錄』, 卷 上, 「徐愛錄」: "心一也, 未雜於人謂之道心, 雜以人僞謂之人心, 人心之得其正者卽道心, 道心之失其正者卽人心, 初非有二心也."

개로 나누어 보는 것과 같다. 천리(天理)와 인욕(人欲)은 더불어 존재하지 않는다. 어떻게 천리(天理)가 주(主)가 되고 인욕(人欲)이 그에 따라서 명령을 들을 수 있겠는가?[320]

위의 구절에서 드러나듯이 인심(人心)과 도심(道心)은 하나이다. 그러나 인심(人心)이 바른 것을 얻었을 때는 도심(道心)이 되지만 이 도심(道心)이 바른 것을 잃어버리면 인심(人心)이 되는 것으로 인위로써 혼잡된 것을 일러 인심(人心)이라 한다고 하였다. 그러므로 본래부터 두 마음이 있는 것이 아니나 인위(人爲)에 의하여 도심(道心)과 인심(人心)으로 나누어짐을 알 수 있다. 이러한 점에서 양명(陽明)은 주희(朱熹)와 동일한 관점에서 심(心)을 바라보고 있음을 알 수 있다. 따라서 양명(陽明)은 송대(宋代) 성리학자들이 주장했던 것처럼 '마음의 본체는 성(性)이고 성(性)은 이(理)이다'라는 명제를 받아들이고 있다.

하지만 천명(天命)으로서의 성(性)은 곧 이(理)이며, 성(性)은 곧 심체(心體)라고 주장한다. 따라서 성(性)은 고정된 실체가 아니라 '생리(生理)'로 파악하고 있는 것이다. 이러한 양명(陽明)의 심리일원적 견해(心理一元的 見解)를 송하경은 "주희(朱熹)가 심(心)과 이(理)를 학문(學問)의 주요(主要) 관건으로 다루었던 점을 그대로 긍정하면서도 심(心)으로부터 독립하여 개물(個物)에 산재(散在)하는

---

320) 『傳習錄』, 卷 上, 「徐愛錄」: "程子謂人心卽人欲, 道心卽天理, 語若分析而意實得之, 今日道心僞主而人心聽命, 是二心也, 天理人欲不竝立, 安有天理爲主, 人欲又從而聽命者."

이(理)를 부정하는 입장이다."321)라고 설명하고 있는 것이다. 그러므로 그는 "심(心)의 본체는 성(性)이고 성(性)은 기(氣)이다."322)고 하여 주희(朱熹)와의 심(心)에 대한 다른 견해를 피력하고 있다.

> 네 마음이 그처럼 보고 듣고 말하고 움직일 수 있는 것이 곧 성(性)이며 천리(天理)이다. 이러한 성(性)이 존재하고서 비로소 성(性)의 생리(生理)가 일어나게 되며, 그것을 인(仁)이라 부른다. 이러한 성(性)의 생리(生理)가 눈에서 발생하면 볼 수 있고, 귀에서 발생하면 들을 수 있으며, 입에서 발생하면 말할 수 있고, 사지에서 발생하면 움직일 수 있다. 그런데 이와 같은 것은 모두 천리(天理)의 발생 작용에 지나지 않는다. 특히 그 이(理)가 내 일신을 주재(主宰)하기 때문에 마음이라고 한다. 이러한 마음의 본체는 원래 하나의 천리(天理)에 지나지 않으며, 본래 예(禮)가 아닌 것이 없다. 이것이 바로 너의 올바른 자기이며, 이러한 올바른 자기는 바로 육체의 주재자(主宰者)이다. 만일 진기(眞己)가 없으면 육체도 없다. 진기(眞己)가 있으면 곧 삶이고, 그것이 없으면 죽음이다.323)

양명(陽明)은 심체(心體)인 성(性)의 법칙성(法則性)을 이(理)라고 말하며, 그 이(理)의 활동성을 생(生)이라 하였다. 생리(生理)가 마음

---

321) 송하경, 앞의 논문, p.226.

322) 『傳習錄』, 卷 下, 「黃省曾錄」: "心之體性, 性卽氣."

323) 『傳習錄』, 卷 上, 「薛侃錄」: "所謂汝心, 郤是那能視聽言動的, 這箇便是性, 便是天理, 有這箇性, 才能生這性之性理, 便謂之仁. 這性之生理, 發生目便會視, 發在口便會言, 發在四肢便會動, 都只是那天理發生, 以其主宰一身, 故謂之心, 這心之本體, 原只是箇天理, 原無非禮, 這箇便是汝之眞己, 這箇眞己是軀殼的主宰, 若無眞己, 便無軀殼 眞是, 有之卽生, 無之卽死."

의 본체(本體)라는 주장은 그 내면에 도덕적(道德的) 창의력을 근거한다고 할 수 있다. 따라서 양명(陽明)은 이(理)와 기(氣)의 분리(分離)를 인정하고 있지 않는 데서 그 이유를 찾을 수 있다. 따라서 양명은 "생(生)하게 하는 것을 성(性)이라 한다. 생자(生者)는 곧 기자(氣者)이니, 기(氣)가 곧 성(性)이라는 말과 같다. ……맹자(孟子)의 성선(性善)은 본원(本源)에 따라 말한 것이다. 그러나 성(性)이 선(善)한 단서(端緖)는 모름지기 기(氣)에서 볼 수 있다. 만일 기(氣)가 없으면 볼 수 없다. 측은(惻隱), 수오(羞惡), 사양(辭讓), 시비(是非)는 기(氣)이다. ……만일 자성(自性)이 명백한 때를 볼 수 있다면 기(氣)는 곧 성(性)이고 성(性)은 곧 기(氣)이니 원래 성(性)과 기(氣)는 나눌 수 없다."고 한 것이다. 그러므로 성(性)을 이(理)라고 하면서 또한 성(性)을 기(氣)라고 주장하는 것은 결국 이(理)와 기(氣)의 합일(合一)로서의 성(性)을 말하는 것이다. 그러하기에 양명(陽明)에게서 성(性)은 생리(生理)인 것이다.

나아가서 성(性)이란 일정한 실체가 없음을 주장하며,[324] 그것은 심(心)의 활동에 의한 것으로 인의예지(仁義禮智)와 같은 덕목들에 의해 구체화된다고 하였다.

인의예지(仁義禮智)란 또한 덕(德)을 표현한 것으로 그 性은 하나일 뿐이다. 그 형체로부터 이르면 천(天)이요, 그 주재(主宰)와 유행(流行)으로부터 이르면 명(命)이며, 사람에 부여된 것으로부터 이르면 성(性)이요, 몸에 위주 됨으로부터 이르면 심(心)이다. 마음이 발동하

---

324) 『傳習錄』, 卷 下, 「黃省曾錄」: "性無定體."

여 부모를 만나면 곧 효(孝)라 이르고, 임금을 만나면 곧 충(忠)이라 이르니 이에서 나가는 이 이름들은 무궁하나 단지 하나의 성(性)일 뿐이다. 마치 사람은 하나인데 부모에 대해서는 자식이라 하고 자식에 대해서는 부모라 하며 이후로 나가는 것이 무궁하나 다만 한 사람일 뿐인 것과 같다. 사람은 오로지 성(性)에서 공을 들여 그 하나의 ‘성(性)’자(者)를 분명히 살펴 터득하면 모든 이(理)가 찬란히 빛나리라.[325]

위의 구절에서 알 수 있듯이 양명(陽明)은 성(性)은 하나이며 이러한 성(性)은 성(性)＝천(天)＝명(命)＝심(心)으로 그 사용처에 따라서 이름을 달리하지만 그 본질은 하나의 性으로 통하고 있다고 설명하고 있다.

또한 ‘몸에 위주 됨으로부터 이르면 심(心)이다’라는 구절은 곧 육신의 주재(主宰)는 마음(心)임을 강조하고 있음을 볼 수 있다. 마음은 본체(本體)로서의 성(性)을 마음의 작용에 의해 무수한 이(理)로 구현됨을 나타내고 있으며 나아가 본체(本體)인 성(性)의 역동적 법칙성(力動的 法則性), 즉 생리(生理)의 통일성을 추구하는 실현자가 바로 심(心)이라 말하고 있다. 그러므로 양명(陽明)이 주장하는 인성론(人性論)으로서의 심학(心學)은 다음과 같이 정리할 수 있다.

첫째, 심(心)을 떠난 이(理), 이(理) 없는 심(心)은 존재하지 않는

---

325) 『傳習錄』, 卷 上, 「徐愛錄」: “仁義禮智, 也是表德, 性一而已, 自其形體也, 謂之天. 主宰也, 流行也, 謂之命. 賦於人也, 謂之性. 主於身也, 謂之心. 心之發也, 遇父便謂之孝, 遇君便謂之忠,. 自此以往, 名至於無窮, 只一性而已, 猶人一而已, 對父謂之子, 對子謂之父, 自此以往, 至於無窮, 只一人而已, 人只要在性上用功, 看得一性字分明, 卽萬理燦然.”

다. 따라서 심(心) 자체에 이(理)가 내재해 있지 않고 인간
과 사물이 성립할 수 없다. 그러하기에 심(心)은 이(理)이다.

마음의 체(體)는 성(性)이며 성(性)은 곧 이(理)이다. 천하에 어찌
심(心) 밖에 성(性)이 있으며, 어찌 性 밖에 이(理)가 있겠는가? 어찌
이(理) 밖에 마음이 있겠는가? 심(心)을 멀리하고 이(理)를 구하는 것
은 고자(告子)가 말한 의외의 주장이다.326)

둘째, 내 마음에 이(理)가 갖추어져 있다는 것이다. 그러하기에 내
마음은 천리(天理)를 자각(自覺)하고 무수한 개별적 이(理)
를 구현할 수 있는 역동적이고 창조적인 생리(生理)가 작용
하는 것이다. 이러한 생리(生理)를 양명(陽明)은 '양지(良
知)'라고도 한다.

심(心)은 하나이지만 불쌍하고 측은(惻隱)히 여겨 차마 하지 못하는
인간의 전체적인 마음으로 말하면 인(仁)이라 하며, 그 의당함을 얻은
측면에서 말하면 의(義)라 하고, 그 조리적인 측면에서 말하면 이(理)
라고 한다.327)

무릇 심(心)의 본체는 천리(天理)이다. 천리(天理)의 소명령각(昭明
靈覺)을 양지(良知)라 한다.328)
그러므로 양명(陽明)은 심(心)의 체(體)는 그 용(用)과 분리될 수

---

326) 『王陽明全書』, 卷8, 「答徐諸陽卷」.
327) 『王陽明全書』, 卷8, 「答徐諸陽卷」.
328) 『王陽明全書』, 「答舒國用」: “夫心之本體則天理, 天理之昭明靈覺則良知.”

없는 하나임을 강조하였다. 또한 심(心)의 체(體)인 성(性)을 이(理)라고 하고 그 이(理)를 생리(生理)로 파악했으며, 성(性)은 기(氣)와 분리될 수 없을 뿐만 아니라 이(理)를 구현한다고 보았다. 나아가 나의 심(心)에는 심(心)의 조리(條理), 즉 심(心)의 활동이 준칙으로 삼는 천리(天理)가 선천적으로 주어져 있다는 심즉리론(心卽理論)을 주장하였다. 이러한 양명(陽明)의 심학(心學)은 양지(良知)와 지행합일(知行合一)을 통하여 성인(聖人)의 길로 나아감을 주장하고 있다.

따라서 양명(陽明)이 말하는 인성론(人性論)의 요체는 '심(心)'이다. 바로 이러한 점이 이학(理學)과 절대적으로 구분되는 점이다. 그러하기에 인성론(人性論)의 요체로 '심(心)'을 둔 양명(陽明)은 천리(天理)·인욕(人欲)에 대한 정주(程朱)의 입장을 계승하면서도 양자를 '일물(一物)'의 차원에서 해석하면서 양자를 대립적 긴장관계로 보았던 정주(程朱)와는 본질적으로 다르게 보았다. 한마디로 양명(陽明)의 이욕(理欲)에 대한 입장은 정주(程朱)의 '거인욕 존천리(去人欲 存天理)'의 윤리 강령을 계승하여 천리(天理)와 인욕(人欲)을 대립적 긴장관계 속에서 파악했지만 인간의 본질을 '성(性)'이 아닌 '심(心)'으로 보고 있기에 본질적인 내용 면에 있어서는 차이를 드러낸다. 따라서 천리(天理)와 인욕(人欲)을 심(心)이라는 주관 능동성 속에서 포괄하면서 정명도(程明道)가 주장하였던 '선악개천리(善惡皆天理)'[329]라는 다소 유연한 태도를 취함으로써 자신 이후의 학자들이 자연스럽게 인욕(人欲)을 긍정할 수 있는 분위기를 만들었다.

---

329) 『二程遺書』, 卷2: "天下善惡皆天理, 謂之惡者非本惡, 但或過或不及, 便如此."

　요약하면 양명(陽明)은 심(心)의 체(體)는 그 용(用)과 분리될 수 없는 하나임을 강조하였다. 또한 심(心)의 체(體)인 성(性)을 이(理)라고 하고 그 이(理)를 생리(生理)로 파악했으며, 성(性)은 기(氣)와 분리될 수 없을 뿐만 아니라 이(理)를 구현한다고 보았다. 나아가서는 나의 심(心)에는 심(心)의 조리(條理), 즉 심(心)의 활동이 준칙으로 삼는 천리(天理)가 선천적으로 주어져 있다는 심즉리론(心卽理論)을 주장하였다. 이러한 양명(陽明)의 심학(心學)은 양지(良知)와 지행합일(知行合一)을 통하여 성인(聖人)의 길로 나아감을 주장하고 있는 것이다. 양명(陽明)의 욕망에 대한 입장은, 욕망의 본질을 말함에 있어서는 일물(一物)의 차원에서 과불급(過不及)을 말하고 있는 것이기에 욕망을 긍정하는 입장이지만 결국 양명(陽明)도 수양론(修養論)적인 면에서는 주희(朱熹) 못지않게 인욕(人欲)으로서의 사심(私心), 사욕(私欲)은 철저한 극복의 대상으로 자리잡고 있는 것을 볼 수 있다. 이러한 까닭은 양명학(陽明學)이 주자학(朱子學)의 흐름을 상당부분 그대로 수용하고 있기에 가능하지만, 다른 한편으로 양명(陽明)의 철학 역시도 핵심은 '성인됨'을 주장하고 있기에 인욕(人欲)으로서의 사심(私心)과 사욕(私欲)은 성인됨의 방해 요인이기에 철저한 억제의 대상으로 자리잡고 있는 것이다.

　따라서 양명(陽明)이 말하는 인성론(人性論)의 요체는 '심(心)'이라 할 수 있을 것이다. 바로 이러한 점이 이학(理學)과 절대적으로 구분되는 점이기도 하다.

2) 心과 人欲 — 善惡皆天理

본 항에서는 인성론(人性論)의 요체로 '심(心)'을 둔 양명(陽明)에게 있어서 인욕(人欲)의 의미는 무엇인가를 고찰해 볼 것이다.

양명학(陽明學)에서의 천리(天理)·인욕(人欲)에 대한 입장은 주자학(朱子學)을 계승 보완한 측면이 없진 않지만 본질적으로는 비판적 입장에 서 있다. 다시 말해 천리(天理)·인욕(人欲)에 대한 정주(程朱)의 입장을 계승하면서도 양자를 '일물(一物)'의 차원에서 해석하면서 양자를 대립적 긴장관계로 보았던 정주(程朱)와는 본질적으로 다르게 보았던 것이다. 한마디로 양명(陽明)의 이욕(理欲)에 대한 입장은 정주(程朱)의 "거인욕 존천리(去人欲 存天理)"의 윤리 강령을 계승하여 천리(天理)와 인욕(人欲)을 대립적 긴장관계 속에서 파악했지만 인간의 본질을 '성(性)'이 아닌 '심(心)'으로 보고 있기에 본질적인 내용 면에 있어서는 차이를 드러낸다. 따라서 천리(天理)와 인욕(人欲)을 심(心)이라는 주관 능동성 속에서 포괄하면서 '선악개천리(善惡皆天理)'라는 다소 유연한 태도를 취함으로써 양명(陽明) 이후의 학자들이 자연스럽게 인욕(人欲)을 긍정할 수 있는 분위기를 만들었다.

양명(陽明)이 육원정(陸原靜)과의 서신을 교환한 내용들 속에 인욕(人欲)에 관련된 부분들이 있다. 이 서신의 교환 내용을 살펴본다면 양명(陽明)의 인욕관(人欲觀)에 보다 쉽게 접근할 수 있을 것이다.

　　보내온 편지에서 양생(養生)은 마음을 청정(淸淨)하게 닦고 욕심을 줄이는 것을 요체로 삼았습니다. 대개 마음을 청정(淸淨)하게 닦고 욕심을 줄이는 것은 성인(聖人)이 되기 위한 공부를 다 하는 것입니다. 그러나 욕심을 줄이면 마음은 스스로 청정(淸淨)해질 수 있지만 마음을 청정(淸淨)하게 닦는 것은 인사를 버리고 홀로 고요함을 구하는 것을 뜻하지 않습니다. 대개 이 마음이 순전히 천리(天理)가 되게 하여 털끝만큼의 인욕(人欲)의 사사로움이 없도록 하려는 데 있습니다. 지금 그런 공부를 하면서 인욕(人欲)이 생기면 그것이 생겨나는 것에 따라 극복하고자 하는 것은 병의 뿌리가 항상 남아 있게 되므로 동쪽에서 멸하면 서쪽에서 다시 생겨나는 것을 면하기 어렵습니다. 만일 온갖 욕망이 싹트기 전에 깨끗이 제거해 버린다면 또한 힘쓸 곳이 없게 되어서 헛되이 이 마음만 청정(淸淨)할 수 없게 만듭니다. 그러므로 인욕(人欲)이 싹트기 전에 찾아내어 제거해 버리려는 것은 개를 집안으로 끌어들여 다시 내쫓는 셈이 되니, 더욱 안 된다고 생각합니다.330)

　　답하기를 반드시 이 마음이 순전히 천리(天理)가 되게 하여 털끝만큼의 인욕(人欲)의 사사로움이 없도록 하는 것은 성인(聖人)이 되기 위한 공부(工夫)이다. 반드시 이 마음이 순전히 천리(天理)가 되게 하여 털끝만큼의 인욕(人欲)의 싹트기 전에 방지하는 것이 아니라 싹트기 시작할 때 극복하지 않으면 안 된다. 싹트기 전에 방지하고 싹트기 시작할 때 극복해야 한다는 것은 바로 『중용(中庸)』에서 말한 계

---

330) 『傳習錄』, 卷 中, 「答陸原靜書」: "來書云, 養生以淸心寡欲爲要, 夫淸心寡欲, 作聖之功畢矣, 然寡欲則心自淸, 淸心非舍棄人事, 而獨居求靜之謂也. 蓋欲使此心純乎天理, 而無一毫人欲之私耳. 今欲爲此之功, 而隨人欲生而克之, 則病根常在, 未免滅於東而生於西. 若欲刊剝洗蕩於衆欲未萌之先, 則又無所用其力, 徒使此心之不淸, 且欲未萌 而搜剔以求去之, 是猶引犬上堂而逐之也, 愈不可矣"

신공구(戒愼恐懼)와 『대학(大學)』에서 말한 치지격물(致知格物)의 공부(工夫)이다. 이것을 제외하고 그 밖의 다른 공부는 없다. 동쪽에서 멸하면 서쪽에서 또 생겨나기 때문에 개를 집안으로 끌어들여 다시 내쫓는다고 말하는 것은 자사(自私)·자리(自利)와 장영(將迎)·의필(意必) 등이 누가 되는 것으로 이것을 극복하고 다스려서 제거해 버리지 않으면 병폐가 된다. 이제 양생(養生)은 마음을 청정(清淨)하게 닦고 욕심을 줄이는 것을 요체로 삼는다고 말했는데, 단지 양생(養生) 두 글자를 말하는 것은 이미 자사(自私)·자리(自利)와 장영(將迎)·의필(意必)의 뿌리가 되는 것이다. 이러한 병폐의 뿌리가 마음속에 잠복해 있으면 곧바로 동쪽에서 멸하면 서쪽에서 생겨나고, 개를 집안으로 끌어들여 다시 내쫓는 폐단이 발생하는 것이다.331)

양명(陽明)은 '반드시 이 마음이 순수히 천리(天理)의 확연대공(確然大公)한 경지에 도달하게 하여 털끝만큼의 인욕(人欲)의 사사로움이 없도록 한다.'는 것은 성인(聖人)이 되려는 뜻이다. 또한 실제에서는 바로 성인(聖人)이 되는 공부(工夫)라고 가르쳐 주고 있다. 나아가서 성인(聖人)이 되기 위해 '사사로운 욕망이 싹트기 전에 방지해야 한다.'는 것은 『중용(中庸)』에서 말한 "보이지 않는 곳에서 삼가고 경계해야 하고 듣지 않는 곳에서 삼가야 한다."는 것이며, 『대

---

331) 『傳習錄』, 卷 中, 「答陸原靜書」: "必欲此心純乎天理, 而無一豪人欲之私, 此作聖之功也, 必欲此心純乎天理, 而無一豪人欲之私, 非防於未萌之先, 而克於方萌之際不能也, 防於未萌之先, 而克於方萌之際, 此正中庸戒愼恐懼, 大學致知格物之功, 舍此之外, 無別功矣. 夫謂滅於東而生於西, 引犬上堂而逐之者, 是者私自利, 將迎意必之爲累, 今曰, 養生以清心, 寡欲爲要, 只養生二字,便是自私自利, 將迎意必之根. 有此病根潛伏於中, 宜其有滅於東而生於西, 引犬上堂而逐之之患也."

학(大學)』에서 말한 '치지격물(致之格物)'인 것이다. 결국 인간은 인간으로서 나아가야 할 최고의 경지인 성인(聖人)이 되기 위해서 인욕(人欲)을 억제해야 함을 말하고 있는 것이다. 나아가서 '양생(養生)'을 말하면서 '욕심을 줄이고 마음을 청정하게 하는 것이다.'라고 말해 사사로운 욕심은 수양공부(修養工夫)의 방해 요인이라 말하고 있는 것이다. 그러나 양명(陽明)은 성인(聖人)이 되기 위한 방법론적으로 인욕(人欲)의 억제를 주장하고 있는 것이지 인간에게 있어서 욕망이 없음을 말하는 것은 아니다. 따라서 양명(陽明)의 이(理)와 욕(欲)은 주자학(朱子學)을 계승하고 있다고 할 수 있다. 뿐만 아니라 "거득인욕 편식천리(去得人欲, 便識天理)"332)라는 말을 하면서 천리(天理)와 인욕(人欲)을 대립적 긴장관계로 파악하기도 하였다. 그래서 양명(陽明)은 사심(私心)과 사욕(私欲)으로부터 가려지지 않은 상태를 천리(天理)라고 하였으며, 사욕(私欲)을 제거한 상태가 천리(天理)의 보존(保存)이라 이해하기도 하였다.

이 마음에 사욕(私欲)의 가려짐이 없는 것이 곧 천리(天理)이다. 밖에서 조금이라도 보탤 필요가 없다. 이 순수한 천리(天理)의 마음이 부모를 모시는 데 드러나면 그것이 곧 효(孝)이고, 군주(君主)를 대하는 데 드러나면 그것이 곧 충(忠)이며, 친구를 사귀고 백성을 다스리는 데 드러나면 그것이 곧 믿음과 어짊이다. 따라서 단지 이 마음을 인욕(人欲)을 제거하고 천리(天理)를 보존(保存)하는 공력(功力)을 쌓아야만 된다.333)

---

332)『傳習錄』, 卷1.
333)『傳習錄』, 卷 上, 「徐愛錄」: "此心無私欲之蔽, 卽是天理, 不須外面添

나아가서 사심(私心)이 제거된 상태를 이(理)라고 하여 주자학(朱子學)에서 말하는 천리(天理)·인욕(人欲)의 대립적 긴장관계를 그대로 답습한 흔적도 보인다.

> 심(心－마음)이 곧 이(理)이다. 사심(私心)이 없는 것이 곧 마땅한 이(理)이니 마땅한 이(理)가 있지 않으면 사심(私心)이다.334)

사심(私心)과 사욕(私欲)이 없는 상태를 '존천리(存天理)'라고 하였다. 그렇다면 '존천리(存天理)'해 나가는 방법은 무엇인가? 양명(陽明)은 여기에서 '중(中)'을 말하고 있다. 육징(陸澄)이 중(中)의 공부(工夫)를 묻자 양명(陽明)은 다음과 같이 말했다.

> 단지 인욕(人欲)을 제거하고 천리(天理)를 보존(保存)하고자 하는 공부(工夫)이다. 정(靜－고요한)한 상태에 있을 때는 부단히 인욕(人欲)을 제거하고 천리(天理)를 보존(保存)해야 하며, 동(動－움직이는)한 상태에서도 부단히 인욕(人欲)을 제거하고 천리(天理)를 보존(保存)해야 하니 영정(寧靜－편안하고 고요할 때)할 때나 영정(寧靜)하지 않을 때에 관계없다. 만약 영정(寧靜)에만 의지한다면 점점 정(靜)한 것만 좋아하고 동(動)한 것을 싫어하는 폐단(弊端)이 있을 뿐만 아니라 그간에 허다한 병통(病痛)이 잠겨 있어서 마침내 근절할 수 없게 되고, 또 일단 어떤 일에 봉착하게 되면 옛날의 뿌리가 다시 싹트게

一分, 以此純乎天理之心, 發之事父便是孝, 發之事君便是忠, 發之交友治民便是信與仁, 只在此心去人欲存天理上用功便是."
334) 『傳習錄』, 卷 上, 「徐愛錄」: "心卽理也, 無私心卽是當理, 未當理便是私心."

된다. (中을 구하는 工夫를) 순리(循理－理를 쫓아감)를 위주로 하면 어찌 영정(寧靜)하지 않겠는가. 그러나 (일부러) 영정(寧靜)을 위주로 하면 반드시 순리(循理－理를 쫓아감)하는 것은 아니다.335)

위의 인용구에서 알 수 있듯이 '중(中)'이란 희로애락(喜怒哀樂)이 발(發)하지 않은 상태, 즉 미발지중(未發之中)을 가리킨다. 따라서 '중(中)'의 공부(工夫)는 반드시 동정(動靜)의 어느 상태에서든 구해야 함을 말하고 있는 것이다. 따라서 '중(中)'이란 동정(動靜)의 어느 상태에서든 구할 수 있는 것이기에 천리(天理)이자 역(易－변화)라고 말하는 것이다.

중(中)이란 단지 천리(天理)이자 역(易－변화)이니, 때에 따라 변화하는 것이어서 어떻게 한편에만 집착하겠는가? 반드시 때에 따라 경우에 합당하게 변통해야 하니, 미리 일정한 형식과 규범을 정해 놓고 거기에 만사를 맞추려고 하는 것은 곤란하다. 그런데 후세의 유학자들은 도리(道理)를 하나도 빠짐없이 설명하여 일정한 격식을 세우려 하는데, 이것이 바로 한편만을 고집하는 것이다.336)

여기에서 양명(陽明)의 심학(心學)으로서의 특징이 드러난다. 양명

---

335) 『傳習錄』, 卷 上, 「徐愛錄」: "只要去人欲存天理, 方是功夫, 靜時念念去人欲存天理, 動時念念去人欲存天理, 不管寧靜不寧靜, 若靠那寧靜, 不惟漸有喜靜厭動之弊, 中間許多病痛只是潛伏在, 終不能絶去, 遇事依舊滋長, 以循理爲主, 何嘗不寧靜, 以寧靜爲主, 未必能循理."

336) 『傳習錄』, 卷 上, 「陸澄錄」: "中只是天理, 只是易, 隨時變易, 如何執得, 須是因詩制宜, 難預先定一個規矩在, 如後世儒者要將道理一, 一說得無罅漏, 立定個格式, 此正是執一."

(陽明)이 천리(天理)로서의 중(中)을 역(易－변화)이라고 해석하고, 수시변역으로 이해하고 있는 것은 객관적으로 정해진 이치를 따르는 것을 거부하고 개인의 주관심성에 기초한 인식을 철학함의 가장 중요한 요소를 인식하고 있는 것이다. 이것은 정주학(朱子學)의 정리적 엄격주의와 반대되는 부분이기도 하다. 이러한 '중(中)'에 대한 입장의 차이가 주자학(朱子學)과 양명학(陽明學)이 구분되는 점이기도 하다. 따라서 양명(陽明)이 말하고 있는 중(中)에 대해서는 유관시(劉觀時)와의 문답을 통해 좀 더 구체적으로 드러나고 있다.

> 유관시(劉觀時)가 물었다. 희로애락(喜怒哀樂) 등의 감정이 아직 마음에서 일어나지 않은 미발지중(未發之中)이란 어떠한 것입니까? 선생이 말했다. 네가 오직 아무도 보지 않는 곳에서 자신을 경계(警戒)하고 삼가며, 아무도 듣지 않는 곳에서 모든 것을 두려워하고 조심하여 순수한 마음의 천리(天理)와 합일(合一)되도록 마음을 잘 함양(涵養)하면, 미발지중(未發之中)은 자연히 알 수 있을 것이다. 유관시(劉觀時)가 말했다. 그렇다면 그 기상에 대해 말씀해 주십시오. 선생이 말했다. 벙어리가 쓴 오이를 먹고 그 맛을 알면서도 너에게 그 맛이 어떤가를 알 수 없다. 만약 네가 그 쓴 맛이 어떤가 알고 싶다면 너 스스로 반드시 먹어 보아야 한다.337)

이 구절에 나타난 것은 미발지중(未發之中)을 체득(體得)하는 데에 대한 방법론적인 설명으로 나의 순수한 마음과 천리(天理)를 잘

---

337) 『傳習錄』, 卷 上: "劉觀時問, 未發之中是如何, 先生曰, 汝但戒愼不覩, 恐懼不聞, 養得此心純是天理, 便自然見, 觀時請略示氣象, 先生曰, 啞子吃苦瓜, 與爾說不得, 爾要知此苦, 還須爾自吃."

함양(涵養)하면 미발지중(未發之中)을 체득할 수 있는 것이며 또한 이렇게 해서 얻을 수 있는 것이 천리(天理)라면, 천리(天理)란 것은 직접적인 경험과 실천을 통해 얻을 수 있는 것이다. 이러한 방법론적인 '지행합일(知行合一)'은 '심리합일(心理合一)'의 본체론(本體論)과 더불어 양명사상(陽明思想)의 두 가지 핵심적인 축이라 할 수 있다. 따라서 주자학(朱子學)에서는 '심통성정(心統性情)'을 말하여 심(心)을 이원적(二元的)으로 분류하여 본연지성(本然之性)으로 순선한 천리(天理)와 기질지성(氣質之性)으로의 선악(善惡)이 혼재한 인욕(人欲)을 구분했지만, 양명(陽明)은 심리합일(心理合一)을 통해 "내 마음의 양지(良知)가 곧 천리(天理)이다."338)라고 하였다. 이러한 천리(天理)는 심(心) 속에 내재해 있기 때문에 심(心)의 작용인 인욕(人欲)과도 일물(一物)이라 말하고 있는 것이다. 따라서 양명(陽明)에게 있어서는 주자(朱子)와는 달리 기질지성(氣質之性)으로의 인욕(人欲)을 말하는 것이 아니라 '심(心)' 속에 내재해 있는 본연지성(本然之性)적인 측면에서의 인욕(人欲)을 말하고 있는 것이다. 따라서 양명철학(陽明哲學)에서의 인욕(人欲)은 인간 본래성(本然性) 속의 인욕(人欲)이라 할 수 있을 것이다.

　　(황직이) 물었다. 선생님은 일찍이 '선악(善惡)은 단지 일물(一物)이다.'라고 말씀하셨습니다. 선악(善惡)의 양단(兩端)은 빙탄처럼 상반되는 것인데, 왜 단지 일물(一物)이라 말씀하십니까? 선생이 말했다. 지선(至善)이란 마음의 본체(本體)인데, 본체(本體) 상에서 약간이라도

---

338) 『傳習錄』, 卷 中: "吾心之良知, 卽所謂天理也."

온당함이 지나치면 곧 그것은 악(惡)이 된다. 하나의 선(善)이 있으면서 또 하나의 악(惡)이 상대되어 있는 것이 아니다. 그러므로 선악(善惡)은 단지 일물(一物)이다.

(황직이) 또 말했다. 선생님의 말씀을 들으니, 정자(程子)의 '선(善)은 원래 성(性)이나 악(惡)도 역시 성(性)이라 하지 않으면 안 된다.'는 말과 '선악(善惡)은 본래 천리(天理)이다. 악(惡)이라 이름한 것도 본래는 악(惡)이 아닌데 단지 본래성(本來性)에서 과불급(過不及)에 의할 뿐이다.'라는 말이 모두 의심할 것이 없다는 것을 알았습니다.[339]

위의 문답에서 주목해야 할 부분은 '선악개천리(善惡皆天理)'이다. 주자학(朱子學)적 철학 내에서는 천리(天理)는 순선(純善)이기 때문에 악(惡)이 들어갈 수 없었다. 뿐만 아니라 악(惡)의 본질인 인욕(人欲)은 철저한 제거의 대상이며 천리(天理)를 혼탁하게 하는 근원으로 인식되어 있기에 천리(天理)와 인욕(人欲)은 철저하게 구분되어 있는 것이다. 이와는 반대로 양명(陽明)은 선악(善惡)이 모두 천리(天理)라고 말하고 있으며 인욕(人欲) 역시도 천리(天理)와 동일시하고 있는 것이다. 나아가서 인욕(人欲)은 본래성의 과불급(過不及)에 의해 일어나는 것이지 악(惡)하다는 이유로 천리(天理)와 분리해서 해석하고 있지는 않고 있다. 더욱이 정자(程子)의 인심(人心)과 도심(道心)을 구별하면서 인욕(人欲)과 천리(天理)를 대치하려는 이원적

---

339) 『傳習錄』, 卷 下: "問, 先生嘗謂善惡只是一物, 善惡兩端, 如氷炭相反, 如何謂只一物, 先生曰, 至善者, 心之本體, 本體上, 才過當些子, 便是惡了, 不是有一箇善, 却又有一箇惡, 來相對也. 故善惡只是一物. 直因聞先生之說, 則知程子所謂善固性也, 惡亦不可不謂之性, 又曰, 善惡皆天理, 謂之惡者本非惡, 但於本性過與不及之聞耳. 其說皆無可疑."

(二元的) 경향을 인심(人心)과 천리(天理)는 혼재되어 있다고 설명하고 있는 것이다.340) 바로 이러한 점 때문에 양명(陽明) 이후 그의 후학들은 좌우파로 나뉘어 논전(論戰)을 하기도 하는데, 양명(陽明)의 천리(天理)·인욕(人欲)에 대한 입장을 일물(一物)의 차원에서 과불급(過不及)이라 보아야 하는가 아니면 이원적(二元的) 대립 긴장관계로 보아야 하는가가 논전(論戰)의 핵심이다. 그러나 양명(陽明)의 철학(哲學)은 인간의 본질을 '심(心)'으로 보았고 또한 심(心)의 기능, 즉 생리(生理)를 강조했다는 측면에서 이해한다면 양명(陽明)은 '거인욕 존천리(去人欲 存天理)'의 측면, 즉 윤리강령적(倫理綱領的) 측면에서는 대립적 긴장관계로 보았지만 그 실현 방법적 측면에서는 일물(一物)의 차원에서의 과불급(過不及) 현상이라고 보아야 할 것이다. 따라서 양명(陽明)의 사상을 '선악개천리(善惡皆天理)'의 입장을 받아들인다면 결국 양명(陽明)은 인욕(人欲)을 긍정하고 나아가서는 인욕(人欲)을 천리(天理)와 동일시하고 있는 입장이라 할 수 있을 것이다. 이러한 사상적 근거는 '심즉리(心卽理)'에 있는 것이다.

---

340) 『傳習錄』, 卷 上: "人心天理渾然."

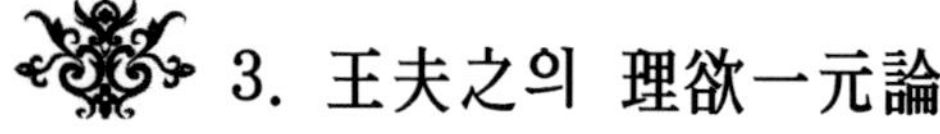

3. 王夫之의 理欲一元論

이러한 양명(陽明)의 성리학비판(性理學批判)은 청대(淸代)로 들어오면서 혼란한 시대적 분위기와 사상적 분위기 속에서 지금까지의 이(理)중심의 인간이해의 차원을 넘어선 철학이 등장하게 되는데 이것이 바로 왕부지(王夫之)를 시작으로 대진(戴震)으로 이어지는 기질(氣質)을 성(性)으로 보는(性卽氣) 사상이다. 나아가 기(氣)를 성(性)이라 하였기에 기질(氣質)에서 드러나는 인간의 욕망을 철저하게 긍정하는 사상으로 나타나게 된다.

1) 生理의 性

명말 청초(明末 淸初)에 활동하였던 왕부지(王夫之)는 성일원론(性一元論)적 우주관에서 출발하였으며 장재(張載)의 학설을 계승하고 있다. 이는 왕부지(王夫之)가 "장재(張載)의 학문은 성인(聖人)이

다시 태어난다 하더라도 바꿀 수 없을 것(張子之學, 聖人復起, 未有能易焉者也)"이라고 높이 평가한 데서도 알 수 있다. 따라서 그는 이전의 정주학파(程朱學派)에서 주장했던 '성즉리(性卽理)'의 주장을 비판하고 그의 독자적인 '성(性)은 생명의 이(理)이다'라는 명제를 주장했다.

사람에게 그런 기(氣)가 있어 그런 성(性)이 있게 된다.[341]

왕부지(王夫之)는 사람의 성(性)에 대하여 기(氣)가 있기에 성(性)이 있다는 견해를 취하고 있다. 이것은 성(性)이라는 것은 하늘로부터 자연적으로 부여받은 것이 아니라 기(氣)에 의해서 구체화되어 나타나는 기(氣)의 이(理)이기에 성(性)의 구체화는 기(氣)를 통해서만 가능하다는 것을 말하고 있는 것이다. 또한 기질(氣質)로 표현될 수 있는 성(性)이 곧 본연지성(本然之性)이라고 주장했다.

따라서 왕부지(王夫之)는 그의 인성론(人性論)에 있어서 본연지성(本然之性)의 이(理)를 고정불변의 이(理)로 말한 것이 아니라 '생리(生理)'로서의 이(理), 즉 기질지성(氣質之性)의 이(理)로 말하고 있다. '생리(生理)'라는 것은 '생(生)의 이(理)'란 말로서 여기서 말하는 '생(生)'이라는 것은 '생생불식(生生不息)'을 의미하는 말로 생명체 전체의 생명(生命)과 기질(氣質)을 간직하고 있는 '이(理)'란 의미이다. 왕부지(王夫之)가 생리(生理)를 주장할 수 있었던 것은 이(理)는

---

341) 『讀四書大全說』, 卷 6: "人有其氣, 斯有其性."

기(氣)를 떠날 수 없으며, 성(性)이 곧 기(氣)이자 이(理)이기 때문이다.

> 성(性)이 곧 이(理)라고 하였는데 이(理)란 기(氣)에 있는 이(理)이
> 고 기(氣)의 이(理)이지 어찌 기(氣) 밖에 있는 별도의 한 이(理)가 기
> (氣) 가운데에 유행(遊行)하는 것이겠는가?342)

위의 구절에 나타나듯이 왕부지(王夫之)에게 있어서 성(性)이라는
것은 곧 기(氣)라는 것을 의미한다. 생리(生理)를 주장하고 있는 것
은 기질(氣質) 속에 내재해 있는 이(理)를 말하기에 그러한 것이다.
그러므로 김인규는 "이(理)라는 것은 본래 존재하는 것이지만 기(氣)
가 없으면 구체화될 수 없기에 기(氣)의 운행(運行)이 이(理)의 존재
근거인 것이다. 따라서 기(氣)의 취산(聚散)에서 이(理)를 규정하고
있음을 볼 수 있다."343)고 하였다. 그러므로 생리(生理)를 주장하고
있는 것은 기질(氣質) 속에 내재해 있는 이(理)를 말하기에 그러한
것이다. 따라서 이(理)라는 것은 본래 존재하는 것이지만 기(氣)가
없으면 구체화될 수 없기에 기(氣)의 운행(運行)이 이(理)의 존재 근
거인 것이다. 그러므로 왕부지(王夫之)는 철저한 기중심적(氣中心的)
우주론을 전개하고 있다. 따라서 그는 기(氣)의 취산(聚散)에서 이
(理)를 규정하고 있음을 볼 수 있다. 왕부지(王夫之)에게 있어서 이
(理)는 기운행(氣運行)의 과정을 떠나 별도로 존재하는 것이 아니다.

---

342) 『讀四書大全說』, 卷10: "夫性卽理也, 理者理乎氣而爲氣之理也, 是豈
　　於氣之外別有一理以遊行於氣中者乎."
343) 김인규, 앞의 논문, p.47.

　　무릇 허공(虛空)은 기(氣)다. 기(氣)가 모이면 드러나고 드러나면 사
람들은 있다고 말한다. 기(氣)가 흩어지면 숨고, 숨으면 사람들은 없
다고 말한다. ……실제로 이(理)는 기(氣) 속에 있으며 기(氣)는 이(理)
가 아님이 없다.[344]

　뿐만 아니라 그는 만유(萬有)의 궁극적인 근거이면서 그 자체가
만화의 활동을 가진 본체(本體)를 기(氣)라고 강조하면서 다음과 같
이 말하고 있다.

　　음양(陰陽) 두 기(氣)는 태허(太虛)에 가득 차 있다. 이 외에는 다
른 것이 없고 또한 빈틈도 없다. 하늘의 형상이나 땅 위의 형체도 이
범위에서 벗어날 수 없다.[345]

　태허(太虛)라는 것은 우주공간을 의미하는 것으로 음양(陰陽)의
기(氣)가 태허(太虛)에 가득 차 있다는 것이다. 이처럼 기(氣)의 유일
성을 확고히 하여 천지(天地) 사이에 기(氣) 외에는 다른 존재가 있
지 않다는 것을 나타내고 있다.
　또한 그는 기질지성(氣質之性)을 정주(程朱)와는 달리 성(性)이라
고 하고 다음과 같이 말하였다.

　　이른바 기질지성(氣質之性)이란 것은 기질(氣質) 속에 있는 성(性)

---

344) 『張子正蒙注』, 「神化篇」: "凡虛空皆氣也, 聚則顯, 顯則人謂之有, 散
　　則隱, 隱則人謂之無, ……理在氣中, 氣無非理."
345) 『張子正蒙注』, 「太虛篇」: "陰陽二氣, 充滿太虛, 此外更無他也, 亦無
　　間隙, 天之象, 地之形, 皆其所範圍也."

이란 말과 같다. 질(質)은 사람의 형질(形質)로 생명의 이(理)를 그 안에 지니고 둘러싸고 있는 것이다. 형질(形質)의 속은 기(氣)가 채우고 있다. 천지(天地)의 사이를 가득 채우고 있는 것은 사람의 몸 안이든 밖이든 기(氣)가 아닌 것이 없으므로 또한 이(理)가 아닌 것이 없다. 기질(氣質) 속의 성(性)이 그대로 본연지성(本然之性)이다.[346]

그러므로 왕부지(王夫之)가 말하고 있는 생리(生理)라는 것은 기질지성(氣質之性) 가운데 포함된 이(理)를 가리키는 것으로 본연지성(本然之性)을 의미하는 것이므로 '이(理)'는 고정화된 가치를 의미하는 것이 아니라 생동하는 기질(氣質)의 '이(理)'를 의미하는 것이다.

그러므로 왕부지(王夫之)는 생리(生理)의 내용을 다음과 같이 구체적으로 밝히면서 생리(生理)를 인간의 생명과 연관지어 생리(生理)의 지위를 높이고 나아가서 인간의 욕망도 생리(生理)의 기준에서 바라볼 때, 당연시해야 함을 말하고 있다.

생명의 이(理)를 위배하면 그 정도가 약할 경우 병이 나게 되고 심할 경우 죽게 된다.[347]
먹고 마시며 남녀관계의 욕망은 사람들에게 보편적이다.[348]

---

346) 『讀四書大全說』, 卷 7, 「陽貨」: "所謂氣質之性者, 猶言氣質中之性也, 質是人之形質, 範圍著者生理在內, 形質之內, 則氣充之, 而盈天地間, 人身以內人身以外, 無非氣者, 故亦無非理者, ……是氣質中之性, 依然一本然之性也."
347) 『讀通鑑論』, 卷 24, 「德宗·三十」: "違生之理, 淺者以病, 深者以死."
348) 『詩廣傳』, 卷 2, 「陳風四」: "飢食男女之欲, 人之大共也."

그러므로 생리(生理)의 측면에서 볼 때 인간의 생리적(生理的)·심리적(心理的) 요인뿐만 아니라 욕망마저도 性이라는 것이다. 따라서 왕부지(王夫之)는 기(氣)의 변화를 중시하여 인성(人性)마저도 생리(生理)로서의 기(氣)이기에 성(性)이 고정불변이라는 형이상학적 관점에 반대하고 있으며 인성(人性)은 기(氣)의 운동과 변화에 의해 형성되기에 인성(人性)은 고정불변의 것이 아니라고 말하고 있다. 따라서 이(理)는 곧 기(氣)이고 기는 끊임없이 운동 변화하므로 이(理) 역시 기(氣)를 따라 변화한다고 주장하고 있다.

이에 반해 정주(程朱)는 기(氣)를 떠나서 이(理)만을 말하고 있다. 그러므로 이(理)에 바탕을 둔 천명지성(天命之性)은 사람이 나면서부터 갖추고 있는 고정불변의 것이라고 하는데, 왕부지(王夫之)는 이(理)는 곧 기(氣)의 이(理)이고 이러한 기(氣)는 생리(生理)이므로 운동 변화함을 강조하여 정주(程朱)의 견해에 반대하고 있다. 그러므로 왕부지(王夫之)는 이(理) 역시 변화함을 말하며, 사람은 부모로부터 기(氣) 속의 이(理)를 얻어서 천성(天性)을 갖춘다고 하였다.

사람은 하늘과 더불어 하나의 이(理)와 기(氣)를 지닌다. 선(善)으로써 그것을 연결하고 성(性)으로써 그것을 완성하는 것은 부모가 나를 낳음에 내가 형체를 지니고 구비(具備)하게 하는 것이다. 이(理)는 기(氣) 가운데에 있고 기(氣)는 부모에게서 나누어 받는 것이므로, 부모로부터 소급해 올라가면 그 덕(德)은 천지(天地)와 통해 있고 한 치의 간격도 없다.349)

---

349) 『張子正蒙注』, 「乾稱 上」: "人之與天, 理氣一也, 以繼之以善, 成之以性者, 父母之生我, 使我有形色以具天性者也, 理在氣之中, 而氣爲父母

위의 구절에서도 알 수 있듯이 부모로부터 받는 것이 바로 형체(形體)이다. 따라서 왕부지(王夫之)의 주장은 형체(形體)가 있기에 그 근본으로 이(理)가 생겨날 수 있는 것이지 이(理)가 존재하고 있기에 그 위에 형체(形體)가 존재할 수 있는 것은 아님을 말하고 있다. 만약 형체(形體)가 존재하지 않는다면 이(理)는 존재의 근거가 소멸되는 것으로 사람이 나면서 부모로부터 받는 것은 이(理)가 아니라 기(氣)인 것이다. 따라서 왕부지(王夫之)가 주장은 '생리(生理)의 성(性)'을 말하고 있고 이러한 생리(生理)의 성(性)은 곧 기질지성(氣質之性)을 의미한다. 따라서 기일원론((氣一元論)의 관점으로, 이(理)가 존재하기 이전에 기(氣)의 존재가 선행되어야 한다는 것을 말하고 있는 것이다.

뿐만 아니라 성색취미(聲色臭味)의 생리적 욕망와 인의예지(仁義禮智)의 도덕이성(道德理性)도 기(氣)를 품부(稟受)받아서 이루어지는 것으로 인성(人性)의 두 측면을 이루고 있다. 따라서 생리적 욕망와 도덕이성(道德理性)을 종합하여야만 비로소 완전한 인성(人性)을 이룰 수 있다.

그러므로 왕부지(王夫之)는 다음과 같이 말하고 있다.

성(性)이란 생(生)의 이(理)이기에 사람들에게 고르게 있는 것이다. 모두가 사람이라면 태어나면서 부여된 이(理)는 어떠한 차이도 없다. 그러므로 인의예지(仁義禮智)의 이(理)는 하우(下愚)라도 없앨 수 없고, 성색취미(聲色臭味)의 욕(欲)은 상지(上智)라도 폐기할 수 없으니,

---

之所自分, 則卽父母而遡之, 其德通於天地也, 無有間矣."

모두 성(性)이라 이를 수 있다.350)

　인성(人性)이라는 것은 사람이 태어나면서 '생명의 이(理)'로 모든 사람에게 공통되고 '태어나면서 부여된' 것으로 본연지성(本然之性)을 나타낸다. 그러나 생명의 이치, 즉 본연지성(本然之性)은 생명을 유지하는 기능과 욕망, 그리고 시비선악(是非善惡)을 판단하는 지혜(知慧)와 도덕적 품성(道德的 稟性)을 포괄하고 있는 것이다.

　그러므로 왕부지(王夫之)가 말하고 있는 본연지성(本然之性)은 두 가지의 내용을 함의하고 있다. 첫째는 도덕이성(道德理性)이요 다음은 생명을 유지하는 기능과 욕망인 것이다. 정주(程朱)의 철학(哲學)에서 말하고 있는 본연지성(本然之性)은 순리(純理)로서의 성(性)이기에 도덕이성(道德理性)만을 말하고 있지만, 왕부지(王夫之)는 생리적 기능과 욕망마저도 본연지성(本然之性)에 내재해 있음을 말하고 있는 것으로 이러한 사상의 흐름은 성(性)을 순리(純理)로만 본 것이 아니라 '이(理)로서의 기(氣)'로 파악하고 있기에 가능한 것이다.

　나아가서 그는 성(性)의 변화활동에도 관심을 보이고 있다.

　　무릇 성(性)이란 생(生)의 이(理)이다. 날마다 생겨나니 곧 날마다 이루어진다. ……하늘이 만물을 낳음에 그 변화가 그침이 없다. 사람이 처음 생겨날 때 하늘이 명(命)한 바가 없는 것은 아니다. ……어린아이가 젊은이가 되고 젊은이가 장정이 되고 장정이 늙은이가 되는 과정

---

350) 『張子正蒙注』: "蓋性者, 生之理也, 均是人也, 則此與生俱有之理, 未嘗或異, 故仁義禮智之理, 下愚所不能滅, 以聲色臭味之欲, 上智所不能廢, 俱可謂之性."

에서도 하늘이 명(命)한 바가 없는 것이 아니다.351)

위의 구절에서도 나타나듯이 인성(人性)이라는 것 역시도 정주(程朱)의 입장에서처럼 고정불변의 이(理)가 아니라 항상 변화하고 있는 생리(生理)적 입장으로 바라보고 있다는 것을 알 수 있다. 따라서 인성(人性)은 처음 생겨날 때 기(氣)를 품부(稟受)받아서 이루어지거나 나면서부터 갖추고 태어난 성(性)이 아니라, 이미 생겨난 이후에도 날마다 성(性)이 새롭게 생겨난다는 것이다. 성(性)이 새롭게 날 수 있고 변화할 수 있는 동력원이 바로 인간에게 생리적 기능 이외에 욕망이 있음을 말하고 있는 것이다. 그러므로 인성(人性)은 사람의 생명이 지속됨에 따라 부단히 하늘에서 명(命)을 받는 자연적인 발전과정인 것이다.

그러므로 하늘은 날마다 사람에게 명(命)을 내리고 사람은 날마다 하늘에서 명(命)을 받는다. 그런 까닭에 성(性)이 생겨나는데 날마다 생겨나고 날마다 이루어진다.352)
눈은 날마다 시각(視覺)을 낳고 귀는 날마다 청각(聽覺)을 낳고 심(心)은 날마다 생각을 낳는다.353)

---

351) 『尙書引義』, 卷 3, 「太甲二」: "夫性者生理也, 日生則日成也, ……夫天之生物, 其化不息, 初生之頃, 非無所命也, ……幼而少, 少而壯, 壯而老, 亦非無所命也."
352) 『尙書引義』, 卷 3, 「太甲二」: "故天日命於人, 而人日受命於天, 故曰, 性者生也, 日生而日成之也."
353) 『尙書引義』, 卷 3, 「太甲二」: "目日生視, 耳日生聽, 心日生思.."

 따라서 인성(人性)뿐만 아니라 사람의 감각과 생각 역시도 처음 생겨날 때 형성된 이후로 고정 불변의 것으로 자리잡는 것이 아니라 항상 변화하고 움직인다는 것임을 알 수 있다.

 하나의 성(性)을 처음 생겨난 시점에다 매달아 놓고 일단 이루어지면 변하지 않는 틀이라고 보고서, 추측하기를 '성(性)에는 선(善)도 없고 불선(不善)도 없다.'거나 '선(善)도 있고 불선(不善)도 있다.'거나 성(性)이 '선(善)하게 될 수도 있고 불선(不善)하게 될 수도 있다.'고 한다. 오호! 어찌 거짓된 것이 아닌가?354)

 요약하면 왕부지(王夫之)의 인성론(人性論)은 '생리(生理)'임을 말할 수 있다. 정주(程朱)가 주장한 성즉리(性卽理)를 부정하고 이(理)로서의 기(氣)를 말하고 있다. 그러므로 인성론(人性論)에 있어서 인성(人性)이라는 것은 고정불변의 이(理)를 말하는 것이 아니라 변화하는 기질지성(氣質之性)의 이(理)를 말하고 있기에 이미 생겨난 이후에도 날마다 성(性)이 새롭게 생기는 것이며, 인성(人性)은 사람의 생명이 지속됨에 따라 부단히 하늘에서 명(命)을 받는 자연적인 발전과정으로 보고 있다. 그러하기에 인간의 본성(本性)에 내재해 있는 욕망을 긍정하여 인간의 본성에 인의예지(仁義禮智)의 도덕이성(道德理性)과 성색취미(聲色臭味)의 생리적 욕망도 인간의 본성(本性)이라고 말하고 있는 것이다. 이러한 왕부지(王夫之)의 본성(本性)으

---

354) 『尙書引義』, 卷 3, 「太甲二」: "懸一性於初生之頃, 爲一成不易之侀, 推之曰, 無善無不善, 有善有不善也, 可以爲善可以爲不善也, 嗚呼豈不妄與."

로서의 생리적 욕망의 인정은 정주(程朱)의 '거인욕 존천리(去人欲 存天理)'에 정면으로 반대하는 것으로, 이러한 철학이 성립할 수 있는 근거가 바로 성(性)을 생리(生理), 즉 기(氣)로서의 이(理)로 파악하고 있기 때문이다. 따라서 왕부지(王夫之)의 기철학(氣哲學)은 인성론(人性論)에 있어서 인간의 욕망을 본성(本性)의 측면에서 긍정하는 철학의 출발점이 되는 것이다.

그러므로 기철학(氣哲學)에서는 주자학(朱子學)의 이기이원론(理氣二元論)으로부터 기일원론(氣一元論)으로 전환하여 이(理)의 주재성(主宰性)을 부정하고 기운동(氣運動)의 자기원인성을 부각시키고 있다. 나아가서 "기(氣)의 굴레에 속박되어 있던 인간의 정(情)·욕(欲)을 해방시키고자 하여, '거인욕 존천리(去人欲 存天理)'이라는 이철학(理哲學)의 이욕관(理欲觀)을 거부하고, 정(情)·욕(欲)의 온전한 발로가 바로 이(理)."[355]라고 하는 인욕(人欲)의 긍정과 이(理)의 존재성을 생리(生理), 즉 고정불변의 이(理)가 아니라 생동하는 이(理)로 파악했다는 점이 기철학(氣哲學)이 지향하고 있는 근대성인 것이다.

2) 性命日生日成과 人欲

왕부지(王夫之)에게 있어서 인간의 내적 본성은 조화에 따라 운동하는 우주적 생산의 원리, 즉 생리(生理)이다. 또한 성(性)을 '기질

---

355) 임옥균, 「대진철학에 나타난 주자학적사유의 비판에 관한 연구」, 성균관대학교박사학위논문, 1994, p.2.

(氣質)의 성(性)'이라고 하여 '생리(生理)'적인 '기(氣)'를 말하고 있다. 따라서 '기(氣)'는 날로 생(生)하기 때문에 본성(本性) 역시도 날로 생(生)한다.356) 그러므로 왕부지(王夫之)는 인간의 본성을 고찰함에 있어 인간의 본성은 "인간의 본성은 생리(生理)이다. 그것은 날로 생(生)하고 날로 이루어진다."357)라고 하여 인간의 본성을 천(天)과의 연속성 속에서 본체(本體)의 지속적 작용을 필연적으로 부여받는 '기(氣)'의 운동성에 주목하고 있다.

그러므로 왕부지(王夫之)는 주자학(朱子學)에서 주장하고 있는 인간의 성(性)을 기질지성(氣質之性)과 본연지성(本然之性)으로 나누어 설명하는 것에 반대하여 성일원론(性一元論)을 주장하였다. 그러나 왕부지(王夫之)가 말하는 기질지성(氣質之性)은 기질(氣質)에 내재하는 성(性)으로 이는 주자학(朱子學)에서 말하는 본연지성(本然之性)에 대비되는 개념으로서의 기질(氣質)을 의미하는 것은 아니다. '이(理)'는 '기(氣)의 이(理)'이며, '기질 중(氣質 中)의 성(性)'은 '본연 중(本然 中)의 성(性)'으로 기(氣)와 이(理)가 모두 선(善)하기 때문에 본연지성(本然之性)과 기질지성(氣質之性)에는 차이가 없다고 말하고 있는 것이다. 그러므로 왕부지(王夫之)는 기질지성(氣質之性)을 악(惡)의 근원으로 파악한 것이 아니라 본연지성(本然之性)과 같이 선(善)하다고 파악한 것이다.

굶주리면 먹고자 하고, 남자와 여자와의 관계에 있어서는 모두 본

---

356) 『讀四書大全說』, 卷 7, 「陽貨」: "氣日生, 故性亦日生."
357) 『尙書引義』, 卷 3, 「太甲二」: "性者生理也, 日生日成也."

성이다.358)

그러므로 왕부지(王夫之)는 식욕이나 성욕과 같은 인욕(人欲)을 악(惡)으로 규정하지 않고 선(善)으로 규정하고 있는 것이다. 그러한 이유는 왕부지(王夫之)는 초월적 진유를 가정하지 않고 세계 내의 모든 존재에서 가치를 발견하였으므로 자연 기(氣)·정(情)·재(才)·욕(欲)을 선(善)으로 긍정하고 악(惡)의 기원을 '습(習)'의 부득위(不得位)에서 구했던 것이다.359)

왕부지(王夫之)의 인욕관(人欲觀)은 다음 구절에서 명확히 드러낼 수 있는데, 그는 인욕(人欲)을 천리(天理)라고 여겼으며, 인간에게는 본연지성(本然之性)인 이(理)가 언제나 존재하고 있다. 따라서 인간에게 이(理)가 존재한다면 마땅히 욕(欲)이 존재함을 주장하고 있는 것이다. 이러한 그의 인욕관(人欲觀)은 정주(程朱)의 '거인욕 존천리(去人欲 存天理)'의 명제에 철저하게 반대되는 주장인 것이다.

> 성인(聖人)은 욕(欲)이 있다. 그 욕(欲)은 곧 천(天)의 이(理)이다. ……
> 배우는 자에게 이(理)가 있고 욕(欲)이 있으니 이(理)를 다한다면 사람의 욕(欲)에 합당하고 욕(欲)을 받들면 곧 천리(天理)의 합당함을 이에서 볼 수 있다.360)

---

358) 『張子正蒙注』, 「乾稱」, "飢食男女, 皆本性也."
359) 劉明鍾, 「船山 王夫之의 氣哲學」, 석당논총 제11집, 동아대 석당전통문화 연구원, 1986, p.139.
360) 『讀四書大全說』, 「論語」: "聖人有欲, 其欲卽天之理, ……學者有理有欲, 理盡則合人之欲, 欲推卽合天之理, 於此可見."

위에서 알 수 있듯이 왕부지(王夫之)는 인욕(人欲)이 곧 천리(天理)라고 하여 인욕(人欲)의 존재를 적극적으로 인정하고 있다. 천리(天理)가 인욕(人欲)에 내재해 있기에 이(理)를 다하고 욕(欲)을 미루어 나가면 천리(天理)에 합당하다는 것이다.

　　인욕(人欲)의 커다란 공정함은 바로 천리(天理)의 지극한 올바름이다.361)

그러므로 인욕(人欲)은 천리(天理)가 존재함에 마땅히 있어야 할 존재인 것이다. 나아가서 인욕(人欲)이 올바르게 작용할 수 있는 근거 역시도 천리(天理)의 바름이 기준이 되는 것이다. 그러므로 왕부지(王夫之)의 철학(哲學)에서는 천리(天理)와 인욕(人欲)은 불과분의 관계에 놓여 있는 것이다.

이러한 인욕(人欲)에 대한 긍정을 바탕으로 천리(天理)와 인욕(人欲)의 관계를 설명해 나가고 있는 왕부지(王夫之)는 다음과 같이 구체적으로 인욕(人欲)에 대하여 언급하고 있다.

　　성색(聲色)과 식미(食味), 그리고 군신(君臣)과 부자(父子), 객주(客主)와 현우(賢愚) 등은 모두 나의 본성 중에 서로 원하여 합일(合一)하는 진실된 것이니, 없앨 수 없다.362)

---

361) 『四書訓義上』: “人欲之大公, 卽天理之至正矣.”
362) 『張子正蒙注』, 卷 3, 「誠明」: “聲色食味父子賓主賢愚, 皆吾性相須以合一之誠, 不容滅也.”

인간이 가지고 있는 생리적 기능과 그에 따르는 욕망은 결코 도덕적 품성과 별개의 것이 아니며, 없앨 수 없는 것이다. 왕부지(王夫之)가 본체(本體)로 긍정하는 것은 '태화경온지기(太和絪縕之氣)'이다. 그래서 인간의 성(性)을 '기질지성(氣質之性)'이라 했으며, 이처럼 기질(氣質)로 표현되는 성(性)이 본연지성(本然之性)이라 주장했다. 나아가 사람의 기질(氣質)이란 생명을 지닌 구체적인 형체(形體)와 그 특성을 말하는 것이기에 기질지성(氣質之性)은 곧 생지리(生之理)라고 주장했다. 기(氣)라는 것은 이(理)의 기(氣)이고, 기질지성(氣質之性)이 생명의 이치(理致)이기에 기질(氣質)에 내재되어 있는 인욕(人欲)은 곧 천리(天理)인 것이다. 따라서 그는 천리(天理)와 인욕(人欲)을 동일한 개체로 인식하고 있는 것이다.

> 천리(天理)와 인욕(人欲)은 비록 다르게 표현되지만 또한 함께 운행(運行)한다.[363]

함께 운행(運行)한다는 것은 천리(天理)와 인욕(人欲)이 따로 떨어져 별개의 개체로 존재하고 있는 것이 아님을 드러내고 있는 것이며, 천리(天理)와 인욕(人欲)이 함께 운행(運行)할 수 있는 근거는 천리(天理) 속에 인욕(人欲)이 내재해 있음을 반영하는 것이라 할 수 있다. 따라서 그는 이(理)와 욕(欲)을 객관적 필연성으로 인정하고 있다.

---

363) 『讀四書大全說』: "天理人欲, 雖異情而亦同行."

이(理)와 욕(欲)은 모두 자연스러운 것이지 인위(人爲)를 말미암지 않는다.364)

그러므로 인욕(人欲)은 자연스럽게 이(理)에 내재해 있는 것이지 인위(人爲)에 의해 작위(作爲) 되는 것이 아니라고 하고 있다.

또한 그는 생리적 욕망과 도덕적 이성에 대하여 다음과 같이 말하면서 사람의 생리적 욕망과 도덕이성(道德理性)은 모두가 하늘이 내려준 이치(理致)라고 설명하고 있다.

이목구체(耳目口體)가 쫓아 얻는 것과 인의예지(仁義禮智)가 보존되고 발휘되는 것은 모두 자연스러운 이치로, 하늘이 사람의 생명을 도탑게 하여 올바른 길을 세운 것이다.365)

따라서 생리적 기능에 의한 욕망과 인의예지(仁義禮智)와 같은 도덕이성(道德理性)은 자연스러운 하늘의 이치이기에 여기에는 인위(人爲)가 개입할 수 없고 나아가서 작위(作爲)로 세울 수 있는 것이 아님을 알 수 있는 것이다.

또한 그는 욕망과 이(理)를 관계를 다음과 같이 설명하면서 이(理)의 존재근거의 정당성을 욕(欲)에서 찾고자 하였다.

불에는 불꽃이 있고, 물에는 습기가 있으며, 초목(草木)에는 뿌리와

---

364) 『張子正蒙注』: “理與欲皆自然而非繇人爲.”
365) 『張子正蒙注』: “耳目口體之攻取, 仁義禮智之存發, 皆自然之理, 天以厚人之生而立人之道者也.”

줄기가 있듯이 욕망이 있어 이(理)가 있다.366)

이렇듯 인간은 생리적 욕망을 지녔기 때문에 도덕의식(道德意識)과 이(理)의 추구가 가능해지는 것이다. 인의예지(仁義禮智) 등의 도덕이성(道德理性)은 오직 감각적 기능과 욕망 위에서만 건립될 수 있다는 말이다.

욕(欲)이 일어나는 곳이 바로 천리(天理)가 나오는 곳이다.367)

그러므로 왕부지(王夫之)는 생리적 기능과 욕망은 도덕의식(道德意識)의 확립을 위한 존재근거(存在根據)일 뿐만 아니라 도덕의식(道德意識)의 출발점이라고도 하였다.

따라서 왕부지(王夫之)의 주장에서처럼 욕망이라는 것이 이(理)의 존재근거(存在根據)이자 출발점이라면, 인간의 욕망은 억제하거나 없애버릴 수 있는 존재가 아님이 틀림없다.

경원(慶源)은 '반드시 인욕(人欲)을 모두 없앤 다음에야 천리(天理)가 자연스럽게 유행(流行)한다.'고 하였는데, 이 말은 크게 잘못되었다. 체(體)로써 말하자면, 천리(天理)가 가운데서 충실하지 못하다면 어떻게 주인이 되어 인욕(人欲)의 일어남을 제지하겠는가? 용(用)으로써 말하자면, 천리(天理)가 유행(流行)하지 않는 곳에서도 사람의 일이 생기지 않을 수 없는데, 만일 일이 생긴다면 그것은 반드시 인욕

---

366) 『周易外傳』: "火有其熱, 水有其淫, 草木有其根莖, 有欲其有理."
367) 『張子正蒙注』: "欲之所自興, 卽天理之所自出."

(人欲)과 연결된다. 이와 같은 데도 인욕(人欲)을 모두 없애 버리려 한다면, 그것은 결코 이루어질 수 없는 일이다.368)

그러므로 왕부지(王夫之)는 이(理)의 근거로서의 욕(欲)을 주장하기에 천리(天理)를 보존하고 배양하지 못했는데 오직 인욕(人欲)만을 제거해 버린다면, 천리(天理)가 자연스럽게 유행(流行)할 수 없다고 주장하고 있으며 마음속에 천리(天理)가 충실하지 못하면 스스로 헛된 욕망의 발동마저도 막을 수 없다고 하였다. 따라서 이러한 천리(天理)의 보존과 올바른 유행(流行)을 위해서 욕(欲)은 당연히 필요한 것이 되는 것이다.

무릇 모든 성색식미(聲色食味)는 이(理)가 드러나는 곳이다. ……만일 인욕(人欲)을 모두 없앤 다음에야 천리(天理)가 유행(流行)한다면, 약간이라도 병농예악(兵農禮樂) 등에 상관되는 모든 공리(功利)적 일들은 천리(天理)에 의해 막히고 방해받을 것이다. 그러나 그 실질을 헤아려 본다면 어찌 모든 것을 공허하게 하는 사악한 주장이 아니겠는가?369)

위의 구절에서 알 수 있듯이 생리적 욕망은 이(理)가 드러나는 곳이기에 만일 인욕(人欲)을 없애면 천리(天理)가 제대로 유행(流行)할

---

368) 『讀四書大全說』: "慶源云 須是人欲淨盡, 然後天理自然流行, 此語大有病在, 以體言之, 則苟天理不充實於中, 何所爲主以拒人欲之發, 以用言之, 則天理所不流行之處, 人事不容不接, 緣一相接, 則必以人欲接之, 如是而望人欲之淨盡, 亦必不可得之數也."

369) 『讀四書大全說』: "凡諸聲色食味, 皆理之所顯, ……倘須淨盡人欲, 而後天理流行, 則但帶兵農禮樂一切功利事, 便於天理窒礙, 叩其實際, 豈非公諸所有之邪說乎."

수 없고 천리(天理)가 올바르게 유행(流行)하지 못하기에 인간사의
모든 공리(功利)적 일들도 올바르게 이룰 수 없음을 주장하고 있는
것으로, 사람의 생리적 기능과 욕망은 본래 천리(天理)가 의탁(依託)
하여 드러나는 근거이다. 만일 반드시 '인욕(人欲)을 모두 없앤.' 다
음에야 비로소 '천리(天理)가 유행(流行)한다.'면 사람들의 기본적인
생활에 유익한 활동마저도 천리(天理)에 의해 막히고 방해받아 이루
지 못할 것이다. 그러므로 인욕(人欲)을 없애야 천리(天理)가 보존된
다는 주장은 모든 것을 공허(空虛)하게 하는 사악(邪惡)한 주장일
뿐이다.

　나아가서 왕부지(王夫之)는 인욕(人欲)이 갖는 긍정적이고 적극적
인 측면을 다음과 같이 강조하였다.

　　불초한 자(不肖者)가 그 혈기(血氣)를 제멋대로 하여 사물을 사용
하는 것은 결코 멋대로 하는 것이 아니라 단지 그것을 방해하는 것일
뿐이다. 눈을 한 색(色)에만 놓는다면 세상의 나머지 여러 색(色)들은
모두 감추어진다. 하물며 색(色)은 없는 것이겠는가? ……눈은 색이 없
는 것을 볼 수 있는데, 이는 속의 눈이 있기 때문이다. ……그러므로
사람의 몸이 세상에서 가장 위대하다. 큰 임무를 맡아도 근심하지 않
고, 조그만 일도 소홀히 하지 않으며, 미리 알아 의심하지 않고, 빠르
게 하늘과 합일하여도 부끄럽지 않다. 그것을 방해하지 않는 자는 도
달하지 못하는 곳이 없다. 그래서 맹자(孟子)는 형색(形色)이 천성(天
性)이라고 말했다. 그 형체(形體)를 형체(形體)답게 하면 형체(形體)
없는 것에도 통(通)하고, 그 색(色)을 색(色)답게 하면 색(色) 없는 것
도 드러난다. 안의 귀와 안의 눈이 철저하면 혈기(血氣)가 영명해지
고, 은밀한 마음이 뻗어 들어가면 혈기(血氣)가 감화된다. ……그것을

방해하지 않을 따름이다.[370]

　요약하면 왕부지(王夫之)에 있어서의 인간은 생리적 욕망을 지녔기 때문에 도덕의식(道德意識)과 이(理)의 추구가 가능해지는 것이다. 따라서 인의예지(仁義禮智) 등의 도덕이성(道德理性)은 오직 감각적 기능과 욕망 위에서만 건립될 수 있다는 말이다. 인욕(人欲)은 천리(天理)가 표현되는 근거이기 때문에 인욕(人欲)이 없다면 천리(天理)도 드러날 수 없다. 그러므로 왕부지(王夫之)는 인욕(人欲)을 억제하여 없애버려서는 안 됨을 주장하고 있는 것이다. 그러므로 왕부지(王夫之)에게 있어 생리적 기능과 욕망은 도덕의식(道德意識)의 확립을 위한 존재근거(存在根據)일 뿐만 아니라 도덕의식(道德意識)의 출발점이라고도 하였다.

　따라서 왕부지(王夫之)의 주장에서처럼 욕망이라는 것이 이(理)의 존재근거이자 출발점이라면, 인간의 욕망은 억제하거나 없애버릴 수 있는 존재가 아님이 틀림없음을 알 수 있다.

---

370) 『詩廣傳』: "不肖者之縱其血氣以用物, 非能縱也, 遏之而已矣, 縱其目於一色, 而天下之群色隱, 況其未有色者乎, …… 乃者目, 則可以視無色矣, 有內目故也, ……故天下莫大於人之躬, 任大而不懾, 舉小而不遺, 前知而不疑, 疾合於天而不慚, 無遏之者, 無所不違矣, 故曰 形色, 天性也, 形其形而無形者宣, 色其色而無色者顯, 內耳內目徹而血氣靈, 密心浚入而血氣化, ……無遏焉而已矣."

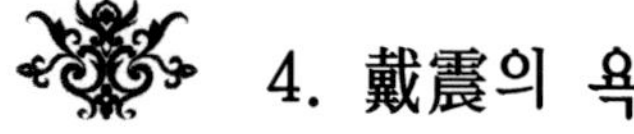

4. 戴震의 욕망

1) 혈기심지(血氣心知)론

앞 절에서 대진학문(戴震學問)의 시대적 배경과 그 사상적 배경으로 심학(心學)으로서의 양명(陽明)과 기학(氣學)으로서의 왕부지(王夫之)의 인성론(人性論)과 인욕관(人欲觀)을 살펴보았다. 양명(陽明)은 천리(天理)와 인욕(人欲)을 심(心)이라는 주관 능동성 속에서 포괄하면서 정명도(程明道)가 주장하였던 '선악개천리(善惡皆天理)'라는 다소 유연한 태도를 취함으로써 자신 이후의 학자들이 자연스럽게 인욕(人欲)을 긍정할 수 있는 분위기를 만들었다. 또한 왕부지(王夫之)는 성(性)은 '생리(生理)'이기에 인간의 본성(本性)에 내재해 있는 욕망을 긍정하여 인간의 본성에 인의예지(仁義禮智)의 도덕이성(道德理性)과 성색취미(聲色臭味)의 생리적 욕망도 인간의 본성(本性)이라 하였다. 이러한 사상적 배경을 토대로 대진(戴震)의 인식론인 혈기심지론(血氣心知論)을 통하여 대진 인욕관(戴震 人欲觀)의 기초적 배경(背景)을 고찰하고자 한다.

주희(朱熹)의 인식론(認識論)이 '격물치지(格物致知)'를 바탕으로 이루어지고 있다면 대진(戴震)의 인식론(認識論)은 '혈기심지(血氣心知)'를 통하여 이루어지고 있다. 이에 유명종은 대진(戴震)의 인식론(認識論)의 특징을 일러 "대진(戴震)은 인식론(認識論)에 있어 검증 불가능한 천리(天理)로부터 연역하는 방법을 반대하고 경험적인 사실에서 귀납함으로써 본질을 실증하려고 하였다."371)고 한 데서도 잘 알 수 있다. 따라서 대진(戴震)은 이러한 방법을 통하여 인식의 가능근거를 혈기(血氣)와 심지(心知)에서 찾고 있다.

> 성(性)은 음양오행(陰陽五行)에서 나누어져 혈기(血氣)와 심지(心知)가 된 것으로 모든 사물은 서로 다른 성(性)을 가짐으로 해서 구별된다. 무릇 하는 바의 일과 온갖 능력, 온전한 덕성 모두가 이 성(性)을 근본으로 삼는다. 그러므로 『역(易)』에 이르길 "이루어지는 것이 성(性)이다."라고 한다. 기화(氣化)하여 사람과 사물을 낳은 후에 각각이 유(類)에 따라서 불어나고 생성한 지 오래다. 그러나 유(類)의 구별은 오랜 세월 동안 똑같아서 그 본래의 모습(故)을 따를 뿐이다.372)

대진(戴震)은 성(性)이란 것은 음양오행(陰陽五行)에서 나누어져 혈기(血氣)와 심지(心知)가 된 것으로서 모든 만물은 서로 다른 성

---

371) 유명종, 『청대철학사』, 이문출판사, 1898, p.364.
372) 『孟子字義疏證』, 卷 中, 「性」: "性者, 分於陰陽五行以爲血氣心知, 品物區以別焉, 擧凡旣生以後所有之事, 所具之能, 所全之德, 咸以是爲其本, 故易曰成之者性也, 氣化生人生物以後, 各以類滋生久矣, 然類之區別, 千古如是也, 循其故而已矣."

(性)을 가짐으로 해서 구별되는 것으로 만물을 구별하는 것이라고 정의하고 있다. 또한 성(性)의 내용은 기(氣)임을 알 수 있다.

따라서 주희(朱熹)가 성(性)을 본연지성(本然之性)과 기질지성(氣質之性)으로 분리한 것을 반대하고 있는 것이며, 이러한 기일원론(氣一元論)에 근거하여 성(性)을 음양오행(陰陽五行)의 기화(氣化)에 의하여 형성되는 것으로 말하고 있다. 그러므로 대진(戴震)의 인식론(認識論)은 기일원론적(氣一元論的) 관점으로 혈기(血氣)와 심지(心知)를 통하여 사물을 판단하고 있다. 그렇다면 혈기(血氣)·심지(心知)의 연원(淵源)은 무엇인가에 대하여 고찰하여 보자.

> 무릇 사람에게는 혈기(血氣)와 심지(心知)의 성(性)은 있으나, 슬퍼하고 즐거워하며 기뻐하고 성냄의 한결같음은 없고, 물질에 감응이 일어나 움직인 뒤에 심술(心術)이 형성된다.373)

혈기(血氣)와 심지(心知)의 연원(淵源)은 『예기(禮記)』의 「악기(樂記)」 편에서 처음 나타난다. 이러한 연원(淵源)을 근거로 대진(戴震)은 혈기(血氣)와 심지(心知)라는 말은 자주 사용하면서 자신의 인식론을 전개하고 있는데, 이에 임옥균은 혈기(血氣)와 심지(心知)의 의미를 규정하여 "혈기(血氣)는 몸을 가리키는 것으로 심지(心知)는 마음을 가리키는 것으로 볼 수 있다."374)고 하였으며, 김태동은 "혈기

---

373) 『禮記』, 「樂記」: "夫民有血氣心知之性, 而無哀樂喜怒之常, 應感起物而動, 然後心術形焉."
374) 임옥균, 앞의 논문, p.88.

(血氣)의 개념을 정리하면, 심지(心知)에 비해 일차원적인 인식주체(認識主體)이다. 또 혈기(血氣)는 오감(五感)을 통하여 사물들의 소리, 색깔, 냄새, 맛, 편안함 등을 받아들이는 감각지(感覺知)와 같은 역할을 하고 신체적인 '하고자 함'으로 인하여 일어나는 인식작용을 말한다. 따라서 혈기(血氣)는 사람의 감각기관을 가리키며, 사람의 기욕(嗜欲)을 의미한다. 이에 반하여 심지(心知)는 혈기(血氣)의 형이상학적 근거와 동일하지만, 혈기(血氣)와 심지(心知)의 작용은 다른데 혈기(血氣)는 사람의 본성이고, 심지(心知)는 본성지각(本性知覺) 외에 판별(辨別), 이해(理解), 추리(推理)의 능력이 포함된다."[375]고 정의하고 있다. 그러므로 혈기(血氣)는 본성에 의하여 드러나는 몸의 작용이고 심지(心知)는 지각능력(知覺能力)을 포함한 마음의 작용이다.

이에 대진(戴震)은 심지(心知)의 역할을 강조하여 "이(理)와 의(義)는 사물의 실정(實情)이 가지로 나뉘고 올처럼 밝게 분석되는 데 있다. 나의 심지(心知)에 접하여 심지(心知)가 그것을 구별할 수 있어서 기뻐하는 것이니, 그 기뻐하는 것은 지극히 옳은 것이다."[376]고 하였다. 그러므로 혈기(血氣)는 감각적인 지(知)이고 심지(心知)는 이성적인 지(知)임을 알 수 있다. 따라서 심지(心知)는 사물의 이(理)를 아는 것이므로 혈기(血氣)에 비하여 한 단계 높은 차원의 작용이다. 또한 대진(戴震)은 혈기(血氣)와 심지(心知)를 성(性)으로 보고 있으

---

375) 김태동, 앞의 논문, p.84.
376) 『孟子字義疏證』, 卷 上, 「理」: "理義在事情之條分縷析, 接於我之心知, 能辨之而悅之, 其悅者, 必其至是者也."

며 성(性)의 의미 또한 주희(朱熹)가 주장했던 성(性)의 의미와는 다른 것임을 알 수 있다.

주희(朱熹)는 "성(性)은 그 전체로부터 만물이 그것을 얻어서 생(生)한 것을 가지고 말한 것이다."377)고 하였다. 그러므로 주희(朱熹)가 말한 성(性)은 보편적인 것이다. 그러나 대진(戴震)은 주희(朱熹)와는 달리 만물에 공통적으로 부여된 동일한 성(性)이 아니라 만물을 구별할 수 있게 해 주는 어떤 사물의 특성이 성(性)이라 하였다.

나아가 성(性)이란 "천지(天地)의 변화에 근본한 것으로서, 나누어져 만물이 된 것을 말한다. 나누어진 바에 국한되는 것을 명(命)이라 하고 기류(氣流)를 이룬 것을 성(性)이라 한다."378)고 하여 주희(朱熹)가 '보편(普遍)'을 지칭하는 개념으로 성(性)을 사용한 데 비해 '특수(特殊)'의 개념으로 사용하고 있음을 알 수 있다. 이러한 '특수(特殊)'를 지칭하는 대진(戴震)의 성(性)에 대한 개념정의(概念定義)는 기질지성(氣質之性)을 성(性)이라 하고 본연지성(本然之性)은 인정하지 않는 결과를 만들어 낸다. 따라서 대진(戴震)은 기질(氣質)이 성(性)이라고 하여 본연지성(本然之性)은 원래 없는 것379)이라 하고 있다.

그러므로 대진(戴震)은 기질지성(氣質之性)을 성(性)이며 천리(天理)의 발현이라 여기고 있으며, 이러한 기질지성(氣質之性)이 내재된

---

377) 『朱子語類』, 卷5, 「性理二」: "性則就其全體而萬物所得以爲生者言之."
378) 『原善』, 卷 上: "性言乎本天地之化, 分而爲品物者也, 限於所分曰命, 成其氣類曰性."
379) 『孟子字義疏證』, 卷 中, 「性」: "人之爲人, 舍氣稟氣質, 將以何者謂之人哉."

혈기(血氣)와 심지(心知)가 인간의 본성이라 하였다. 또한 기질지성 (氣質之性)을 성(性)이라 하였기에 주희(朱熹)가 천리(天理)를 발현 시키기 위해 인욕(人欲)을 없애야 한다는 주장은 잘못된 것이라 하 여 "성(性)의 이름은 옮겨 이(理)가 부가되고, 기화(氣化)하여 사람을 낳고 사물을 낳는 것은 마침내 성(性)을 병들게 하는 것이 되고 말 았다."380)고 한 것이다. 이러한 사상을 확립한 대진(戴震)은 혈기(血 氣)와 심지(心知)가 발현하는 현상으로서 정(情)·욕(欲)·지(知)를 제시하고 이 세 요인을 구별하여 말하고 있다.

> 사람이 생긴 뒤에 욕(欲)과 정(情)과 지(知)가 있다. 이 세 가지는 혈기(血氣)와 심지(心知)의 자연인 것이다. 욕(欲)에 주어지는 것은 성 색식미(聲色食味)인데 이로 인하여 사랑과 두려움이 있으며, 정(情)에 서 발현되어 나타나지는 것이 희로애락(喜怒哀樂)이니 이것은 엄격함 과 너그러움이 있고, 지(知)에서 발현되는 것은 미추시비(美醜是非)이 니, 이로 인해 좋아하고 미워함이 있다.381)

성리학(性理學)에서 말하고 있는 이(理)는 '성즉리(性卽理)'로서 이(理)의 절대 가치를 인정하였고 나아가 이(理)만이 성(性)이라고 하고 있는 데 반하여 대진(戴震)은 이(理)의 가치는 인정하지만 이 (理)만이 성(性)이 아니라 혈기심지(血氣心知)의 구체적인 내용인 지

---

380) 『孟子字義疏證』, 卷 中, 「性」: "於是性之名移而加之理, 而氣化生人生 物, 適以病性."
381) 『孟子字義疏證』, 卷 下, 「才」: "人生而後, 有欲有情有知, 三者血氣心 知之自然也, 給於欲者, 聲色食味也, 而因有愛畏, 發乎情者, 喜怒哀樂 也, 而因有慘舒, 辨於知者, 美醜是非也, 而因有好惡."

(知)·정(情)·욕(欲) 모두가 성(性)이라고 주장하는 것이다. 따라서 대진철학(戴震哲學)의 주지(主旨)는 이욕(理欲)을 분별하는 것으로 이욕(理欲)을 분별하는 이론적 토대는 바로 기질(氣質)을 중심으로 바라본 그의 인성론(人性論)에 있음을 볼 수 있다.

또한 그는 맹자(孟子)가 제기한 명(命)·성(性)·재(才)의 범주를 운용하여 자신의 해석을 가함으로써 자체적인 인성론(人性論) 체계를 형성하였다. 여기에서 왕무(王茂)는 명(命)·성(性)·재(才)에 대하여 "명(命)은 인간이 하늘에서 얻은 것을 가리키고, 성(性)은 인간 자체의 본질 및 속성을 가리키며, 재(才)는 인간자체의 재질(才質)과 기능(機能)을 가리킨다."382)고 하였고, 이에 대진(戴震)은 재(才)에 대하여 "재(才)라는 것은 사람과 만물이 각각 그 성(性)을 따라 형질된 것으로 앎과 능력이 이에 따라 구별되는 것이다. 맹자(孟子)가 말한 '하늘이 재(才)를 내린다.'고 한 것이 그것이다. 기(氣)의 변화가 사람을 낳고 생물을 낳는데 나누어진 것에 제한되는 것을 근거해서 말하면 명(命)이라 하고, 사람과 생물이 되는 근본과 시작을 근거해서 말하면 성(性)이라고 하고, 체질을 근거해서 말하면 재(才)라고 한다. 성(性)을 이룬 것이 각각 다르기 때문에 재질(才質) 또한 다르니, 재질(才質)이란 것은 성(性)이 드러난 것이다. ……사람과 생물을 그릇에 비유하면 재(才)는 그릇의 바탕이다. 음양오행(陰陽五行)에서 나누어져 성(性)을 이룬 것이 각각 다르고 재질(才質)도 그 때문에 다르다."383)라고 하고 있다.

---

382) 王茂 외, 김동휘 역, 『청대철학 3』, 신원문화사, 1995, p.70.
383) 『孟子字義疏證』, 卷 下, 「才」: "才者, 人與百物各如其性以爲形質, 而

그러므로 ‘재(才)’의 의미는 사람과 사물이 각자의 다른 본성(本性)에 의하여 나타난 자연형질(自然形質)과 다른 지각능력(知覺能力)을 가리킨다. 이로 인하여 사람과 사물이 다를 뿐만 아니라 사람과 사람이 역시 다르다. 또한 성(性)과 재(才)의 관계는 떨어질 수도 섞일 수도 없는 것이며 재(才)는 성(性)의 표현 형태이다.

따라서 명(命)·성(性)·재(才)는 각기 다른 의미와 기능을 가지고 있는 것이 아니라 인성(人性)이라는 범주 안에 존재하는 것으로 명(命)·성(性)·재(才)의 상호 관계성 속에서 그 의미를 찾을 수 있다. 그러므로 대진(戴震)은 “성(性)을 이루면 이것이 재(才)가 된다. 구별하여 말하면 명(命)이라고 하고, 성(性)이라고 하고 재(才)라고 하며, 합해서 말하면 천성(天性)이라고 한다.”384)라고 하여 명(命)·성(性)·재(才)의 개념을 인성(人性)이라는 범주 안에서 고찰하면 각기 달리 사용되고 있는 개념이지만 결국 이것은 인성(人性)을 통칭하는 말로 사용되고 있음(人性＝性＝命＝才)을 지적하고 있다. 이는 맹자(孟子)가 “형색(形色)은 천성(天性)인데 오직 성인(聖人)된 이후에 그 모습을 밟아갈 수 있다.”385)고 한 것이다. 따라서 대진(戴震)은 “형색(形色)이 가지고 있는 본래의 능력을 다 발휘한 것(踐形)은 성(性)을 다

______

知能逾區以別焉, 孟子所謂天之降才是也, 氣化生人生物, 據其限於所分而言謂之命, 據其爲人物之本始而言謂之性, 據其體質而言謂之才, 由成性各殊, 故才質亦殊, 才質者, 性之所呈也, 舍才質安覩所謂性哉, ……以人物譬之器, 才則其器之質也, 分於陰陽五行而成性各殊, 則才質因之而殊.”

384) 『孟子字義疏證』, 卷 下, 「才」: “成是性, 斯爲是才, 別而言之, 曰命, 曰性, 曰才, 合而言之, 是謂天性.”
385) 『孟子』, 「盡心上」－38: “孟子曰, 形色天性也, 惟聖人然後可以踐形.”

한다는 것, 재(才)를 다한다는 것과 그 뜻이 같다.”386)고 하여 성인
(聖人)의 견지에서 본다면 성(性)과 재(才)의 관계는 동일한 것이며,
성(性)을 다한다는 것은 곧 재(才)를 다한다는 것임을 알 수 있다.

그러나 대진(戴震)이 명(命)·성(性)·재(才)의 개념정의(槪念定意)
를 통하여 자신의 인성론(人性論)을 전개하지만, 이것은 결국 성(性)
과 이(理)의 개념을 통하여 좀 더 명확히 규정될 수 있다. 따라서
대진철학(戴震哲學)에 있어 인성론(人性論)의 기초는 성(性)과 이
(理)와 욕망의 개념이며 이것은 혈기심지론(血氣心知論)을 통해 구
체적으로 드러난다.

대진(戴震)의 주장하는 성(性)에는 세 개의 요점이 있는데, 첫째는
혈기심지(血氣心知)이고, 정욕(情欲)이며, 인식작용(認識作用)이다.
다음으로 사물을 서로 구별되게 하는 특징이며, 마지막으로 날 때부
터 본연적으로 인간에게 존재한다는 것이다. 따라서 이러한 성(性)은
욕(欲)·정(情)·지(知)로 구성되어 있다. 대진(戴震)이 말하는 인성
론(人性論)의 문제는 단순히 인간의 윤리적인 문제만을 말하는 것이
아니라 인식론(認識論)의 문제를 동시에 포함하고 있다. 그러므로
대진(戴震)이 말하고 있는 성(性)은 전통 유가(儒家)에서 말하는 성
선(性善)의 성(性)이 아니라 음양이기(陰陽 二氣)의 운동변화에 의해
조성된 각종 구체적인 사물의 본성(本性)을 말한다. 말하자면 인간과
사물의 성(性)을 모두 기(氣)의 변화에 근원(根源)하고 있는 각자의
특성(特性)이라는 관점에서 말하고 있음을 알 수 있다.

---

386) 『孟子字義疏證』, 卷 下, 「才」: “踐形之與盡性, 盡其才, 其義一也.”

　　그러면 인성(人性)과 물성(物性)은 어떻게 구별되는가? 하는 문제에 대해 대진(戴震)은 성(性)을 자연계의 각종 사물이 가지고 있는 속성으로 보고 있다는 점에서는 같지만, 인성(人性)이 물성(物性)과 근본적으로 다른 점은 합리적으로 판단할 수 있는 사유능력을 가지고 있다는 점에서 그 차이점을 찾고 있다. 이러한 관점을 김태동은 "대진(戴震)은 전통 유가(儒家) 특히 송명유가(宋明儒家)들이 말하고 있는 '알인욕 존천리(遏人欲 存天理)'라는 이본론적(理本論的)인 이욕관(理欲觀)을 비판하고, '이존호욕(理存乎欲)'이라는 기본론적(氣本論的)인 이욕관(理欲觀)으로 전환시켜놓고 있다."387)고 한 것이다.

　　그러므로 대진(戴震)은 맹자(孟子)가 말하는 성(性)에 대한 비판적 시각에서 그의 성론(性論)을 출발시키고 있다. 그는 맹자(孟子)의 철학적 핵심(哲學的 核心)이라고 할 수 있는 성선설(性善說)을 완전히 다른 각도에서 해석하여 그것의 단서(端緒)인 사단(四端)을 심(心)으로 규정하고, 그 심(心)이 바로 욕망이라는 주장을 하고 있다. 이러한 관점은 전통적인 맹자(孟子)의 해석을 통한 심(心)과 성(性), 욕망 등의 개념과는 분명히 다른 독창적인 견해를 보여주고 있다.

　　맹자(孟子)가 주장하고 있는 성선설(性善說)의 근거(根據)는 사단(四端)에서 찾을 수 있다. 따라서 맹자(孟子)는 이를 입증하기 위하여 '유자입정(孺子入井)'의 예를 들어 증명하고 있다. 맹자(孟子)는 '유자입정(孺子入井)'의 예에서 말하는 인간의 '불인인지심(不忍人之心)'이 바로 인간의 순수한 자발적인 근본성향이라 말하고 있으나

---

387) 김태동, 앞의 논문, p.30.

대진(戴震)은 이런 마음을 단순한 도덕심(道德心)으로 간주하지 않고, 오히려 살려고 하는 인간의 기본적인 욕망에서 나온 것이라고 말한다. 따라서 측은(惻隱)한 마음이 생기는 것도 궁극적으로 자신이 살고 싶어 하는 욕망이 있기 때문에 그러한 마음이 다른 사람의 모습을 보면서 일어나는 것이라고 설명하고 있는 것이다. 여기에서 대진(戴震)이 말하고 있는 사단(四端)의 마음은 분명히 욕망인 것이다.

입이 맛에 대한 것, 눈이 색(色)에 대한 것, 귀가 소리에 대한 것, 코가 냄새에 대한 것, 사지가 편안함에 대한 것을 후세의 유학자(儒學者)들은 인욕(人欲)의 사사로움으로 보았으나 맹자(孟子)는 이것을 일러 성(性)이라고 하였고, 또 명(命)이 있다고 하였다. 명(命)이란 제한된다는 이름이다. 동(東)으로 가기를 명(命)하면 서(西)로 갈 수 없으니, 이는 성(性)의 욕(欲)은 절제하지 않을 수 없음을 말한다.[388]

위의 구절에서 알 수 있듯이 대진(戴震)은 이목구비(耳目口鼻)와 사지(四肢)의 욕망을 후세의 유학자들이 인욕(人欲)의 사사로움으로 본 것에 반대하고 있다. 대진(戴震)의 견해에 따르면, 맹자(孟子)의 성(性)에는 명(命)이 존재하기에 성(性)의 욕망은 반드시 절제가 따르게 된다는 것이다. 따라서 성(性)에 있어 욕망은 반드시 존재하여 이것을 추구하는 것이 사사로움으로 흐르는 것이 아니라 명(命)에

---

388) 『孟子字義疏證』, 卷 上, 「理」: "口之於味也, 目之於色也, 耳之於聲也, 鼻之於臭也, 四肢之於安佚也, 此後儒視爲人欲之私者, 而孟子曰性也, 繼之曰有命焉, 命者限制之名, 如命之東則不得而西, 言性之欲之不可無節也."

의해 적절히 조절되기에 인간에게 있어 욕망은 나쁜 것이 아니다.

그러므로 대진(戴震)은 천리(天理)와 욕망을 분리하여 고찰한 것이 아니라 욕망의 적절한 절제와 조절을 통하여 천리(天理)를 통하여 찾고자 함을 볼 수 있다.

> 절제하여 지나치지 않으면 천리(天理)에 의존하는 것이지, 천리(天理)를 바름이라 하고 人欲의 그름이라 하는 것은 아니다. 천리(天理)란 그 욕(欲)을 절제하여 인욕(人欲)을 궁구(窮究)하지 않는 것을 말한다. 그런고로 욕(欲)을 궁구(窮究)하지 않아야 하는 것이지 있어서는 안 되는 것이 아니다. 있더라도 절제하여 정(情)을 지나친 것도 없게 하고 모자라지도 않게 하면 천리(天理)라고 이르지 않겠는가?[389]

위의 구절에서 드러나듯이 대진(戴震)은 절제하여 지나치지 않으면 그것이 천리(天理)에 의존하는 것이기에 절제하여 인욕(人欲)을 다하지 않으면 천리(天理)라고 하였다. 따라서 인욕(人欲)은 절제하여 다하지 않아야 하는 것이지 있어서는 안 되는 것이 아니다. 이에 그 준칙으로 정(情)을 내세워 정(情)에 합당하면 인욕(人欲)은 천리(天理)라는 것이다. 그러므로 앞에서도 언급하였듯이 대진(戴震)에게 있어서의 정(情)은 성(性)의 구성요소이므로 성(性)을 이(理)와 욕망으로 분리하지 않은 관점에서 파악하고 있음을 볼 수 있다.

성(性)은 인간의 본성을 이름한다. 이러한 인간의 본성에 이(理)와

---

389) 『孟子字義疏證』, 卷 上, 「理」: "節而不過, 則依乎天理, 非而天理爲正, 人欲爲邪也, 天理者, 節其欲而不窮人欲也, 是故欲不可窮, 非不可有, 有而節之 使無過情, 無不及情, 可謂之非天理乎."

욕망은 하나로 되어 있다는 것이다. 그러므로 이(理)와 욕망을 분리하여 성(性)을 판단하는 것은 분명 대진(戴震)에게 있어 비판의 대상이 되는 것이다. 대진(戴震)에게 있어 孟子가 말한 성선(性善)의 단서(端緖)인 사단(四端) 역시도 이(理)와 욕망이 동시에 공존하고 있다. 따라서 사단(四端)을 단지 이(理)라 하여 욕망이 내재되어 있지 않다는 것은 분명 성(性)을 잘못 해석한 것이라는 관점을 견지하고 있다.

그렇다면 대진(戴震)은 이(理)를 어떻게 이해했는가의 문제에 도달하게 된다. 대진(戴震)은 심(心)에 대한 새로운 학설을 제시하여 정주학(程朱學)의 이(理)가 마음에 갖추어져 있다는 사상을 비판하고 있다. 정주학파(程朱學派)는 마음 안에 이(理)가 있고 이(理)는 천(天)으로부터 얻은 후에 마음에 갖춘 것을 말한다.

대진(戴震)은 이에 비해 이(理)는 객관적인 것이고 객관사물 안에 존재하는 것이라고 한다. 인심(人心)이 갖추고 있는 것은 단지 인식작용(認識作用)뿐이다. 이런 인식작용(認識作用)이 있기 때문에 인심(人心)은 곧 객관사물(客觀事物) 중의 이(理)를 판별할 수 있는 것이라고 한다.

맛, 소리, 색은 사물에 있다가 나의 혈기(血氣)에 접하고, 의(義)와 이(理)는 일(事)에 있는데 나의 심지(心知)에 접한다. 혈기심지(血氣心知)는 스스로의 능력을 가진다. 입은 맛을 판별할 수 있고, 귀는 소리를 판별할 수 있고, 눈은 색을 판별할 수 있고, 마음은 이(理)와 의(義)를 판별할 수 있다. 맛과 소리색은 물(物)에 있지 나에게 있는 것이 아니요, 나의 혈기(血氣)에 접하여 그것을 판별하고 기뻐한다. 그 기뻐한다는 것은 반드시 아름다운 것이다.[390]

위의 구절에서 알 수 있듯이 맛, 소리, 색의 일차원적인 감각작용(感覺作用)은 자신이 가지고 있는 혈기(血氣)에 접하는 것이고, 이(理)와 의(義)의 인식작용은 자신의 심지(心知)에 접하는 것이다. 그러므로 혈기심지(血氣心知)는 맛, 소리, 색, 이(理)와 의(義)를 스스로 판별할 수 있는 것이다. 따라서 이러한 감각기관은 객관적임을 알 수 있다.

또한 이(理) 역시 객관적이며 마음 밖의 것이므로 마음은 그것을 판별할 수 있다. 따라서 마음의 독특한 작용은 곧 사물의 이(理)를 판별할 수 있다는 것이다. 이런 이유로 인하여 대진(戴震)은 마음의 신명(神明)에 대하여 다음과 같이 말하고 있음을 볼 수 있다.

이의(理義)는 다른 것이 아니라 비쳐지고 관찰되는 데 있어서 착오가 없는 것을 말한다. 무엇을 가지고 잘못되지 않을 수 있는가? 바로 마음의 신명(神明)이다. 사람이 금수와 다른 것은 비록 같은 정상(精爽)을 가지고 있더라도, 사람은 신명(神明)에 나아갈 수 있다는 것이다. 이의(理義)가 어찌 따로 하나의 사물이 있는 것과 같아서 비쳐지고 관찰되는 바깥에서 구할 것이며, 사람의 정상(精爽)이 신명(神明)에 나아갈 수 있는데, 어찌 부여받은 기(氣) 이외에서 구할 것인가?[391]

---

390) 『孟子字義疏證』, 卷 上, 「理」: "味也聲也色也在物, 而接於我之血氣, 理義在事, 而接於我之心知. 血氣心知, 有自具之能, 口能辨味, 耳能辨聲, 目能辨色, 心能辨夫理義. 味與聲色, 在物不在我, 接於我之血氣, 能辨之而悅之, 其悅者, 必其尤美者也."

따라서 대진(戴震)은 "혈기(血氣)가 있으므로 이 심지(心知)가 있다."392)고 하였는데 이는 심지(心知)가 있기 때문에 신명(神明)으로 나아갈 수 있다는 것으로 그것은 혈기(血氣)와 심지(心知)가 하나의 근본이기 때문에 그러하다는 것이다. 그러므로 대진(戴震)의 인식구조(認識構造)는 혈기(血氣) → 심지(心知) → 신명(神明)의 구조를 이루고 있으며 혈기(血氣)에서 심지(心知)로 나아가는 과정을 자연(自然)의 영역이며 심지(心知)에서 신명(神明)으로 나아가는 과정은 필연(必然)의 영역임을 알 수 있다. 결론적으로 대진(戴震)에게 있어 이(理)는 비쳐지고 관찰되는 대상인 것이다. 이(理)는 마음 안에 있는 것이 아니라 마음이 객관 사물 중의 이(理)를 판별할 능력을 가진 것이다. 대진(戴震)의 이러한 관점은 정주(程朱)의 '이(理)는 마음에 갖추어져 있다.'는 설(說)과 육왕(陸王)의 '마음(心)이 곧 이(理)이다.'라는 설(說)을 부정하고 자신의 독특한 사상체계를 형성한 것이다.

요컨대 이(理)가 마음 밖에 있어서 마음이 판별의 대상이라는 것이고, 사물에 대한 미세하고 치밀한 분석을 통하여 사물의 이(理)를 얻을 수 있다는 것이다. 그러므로 대진(戴震)에게 있어 이(理)는 심지(心知)를 통한 의리(義理)의 인식(認識)을 강조하고 있는데, 이 심지(心知)는 대진 인식론(戴震 認識論)의 핵심적인 작용이며, 인식(認識)의 주체로 남는다.

---

391) 『孟子字義疏證』, 卷 上, 「理」: "故理義非他, 所照所察者之不謬也, 何以不謬, 心之神明也. 人之異於禽獸者, 雖同有精爽, 而人能進於神明也. 理義豈別若一物, 求之所照所察之外, 而人之精爽能進於神明, 豈求諸氣稟之外哉."
392) 『原善』, 卷 上: "有血氣, 斯有心知."

또한 정주학(程朱學)에서 말하고 있는 사물이나 대상의 인식주체(認識主體)이자 존재원리(存在原理)인 이(理)를 해석하는 데 있어 많은 차이를 보이고 있다. 나아가 대진(戴震)은 기질(氣質)과 의리(義理)가 모두 성(性)에 포함된다는 성일원론(性一元論, 性＝氣)을 말하고 있기에 정주학(程朱學)에서 성(性)을 둘로 구분한 것은 그들이 맹자(孟子)를 잘못 이해하여 맹자(孟子)로부터 의리지성(義理之性)을 끌어냈다고 생각했다.

맹자(孟子)는 인성(人性) 중에서 인간만이 가진 것을 성(性)이라고 했는데, 정주(程朱)는 맹자(孟子)가 성(性)이라고 생각하지 않은 기타 본능을 기질지성(氣質之性)이라 봄으로써, 성이원론(性二元論)이 되었다고 대진(戴震)은 비판하고 있는 것이다. 따라서 대진(戴震)은 오직 기질지성(氣質之性)만이 성(性)이라고 보는 관점을 견지하고 있다. 이러한 대진(戴震)의 성론(性論)은 그의 기일원론적(氣一元論的) 우주론(宇宙論)을 따르는 것으로 그는 다음과 같이 성(性)을 말하고 있다.

대대례기(大戴禮記) '도(道)에서 나누어진 것을 명(命)이라 하고 하나로 형체를 이루게 되는 것을 성(性)이라 한다.'고 했다. 이는 음양오행(陰陽五行)으로부터 분화되어 사람과 사물이 있으며, 사람과 사물은 각각 그 분화된 바에 한하여 성(性)을 이룬다는 것을 말한다. 음양오행(陰陽五行)은 도(道의) 실체(實體)이다. 혈기(血氣)와 심지(心知)는 성(性)의 실체(實體)이다. 실체(實體)가 있기 때문에 나눌 수 있고 나누어지는 과정이 다른 것이기 때문에 성(性)이 고르지 않다. 옛 사람이 성(性)을 말함에 오직 천도(天道)에 근본한 것이 이와 같다.[393)]

위의 구절에서는 음양오행(陰陽五行)이라는 기질(氣質)에 의하여 성(性)이 이루어진다는 것으로, 음양오행(陰陽五行)으로부터 사람과 사물이 분화되었다는 것은 각각의 개체가 이미 분화되는 처음부터 차별성을 갖고 있었다는 것을 의미하며 그 차별성에 의해 각 개체 나름대로의 성향을 가지고 있다는 것을 의미한다. 그 성향을 형성한 것이 바로 성(性)이다.

요약하면 성(性)이란 개개의 사물이 본래부터 갖춘 소질(素質)이며 음양오행(陰陽五行)으로부터 분화(分化)하여 혈기심지(血氣心知)로 된 것으로써 만물의 개별성은 모두 성(性)으로부터 생긴다는 것이다. 따라서 대진(戴震)이 인식하고 있는 성(性)이란 혈기심지(血氣心知)로써, 이(理)가 아니라 기(氣)의 작용인 것이다. 이러한 점에서 대진(戴震)의 기일원론(氣一元論)은 정주학(程朱學)과는 상반된 주장을 펼치고 있는 것이다. 그가 오로지 '생생(生生)'과 '생생이조리(生生而條理)'라는 기(氣)의 생성운동(生成運動)에 의해 이론(理論)을 전개한 것은 정주(程朱)에 의해 갇히게 된 욕망과 정(情)을 해방시키고 적극적 생명활동을 드러내려는 의도였으며, 상층민(上層民)의 이(理)의 폭력에 대한 무언(無言)의 저항이었다. 그러므로 그의 기일원론(氣一元論)은 자연히 인성론(人性論)의 확고한 기반이 되었고 이러한 인성론(人性論)의 전개는 욕망을 철저하게 반대한 정주(程朱)와

---

393) 『孟子字義疏證』, 卷 中, 「天道」: "大戴禮記曰, 分於道謂之命, 形於一謂之性, 言分於陰陽五行以有人物而人物各限於所分, 以成其性, 陰陽五行道之實體也, 血氣心知性之實體也, 有實體故可分惟分也故不齊, 古人言性, 惟本於天道如是."

차별화되어 욕망의 적극적 실현이 인성(人性)의 완성으로 이르는 길
이라는 인욕긍정론(人欲肯定論)의 철학을 전개하고 있다.

2) '天理'와 '人欲'의 意味 變化

청대(淸代)의 기철학(氣哲學)에서의 인욕(人欲)의 긍정에 대한 흐
름은 왕부지(王夫之)로부터 출발하여 안원(顔元) 그리고 대진(戴震)
으로 이어지고 있다. 그러므로 대진(戴震)은 인욕(人欲)을 구체적으
로 언급하면서 긍정하고 있으며 송명리학(宋明理學)에서 말하고 있
는 '거인욕 존천리(去人欲 存天理)'의 명제를 철저히 부정하고 있다.
이러한 그의 사상적 견해는 맹자(孟子)의 성선(性善)이나 순자(荀子)
의 성악(性惡)을 인정하고 있으면서 인욕(人欲)을 긍정하고 있다는
특이점을 가지고 있다. 따라서 대진(戴震)의 인욕관(人欲觀)을 살펴
본다면 송명리학(宋明理學)의 인욕관(人欲觀)과 청대 기철학(淸代
氣哲學)의 인욕관(人欲觀)의 구분(區分)은 확연히 드러날 것이다.

대진(戴震)은 인간의 욕망을 인정하면서 다음과 같이 말했다.

군자(君子)는 욕(欲)을 바름에서 나오게 하고 그름에서 나오게 하지
는 않는다. 반드시 기아, 추위, 근심, 원망, 남녀의 사랑 등은 상정(常
情) 중에서도 아주 보잘것없는 것으로 여길 수는 없다. 이와 같은 이
(理)와 욕(欲)을 구분 짓는 것은 군자(君子)로 하여금 완전한 행동을
할 수 없게 하니 화(禍)됨이 이와 같다.394)

위의 구절에서 드러나듯이 군자(君子)의 욕망은 바름에서 나오는 것이다. 따라서 기아, 추위, 근심, 원망, 남녀의 사랑은 처음부터 정(情)에 숨어 있는 것이기에 없는 것이 아니다. 그러므로 인간의 욕망을 마땅히 인정해야 하고 나아가 이(理)와 욕망은 구분할 수 없는 것이라고 하고 있다.

그러므로 대진(戴震)이 주장하고 있는 천리(天理)와 인욕(人欲)은 이(理)와 정욕(情欲)을 분리시켜 보지 않고 그것을 통일시켜 이(理)가 욕망 속에 있다는 '이욕통일론(理欲統一論)'의 관점에서 인욕관(人欲觀)을 전개하고 있다. 따라서 김태동은 "여기에서 말하는 이(理)는 우주본원(宇宙本源)의 원리(原理)로서의 이(理)가 아니라, 소동연(所同然)의 이(理)인 윤리(倫理)의 기준을 말한다. 모든 사람이 본능적으로 바라는 욕망과 정(情)과 같이 모든 사람이 만족하다고 생각하는 '동연(同然)'함이 있다는 것이다. 이것이 바로 이측(理則)으로서의 '동연(同然)의 이(理)'이다. 이 '동연(同然)의 이(理)'는 곧 '동연(同然)의 욕정(欲情)'과 합일(合一)한다는 말이다."[395]고 하였다. 이러한 대진(戴震)의 이(理)에 대한 해석은 주희(朱熹)의 이개념(理概念)에 반대해서 전개하고 있는데 "정자(程子)와 주자(朱子)의 학(學)은 노자(老子), 장자(莊子), 석가(釋迦)로부터 빌려온 것이므로 겨우 이(理)라는 한 글자로 이른바 진재(眞宰), 진공(眞空)이라는 것

---

394) 『孟子字義疏證』, 「後序」: "君子使欲出於正, 不出於邪, 不必無饑寒愁怨, 飢食男女, 常情隱曲之感, ……此理欲之辨, 使君子無完行者, 爲禍如是也."
395) 김태동, 앞의 논문, p.101.

을 바꾸고, 나머지는 바꾼 것이 없다."[396]고 하여 주희(朱熹)의 이(理)는 육경(六經)과 공자(孔子), 맹자(孟子)가 말하는 이(理)가 아니라고 하였다.

따라서 임옥균은 "대진(戴震)이 말하는 이(理)는 주희(朱熹)가 주장했던 '도덕본성(道德本性)'으로서의 이(理)가 아니라 자연천(自然天)의 이(理)로서 자연에 부여된 법칙(法則-條理)으로서의 이개념(理概念)은 받아들이지만 자연을 생성하는 존재원리(存在原理)로서의 이(理)라는 개념(概念)을 거부함을 볼 수 있다."[397]고 한 것이다.

그러므로 대진(戴震)은 "사물(事物)의 밖에 따로 이(理)와 의(義)가 있는 것이 아니다."[398]고 하여 이(理)란 자연이 갖는 법칙성(法則性)에 불과한 것으로 보았다. 따라서 대진(戴震)의 논리에 따르면 사물(事物-自然)이 없으면 이(理)도 없게 된다. 이에 이규성은 "그의 주희(朱熹)에 대한 이개념(理概念)의 비판은 이(理)의 초월성과 추상성뿐만 아니라 이것으로써 경험적 영역의 존재근거로 삼고자 하는 선험적 태도(先驗的 態度)에 대한 것이다."[399]라고 설명하고 있다.

또한 그는 욕망을 자연(自然)으로, 이(理)를 필연(必然)이라 한다. 그러나 필연(必然)은 자연(自然)을 벗어날 수 없고 이(理) 역시 욕망을 벗어날 수 없다. 그러므로 "이(理)는 정(情)을 상실(爽實)하지 않

---

396) 『孟子字義疏證』, 卷 上, 「理」: "蓋程子朱子之學借階老莊釋氏, 故僅以理之一字易其所謂眞宰眞空者, 而餘無所易."
397) 임옥균, 앞의 논문, p.39.
398) 『孟子字義疏證』, 卷 上, 「理」: "是故就事物言, 非事物之外別有理義也."
399) 이규성, 「朱子의 限界를 통해 본 戴震의 批判的 哲學」, 서울대학교 동아문화연구소, 『동아문화』 제20집, 1982, p.164.

은 것이다."400)고 하였으며, "정(情)이 상실(爽實)되지 않은 것을 이(理)라고 하는 것은 이(理)가 욕(欲)에 존재한다는 것을 의미한다."401)라고 하였다.

그러므로 대진(戴震)의 관점에서 본다면 정(情)을 부정한 것이 아니라 오히려 정(情)을 적절하고 정당하게 운용하는 것을 이(理)라고 말하고 있다. 그러므로 '이(理)의 존재근거는 이(理)가 욕망 중에 있다.'는 것이다. 그렇다면 대진(戴震)이 말하는 인간 욕망의 근원(根源)은 무엇인가?

> 사람이 생겨날 수 있는 것은 혈기심지(血氣心知)가 있기 때문이다.402)

> 욕(欲)은 혈기(血氣)에서 생겨난다.403)

대진(戴震)은 사람이 혈기(血氣)·심지(心知)가 있기 때문에 생(生)할 수 있는 것이며, 욕망은 혈기(血氣)에서 나온다고 했다. 욕망은 기질지성(氣質之性)인 혈기(血氣)에서 나오기에 인간의 삶에 있어 근원적인 행동양식이며, 이것을 추론해 보면 욕망이 있기 때문에 인간이 존재할 수 있는 것이다. 또한 인간의 욕망을 긍정한다는 것은 기질지성(氣質之性)을 성(性)으로 본다는 것으로 주희(朱熹)의 이

---

400) 『孟子字義疏證』, 卷 上, 「理」: "理也者, 情之不爽失也, 未有情不得而理得者也."
401) 『孟子字義疏證』, 卷 上, 「理」: "今以情之不爽失爲理, 是理者存乎欲者也."
402) 『孟子字義疏證』, 卷 上, 「理」: "夫人之生也, 血氣心知而已矣."
403) 『孟子字義疏證』, 卷 上, 「理」: "欲生於血氣."

욕관(理欲觀)과는 선명한 구별이 이루어지고 있음을 볼 수 있다. 그러므로 인간에게 있어서 욕망이라는 것은 인간의 존재근거(存在根據)이다.

나아가 대진(戴震)은 정(情)의 의미에 근거하여 천리(天理)와 인욕(人欲)의 관계를 설명하고 있는데, 이는 앞에서도 살펴본 바와 같이 "절제하여 정(情)을 넘지도 정(情)에 모자라지도 않게 하는 것이 어찌 천리(天理)가 아니라고 하겠는가?"라고 한 데에서 알 수 있다. 그러므로 대진(戴震)은 인욕(人欲)과 천리(天理)의 관계를 말하여 욕망이 정(情)을 넘지 않은 상태를 천리(天理)라고 하였다. 이러한 정욕(情欲)의 관계는 욕망이 정(情)의 제한을 받아야 한다는 말로서 욕망이 지나치거나 절도에 맞는 기준이 정(情)이라는 말이다. 따라서 희로애락(喜怒哀樂)의 정(情)은 욕망이 작용되는 한계를 제시하고 있다.

결과적으로 말한다면 대진(戴震) 역시도 인욕(人欲)의 규정에 있어 '절제하여 정(情)에 모자라지도 넘치지도 않는 것.'을 의미함을 볼 수 있다. 그렇다면 대진(戴震)이 주장하고 있는 인욕긍정론(人欲肯定論)은 인욕(人欲)을 천리(天理)의 자연스러움이라고 판단한 것이지 인욕(人欲)의 무절제한 방임(放任)을 말하는 것은 아니다. 그러므로 인욕(人欲)에 관한 주희(朱熹)와의 차이는 인욕(人欲)을 천리(天理)의 본성으로 볼 것인가 아닌가의 문제이지 인욕(人欲)의 무절제한 방임(放任)이나 사욕(私欲)의 추구를 주장하는 것이 아님을 볼 수 있다. 이 무절제한 방임(放任)을 인지(認知)하고 조절하는 것이 주희(朱熹)의 견해에서는 '천리(天理)의 보존(保存)'이지만 대진(戴震)에게 있어서는 '정(情)'인 것이다.

따라서 그는 인간의 욕망은 정(情)의 바탕이라고 하여 다음과 같이 말하고 있다.

> 혈기(血氣)와 심지(心知)가 있으니 이에 욕(欲)이 있다. ……이미 욕(欲)이 있으니 이에 정(情)이 있다.[404]

이것은 인간의 욕망이 정(情)의 바탕으로, 정(情)이 생겨나기 이전에 욕망이 인간에게 존재하기에 정(情)이 생겨날 수 있다는 것으로 혈기(血氣) → 심지(心知) → 욕망 → 정(情)으로 이어지며, 인간에게 있어서 욕망이라는 것은 인간이 인간으로 존재할 수 있는 가능근거인 것이다. 그렇다면 혈기(血氣)와 심지(心知) 사이에서 욕망은 어디에 분속(分屬)되는 것일까?

> 욕(欲)은 혈기(血氣)의 자연(自然)이요, 아름다운 덕(德)을 좋아하는 것은 심지(心知)의 자연(自然)이다. ……혈기(血氣)의 자연(自然)으로 말미암아 이를 살펴서 그 필연(必然)을 아니 이를 이의(理義)라고 한다. 자연(自然)은 필연(必然)과 같으니 두 가지 일이 아니다.[405]

위의 구절에서 나타나는 것처럼 욕망의 분속(分屬)을 혈기(血氣)에다 두고 있다. 그러므로 혈기(血氣)의 자연(自然)인 욕망과 심지

---

404) 『原善』, 卷 上: "凡有血氣心知, 於是乎有欲, ……旣有欲矣, 於是乎有情."
405) 『孟子字義疏證』, 卷 上, 「理」: "欲者, 血氣之自然, 其好是懿德也, 心知之自然, ……由血氣之自然, 而審察之, 以知其必然, 是之謂理義, 自然之如必然, 非二事也."

(心知)의 자연인 호덕(好德)을 대비하여 욕망과 혈기(血氣), 호덕(好德)과 심지(心知)는 자연(自然)이며, 필연(必然)인 것이고, 나아가서 혈기(血氣)와 심지(心知)가 둘이 아니라 하나이기에 욕망과 호덕(好德) 역시 하나이다. 그러므로 대진(戴震)의 인욕관(人欲觀)에서 인간이 덕(德)을 좋아하고 고양(高揚)해야 하는 것처럼 인욕(人欲) 역시도 인간이기에 당연히 존재하는 것이므로 배양(培養)해야 함을 강조하고 있음을 볼 수 있다. 그러나 이러한 인욕(人欲)의 긍정은 인욕(人欲)의 무절제한 방임(放任)을 말하는 것은 아니라 심지(心知)를 통하여 욕망을 절제해야 함을 말하고 있다.

요컨대 대진(戴震)의 천리 인욕관(天理 人欲觀)은 천리(天理)와 인욕(人欲)을 하나의 통일적 관계로 파악했음을 볼 수 있다. 나아가 대진(戴震)은 정주학(程朱學)에서 주장했던 본연지성(本然之性)과 기질지성(氣質之性)을 일러 본연지성(本然之性)은 원래부터 존재하지 않는다고 하여 기질(氣質)의 성(性)만이 인간의 본성이라는 견해를 피력하여 주희(朱熹)가 주장했던 보편으로서의 이개념(理槪念)을 버리고 이(理)의 특수성을 주장하였다.

또한 혈기심지론(血氣心知論)을 통하여 정주학(程朱學)에서 성(性)과 정(情)을 구분하였던 것을 반대하여, 성(性)과 정(情)은 혈기(血氣)와 심지(心知)의 자연인 것으로 자연은 필연으로 나아가기 위해 지속적으로 추구되어야 함을 말하고 있다. 나아가 공자(孔子)가 말한 “종심소욕불유구(從心所欲不踰矩)”를 자연(自然)과 필연(必然)으로 연결하여 다음과 같이 말하고 있다.

공자(孔子)는 "마음이 하고자 하는 대로 따라도 법도에 어긋나지 않는다."고 하였는데, 마음이 하고자 하는 대로 따르는 것은 자연(自然)이고 법도를 넘지 않는 것은 필연(必然)으로 돌아가는 것이다. 필연(必然)과 자연(自然)은 두 가지 일이 아니다. 자연(自然)에 나아가 밝히기를 다하여 조금도 잘못도 없는 것이 필연(必然)이다. 이와 같이 이후에 유감이 없고 이와 같이 이후에 편안하니 이것이 곧 성인(聖人)이 말하는 자연(自然)이다.406)

위의 구절에 드러나듯이 '마음이 하고자 하는 바를 따르는 것'은 혈기(血氣-몸)의 자연(自然-하고자 함)이다. 혈기(血氣)의 자연(自然)이기에 인간의 생명을 유지함에 있어 '자연스러움'을 말하는 것이다. 또한 '법도를 넘지 않는 것'은 필연(必然)으로 돌아가는 것이라 하였다. 필연(必然)으로 돌아가는 것은 필연(必然)으로서 심지(心知-정신)의 자연(自然)을 말하는 것으로 이것은 혈기(血氣-몸)의 자연(自然)인 욕망을 심지(心知-정신)의 인식작용(認識作用)을 통하여 선(善)의 방향으로 제어한 것을 의미한다.

그러므로 자연(自然)과 필연(必然)은 두 가지의 일이 아니기에 혈기(血氣-몸)의 자연(自然)과 심지(心知)로서의 필연(必然)은 동일한 것임을 알 수 있다. 따라서 몸의 욕망은 정신의 인식작용(認識作用)과 하나이며 나아가 몸의 욕망은 언제나 정신의 인식작용(認識作用)에 제어를 받고 있기에 이를 일러 성인(聖人)이 말하는 자연(自然)

---

406) 『緒言』, 卷 上: "孔子言從心所欲不踰矩, 從心所欲者自然也, 不踰矩者歸於必然也, 必然之與自然非二事也, 就其自然明之盡, 而無幾微之失焉, 是其必然也, 如是而後無憾, 如是而後安, 是乃聖賢之所謂自然也."

이라는 것이다.

이러한 이유로 인하여 대진(戴震)의 학문은 정주학(程朱學)에서 천리(天理)와 인욕(人欲)을 분리하여 천리(天理)를 보존을 위하여 인욕(人欲－私欲)의 제거를 주장했던 사상을 배격하고 천리(天理)의 온전함은 인욕(人欲)의 실현을 통하여 가능함을 말하고 있는 것이다. 그러므로 혈기(血氣)와 심지(心知)의 구체적인 내용인 욕망이 인간의 본성이기에 인간이 살아가면서 가지는 욕망이나 희로애락(喜怒哀樂)의 정(情)을 없앤다는 것은 불가능하며, 오히려 인간의 생존을 위해 없어서는 안 되는 생존근거(生存根據)인 것이다.

여기서 대진(戴震)의 인욕관(人欲觀)에 있어 천리(天理)와 인욕(人欲)의 관계를 살펴보면, 정주학(程朱學)에서 천리(天理)라 함은 '하늘이 부여한 도덕본성'이라 하여 보편적 인간들의 마음에 마땅히 내재되어 있어야 하는 절대적 가치를 지니는 의미라고 한다면 대진(戴震)에게 있어 천(天)은 자연천(自然天)일 뿐이요, 나아가 이(理)는 '특수(特殊)', 즉 어떠한 경우에는 적용할 수 있지만 어떠한 경우에는 적용할 수 없는 개념(槪念)으로서 인간에게 보편적으로 내재되어 있는 그러한 절대적 가치를 지니는 의미는 아니다.

그러므로 천리(天理)와 인욕(人欲)의 관계에 있어 정주학(程朱學)에서 주장하고 있는 '인욕(人欲)을 제거하여 천리(天理)를 보존한다.'는 논리에 정면으로 반박하고 있으며, 인욕(人欲)은 인간의 기질(氣質) 속에 내포되어 있는 자연스러움으로 혈기(血氣)와 심지(心知)라는 단어를 사용하여 표현하고 있다. 나아가 대진(戴震)에게 있어 천리(天理)와 인욕(人欲)의 관계는 인욕(人欲) 속에 천리(天理)가 있다고 하는 논리로서 천리(天理－主宰天으로서의 道德 本性 또는 法則이나 條理)의 의미를 인욕(人欲) 속에 포함시켜 천리(天理)의 보존을 위해 인욕(人欲)을 제거해야 하는 것이 아니라 인욕(人欲)의 올바른 사용과 배양이 천리(天理)에 순응하는 것이라는 논리를 피력하고 있다. 그리하여 대진(戴震)은 "절제하여 지나치지 않으면 천리(天理)에 맞다.(節而不過, 則依乎天理)"고 하여 천리(天理)라는 것은 절제하여 인욕(人欲)이 방종(放縱)하지 않은 상태를 의미하는 것이다.

따라서 대진(戴震)의 이러한 사상은 성(性)을 주희(朱熹)와 달리 해석하면서 자신의 사상을 전개하고 있다. 이에 임옥균은 "성(性)이란 음양오행(陰陽五行)의 기(氣)로부터 인간과 동물의 혈기(血氣)와 심지(心知)가 된 것으로 동물마다 다르므로 그것으로 동물의 특성을 구별할 수 있다는 것이다. 이것은 성(性)을 모든 생물이 갖고 있는 공통적인 이(理)로 파악하는 주자학(朱子學)에 대한 비판적 입장을 보여주는 것이며, 보편성보다는 개별성을 추구해 나가는 근대적 정신의 일단을 보여주는 것이다."[407]고 하고 있는 것이다.

또한 대진(戴震)은 "고요하여 사물에 감응하지 않으면 그 혈기(血氣)와 심지(心知)는 담담하여 잃어버리는 것이 없다. 그러므로 하늘의 성(性)이라고 한다. 바깥 사물에 감응하여 움직일 때에 욕망은 성(性)으로부터 나오니, 한 사람의 욕망은 천하 사람들과 같은 욕망이다. 그러므로 성(性)의 욕망이라고 한다."[408]고 하여 욕망이 성(性)의

---

407) 임옥균, 「戴震 人性論의 倫理學的 意義」, 한국동양철학회, 『東洋哲學』 제20집, 2003, p.96.
408) 『孟子字義疏證』, 卷 上, 「理」: "蓋方其精也, 未感於物, 其血氣心知,

자연스러운 발현임을 논증하고 있다.

따라서 욕망이 성(性)의 자연스러운 발현이라면 천리(天理)는 자연스럽게 인간의 욕망에 의해 규정되며, 욕망의 제대로 된 발현이 천리(天理)의 순응(順應)이라는 것을 의미하고 있다. 이렇듯 대진(戴震)에게 있어 천리(天理)와 인욕(人欲)의 관계는 욕망의 구체적인 발현이 천리(天理)의 자연스러운 모습이자, 천리(天理)의 보존(保存)임을 알 수 있다. 그러므로 대진(戴震)은 정주학(程朱學)에서 주장하고 있는 "인욕(人欲)을 제거하여 천리(天理)를 보존한다."는 것은 인간의 생명활동에 어긋난다고 하여 맹자(孟子)의 과욕론(寡欲論)을 들어 다음과 같이 설명하고 있다.

> 맹자(孟子)가 말하기를 마음을 기르는 데는 욕심을 적게 하는 것보다 좋은 것이 없다고 했으니, 욕심은 없을 수 있는 것이 아니고 적게 할 뿐인 것이 분명하다. 사람의 삶에 있어서 자기의 삶을 이루지 못하는 것보다 병통(病痛)이 되는 것이 없다. 자기의 삶을 이루고자 하고 또 다른 사람의 삶을 이루어 주고자 하는 것이 인(仁)이다. 자기의 삶을 이루고자 하면서 다른 사람의 삶을 해치는 데 이르러서도 돌아보지 않는 것이 불인(不仁)이다. 불인(不仁)은 실제로 자기의 삶을 이루고자 하는 마음에서 시작된다. 만일 욕심이 없으면 불인(不仁)도 없다. 그러나 만일 이 욕심이 없다면 천하(天下) 사람들의 삶의 길이 궁핍해져도 멍하니 그것을 보고만 있게 될 것이다. 자기가 반드시 자기의 삶을 이루고자 하지 않으면서 다른 사람의 삶을 이루어 주고자 하

湛然無有失, 故曰天之性, 及其感而動, 則欲出於性, 一人之欲, 天下人之所同欲也, 故曰性之欲."

는 이러한 사실은 없다. 그런즉 정(正)에서 나오지 않으면 사(邪)에서 나오고 사(邪)에서 나오지 않으면 정(正)에서 나온다고 말할 수 있지만, 이(理)에서 나오지 않으면 욕(欲)에서 나오고 욕(欲)에서 나오지 않으면 이(理)에서 나온다고 말할 수는 없다.409)

위의 구절에서 알 수 있듯이 인간에게 있어 욕망은 없앨 수 있는 것이 아니라고 하여 만약 욕망이 없으면 인(仁)도 없고 불인(不仁)도 없게 된다고 하였다. 이는 주희(朱熹)의 이욕관(理欲觀)에 정면으로 반대하는 것이다.

주희(朱熹)는 이(理)와 욕망을 대립시켜 이(理)에서 나오지 않으면 욕망에서 나오고 욕망에서 나오지 않으면 이(理)에서 나온다고 하였는데 이것은 적어도 대진(戴震)의 견해에서는 잘못된 것이다. 대진(戴震)에게 있어 욕망이란 자연(自然)으로서 없앨 수 없는 것이다. 그러므로 욕망이 없다면 인(仁)도 불인(不仁)도 사람에게는 없는 것이 되어버리고 만다. 따라서 대진(戴震)은 맹자(孟子)의 말을 해석하여 욕망은 없앨 수 있는 것이 아니라 줄여야 하는 것으로 파악하고 있는 것이다.

또한 여기서 주목해야 할 점은 대진(戴震) 역시 욕망의 '중절(中

---

409) 『孟子字義疏證』, 卷 上, 「理」: "孟子言, 養心莫善於寡欲, 明乎欲不可無也, 寡之而已, 人之生也, 莫病於無以遂其生, 欲遂其生, 亦遂人之生, 仁也, 欲遂其生, 至於戕人之生而不顧者, 不仁也, 不仁實生於欲遂其生之心, 使其無此欲, 必無不仁矣, 然使其無此欲, 則於天下之人生道窮促, 亦將漠然視之, 己不必遂其生, 以遂人之生, 無是情也, 然則謂不出於正則出於邪, 不出於邪則出於正, 可也, 謂不出於理則出於欲, 不出於欲則出於理, 不可也."

節)’을 주장하고 있다는 것이다. 이러한 ‘중절(中節)’을 지켜나가면서 욕망을 배양(培養)할 때 천리(天理)에 순응(順應)하는 것이지 욕망을 절제하거나 조절하지 않고 마음껏 사용하라고는 하지 않는다. 이러한 ‘중절(中節)’을 지킬 수 있는 근거(根據)가 바로 ‘정(情)’이다.

따라서 욕망이 천리(天理)에 순응(順應)하되 공평(公平)해야 함을 강조하여 “좋아하고 싫어함이 이미 형성되면, 자기가 좋아하고 싫어함을 다해서 다른 사람이 좋아하고 싫어함을 잊고 종종 다른 사람을 해쳐서 자기의 욕망을 다한다. 자신을 돌아보는 사람은 다른 사람이 그의 욕망을 다해서 내 자신이 그것을 받게 되는 상황을 생각한다. 공평한 실정을 얻은 것, 이것이 좋아하고 싫어함의 절도(節度)가 되고 천리(天理)에 의거하는 것이 된다.”410)고 하여 욕망의 발현(發現)은 천리(天理)이나 그 발현(發現)은 다시 천리(天理 – 절도에 맞는 것 또는 天然의 분리411)와 같은 것)에 의거한 발현(發現)이어야 함을 말하는 것이다. 나아가 대진(戴震)이 기본적으로는 ‘정(情)’을 통하여 욕망의 ‘중절(中節)’을 주장하고 있다는 것은 그 기초에 욕망의 배양(培養)함을 주장하고 있는 것이다. 만약 대진(戴震) 스스로 주희(朱熹)의 논리와 같이 천리(天理)의 보존(保存)을 위해 욕망의 절제(節制)를 주장하였다면 ‘정(情)’을 통하여 욕망의 ‘중절(中節)’을 논할 필요가 없었기 때문이다.

---

410) 『孟子字義疏證』, 卷 上, 「理」: “好惡旣形, 遂己之好惡, 忘人之好惡, 往往賊人之逞欲, 反躬者, 以人之逞其欲, 思身受之之情也, 情得其平, 是爲好惡之節, 是爲依乎天理”
411) 『孟子字義疏證』, 卷 上, 「理」: “天理, 適如其天然之分理也.”

따라서 대진(戴震)이 천리(天理)의 보존(保存)을 위해 욕망의 실현(實現)을 주장하였다면 그 욕망의 실(實現)현이라는 것이 무엇인가를 고찰해야 한다. 그러므로 대진(戴震)은 인간의 삶을 위해 욕망이 필요한 것임을 강조하여 적극적으로 긍정하며 다음과 같이 말하고 있다.

> 무릇 행위(行爲)가 있는 것은 모두 욕(欲)에서 있다. 욕(欲)이 없으면, 행위(行爲)도 없으며, 욕(欲)이 있은 다음에 행위(行爲)가 있다. 행위(行爲)가 있어서 지극히 마땅하여 바뀔 수 없는데 귀결되는 것을 이(理)라 한다. 욕(欲)이 없으면 행위(行爲)도 없으니 어찌 이(理)가 있겠는가?[412]

> 무릇 일하는 것은 모두 욕(欲)에서 있다. 욕(欲)이 없으면 행위(行爲)도 없으니 욕(欲)이 있은 연후에 행위(行爲)가 있게 되는 것이다.[413]

따라서 인간에게 있어서의 욕망은 인간의 존재근거로서, 욕망이 없으면 행위(行爲)도 없고 욕망이 없으면 이(理)도 없다. 그러므로 정(情)이나 지(知)를 포함한 인간 마음의 모든 작용은 욕망이 있으므로 존재할 수 있는 것이고, 욕망이 있기에 가능한 것이다. 이것을 바꾸어 말하면 천리(天理)로서의 '욕망의 바름'은 '정(情)의 참됨'과 '지(知)의 정확함'으로 인하여 기인됨을 알 수 있다.

그러므로 대진(戴震)의 욕망론을 고찰함에 있어 욕(欲)·정(情)·

---

412) 『孟子字義疏證』, 卷 下, 「權」: "凡有爲皆有於欲, 無欲則無爲矣, 有欲而後有爲, 有爲而歸於至當不可易之謂理, 無欲無爲又焉有理."
413) 『孟子字義疏證』, 「後序」: "凡事爲皆有於欲, 無欲則無爲矣, 有欲而後有爲."

지(知)의 관계는 실로 중요한 의미를 주고 있다. 따라서 이 문제는 '사폐론(私蔽論)'과 밀접한 연관이 있기에 다음 항에서 좀 더 구체적으로 살피기로 하자.

나아가 대진(戴震)은 공자(孔子) 이후로 유가철학(儒家哲學)의 최고 명제인 '인(仁)'을 고찰하면서 '인(仁)'의 존재근거(存在根據)에 인욕(人欲)의 존재함으로 파악하고자 했다.414) 또한 대진(戴震)은 인(仁)의 확충(擴充)은 선(善)이라 하였으며 이러한 인(仁)은 나의 하고자 함에 대한 확장과 충족에만 국한된 것이 아니라 타인의 욕망도 인정하고 배양(培養)해야 한다는 점을 지적하고 있다.

『논어(論語)』에 "자기가 하고 싶지 않은 것을 남에게 하지 말라."415)는 것처럼 나 자신의 욕망의 인정을 위해서는 타인(他人)의

---

414) 『孟子字義疏證』, 卷 上, 「理」에서 말하기를 "자기의 삶을 이루고자 하고 또한 다른 사람의 삶을 이루어 주고자 하는 것이 인이다. 자기의 삶을 이루고자 하면서 다른 사람의 삶을 해치는 데 이르러서도 돌아보지 않는 것이 불인이다. 불인은 실제로 자기의 삶을 이루고자 하는 마음에서 시작된다. 만일 이 욕이 없다면 반드시 불인도 없다. 그러나 만일 이 욕이 없다면 천하 사람들의 삶의 길이 궁핍해진 데에 대해서도 멍하니 그것을 보고만 있게 될 것이다. 자기가 반드시 자기의 삶을 이루고자 하지 않으면서 다른 사람의 삶을 이루어 주고자하는 경우는 없다.(欲遂其生, 亦遂人之生, 欲遂其生, 至於戕人之生而不顧者, 不仁也, 不仁, 實始於欲遂其生之心, 使其無此欲, 必無不仁矣, 然使其無此欲, 則於天下之人, 生道窮促, 亦將漠然視之, 已不必遂其生, 而遂人之生, 無是情也.)"고 하였다. 이로서 미루어 볼 때, 자기의 것을 이루고자 하고 또한 남의 것을 이루어 주고자 하는 것이 인이라면 무엇인가를 이루고자 하는 마음이 인이라는 것으로 말해질 수 있을 것이다. 따라서 내가 무엇인가를 이루고 나아가 남에게 무엇인가를 이루어 주고자 하는 것 또는 마음이 인이라면 대진의 철학 안에서는 인은 욕을 포함하고 있다고 할 것이다.

욕망을 마땅히 인정해야 한다는 도덕률(道德律)을 의미하는 것이다.
나아가 대진(戴震)은 "욕(欲)이 정도를 잃어버리는 것이 사(私)이다.
(欲之失爲私)"고 하여 사람들이 욕망을 추구함에 있어 사사로움을
경계하고 있다. 그러므로 대진(戴震)에게 있어 인욕(人欲)은 '사사롭
지 않아야 한다'는 도덕적 의식 위에 욕망의 정당한 발현은 인(仁)
이 되는 것이다.

또한 대진(戴震)은 성선(性善)을 밝힘에 있어 사람의 심지(心知)의
사용됨으로 선(善)을 밝힐 수 있다고 하여 다음과 같이 말하고 있다.

사람의 심지(心知)는 사람들이 날마다 쓰는 인륜(人倫)에서 곳에 따
라 측은(惻隱)을 알고, 수오(羞惡)를 알고, 공경(恭敬)과 사양(辭讓)을
알고, 시비(是非)를 알아 단서(端緖)를 들 수 있으니, 이것을 성선(性
善)이라 한다. 측은(惻隱)을 알아 그것을 확충(擴充)하면 인(仁)이 다
하지 않음이 없고, 수오(羞惡)를 알아 그것을 확충(擴充)하면 의(義)가
다하지 않음이 없고, 공경(恭敬)과 사양(辭讓)을 알아 그것을 확충(擴
充)하면 예(禮)가 다하지 않음이 없고, 시비(是非)를 알아 그것을 확충
(擴充)하면 지(智)가 다하지 않음이 없다. 인의예지(仁義禮智)는 아름
다운 덕(德)의 세목이다.[416]

---

415) 『論語』, 「顔淵」－2: "己所不欲 勿施於人."
416) 『孟子字義疏證』, 卷 中, 「性」: "人之心知, 於人倫日用, 隨在而知惻隱,
　　　知羞惡, 知恭敬辭讓, 知是非, 端緒可擧, 此之謂性善, 於其知惻隱, 則
　　　擴以充之, 仁無不盡, 於其知羞惡, 則擴以充之, 義無不盡, 於其知恭敬
　　　辭讓, 則擴以充之, 禮無不盡, 於其知是非, 則擴以充之, 智無不盡, 仁
　　　義禮智, 德之目也."

위의 구절에 드러나듯이 심지는 사람들이 사용하는 인륜(人倫) 속에서 드러나며 여기에 측은(惻隱), 수오(羞惡), 공경(恭敬), 사양(辭讓), 시비(是非)의 단서(端緒)가 있기에 성(性)이 선(善)하다고 하였다. 그러므로 대진(戴震)에게 있어 인의예지(仁義禮智)는 선(善)에 속하는 내용들이며, 나아가 인의예지(仁義禮智)를 행(行)하고자 하는 욕망은 그 사사로움이 없다면 인욕(人欲) 자체가 인(仁)·의(義)·예(禮)·지(智)인 것이다.

또한 대진(戴震)은 『원선(原善)』의 첫머리에 선(善)을 정의하여 "선(善)은 인(仁)이라고 하고 예(禮)라고 하고 의(義)라고 한다."417)고 하였다. 이로써 볼 때 대진(戴震)에게 있어 인의예지(仁義禮智)는 인간에게 있어 선(善)의 내용이며, 이러한 인(仁)의 실현이 덕(德)의 조화인 것이다. 그러므로 사사로움이 없는 인욕(人欲)이 인의예지(仁義禮智)이고 인의예지(仁義禮智)는 선(善)이라고 한다면 대진(戴震)의 사상은 인간의 본성을 선(善)이라 보고 있다는 것이고, 나아가 선(善)의 자연스러운 발로인 욕망의 실현은 마땅히 천리(天理)에 순응하는 선(善)인 것이다.

그러므로 대진(戴震)은 "이른바 인의예지(仁義禮智)는 혈기(血氣)와 심지(心知)의 이름인 것으로, 천지(天地)의 변화에 근원(根源)한 것이 천지(天地)의 덕(德)에 조화할 수 있는 것을 이르는 것이다."418)라는 결론에 도달하여 인욕(人欲)의 자연스러움은 선(善)의 실현이고

---

417) 『原善』, 卷 上: "善曰仁曰禮曰義."
418) 『孟子字義疏證』, 卷 中, 「性」: "所謂仁義禮智, 卽以名其血氣心知, 所謂原於天地之化者之能協於天地之德也."

천지(天地)의 덕(德)에 조화할 수 있는 근거임을 알 수 있다. 이것을
임옥균은 "대진(戴震)의 자연(自然)과 필연(必然)으로 연결시켜 본다
면 욕망은 자연(自然)이고 사사로움과 치우침이 없으면 필연(必然)이
다. 그러므로 성(性)은 자연(自然)이고 선(善)은 필연(必然)이다. 나아
가 '무엇인가를 하고자 하는 것'은 성(性)이고 이것이 잘못이 없을
때는 선(善)이라는 것으로, 대진(戴震)에게 있어 선(善)이라는 것을
주희(朱熹)처럼 '부여받은 것을 회복하는 것(復其初)'을 말하는 것이
아니라, 성(性)을 바탕으로 해서 잘못이 없는 善의 방향으로 '쌓아 올
라가서 이루는 것(積而致)'이라고 파악하고 있음을 알 수 있다."419)고
한 것이다. 따라서 대진(戴震)은 도덕성의 실현(天理의 保存과 발현)
마저도 욕망의 건전한 발휘를 통하여 가능함을 말하고 있다.

> 옛 성현의 이른바 인(仁)·의(義)·예(禮)·지(智)는 이른바 욕(欲)
> 의 바깥에서 찾는 것이 아니요, 혈기(血氣)·심지(心知)를 떠나는 것
> 이 아니다.420)

인의예지(仁義禮智)를 행(行)할 수 있다는 것은 인간을 도덕적 의
식(道德的 意識)이 확립되어 있는 인간으로 본 것이다. 그러므로 인
간에게 욕망의 존재가 바로 도덕성(道德性)의 기반이다. 그러므로
대진(戴震)은 철저하게 인간의 욕망을 긍정하고 있다.

---

419) 임옥균, 앞의 논문, p.99.
420) 『孟子字義疏證』, 卷 中, 「性」: "古賢聖所謂仁義禮智, 不求於所謂欲之
　　 外, 不離乎血氣心知."

요약하면 대진(戴震)에게 있어 천리(天理)와 인욕(人欲)의 관계는
천리(天理)의 보존(保存)은 인욕(人欲)을 통하여 이루어진다고 보았
으며, 나아가 사사롭지 않고 정(情)을 통하여 '중절(中節)'을 지키는
욕망을 일러 '천리(天理)'라고 하였다. 그러므로 한마디로 말해 천리
(天理)와 인욕(人欲)의 관계는 인욕(人欲)이 천리(天理)를 통섭(通攝)
하고 있는 것이다. 그러므로 사사롭지 않고 중절(中節)을 지켜나가는
인욕(人欲)의 배양(培養)이 천리(天理)이기에 대진(戴震)은 인욕(人
欲)을 적극적으로 긍정하여 '거인욕(去人欲)' 내지 '무욕(無欲)'을 추
구하는 송대 이학(宋代 理學)의 금욕주의적 수양방법(修養方法)을
정면으로 거부하고 있다. 그러나 대진(戴震)의 욕망에 대한 긍정은
욕망의 '무절제한 방임(放任)'이 아니라 '균형 있는 절제(節制)'를 전
제하고 있다는 점을 주목해야 한다.

뿐만 아니라 대진(戴震)은 송대 성리학(宋代 性理學)이 '이(理)'로
서 묶어버렸던 욕망을 풀어내어 생명활동의 원천으로 삼고 있다. 그
러므로 이(理)의 출발점을 욕망이라 보고 있으며, 나아가 이(理)가
욕망 가운데 있는 것이라 하여 송대 성리학(宋代 性理學)이 대립적
으로 파악한 이(理)와 욕망을 통합하려고 하였다.

3) 私蔽論

대진(戴震)은 인욕(人欲)을 천리(天理)의 대립 개념으로 보지 않았
으며 인욕(人欲) 그 자체를 악(惡)의 근원(根源)이라고도 하지 않는

다. 인욕(人欲)을 천리(天理)의 자연스러운 발현(發現)이라고 보는 대진(戴震)의 성악관(善惡觀)과 수양이론(修養理論)을 살펴본다면 주희(朱熹)와 대진(戴震)의 차이를 명확히 할 수 있다. 따라서 본 장에서는 대진(戴震)의 선악관(善惡觀)과 사폐론(私蔽論) 그리고 수양이론(修養理論)을 살펴볼 것이다.

대진(戴震)의 인성론(人性論)의 공식은 '자연으로부터 필연에 이르는 것.'이라면, 도덕론(道德論)의 공식은 '모든 사물에 법칙이 있는 것.'이고 도덕 인식론(道德 認識論)의 공식은 '욕망이 정당하면 그것이 곧 이(理)이다.'라는 것이다. 즉 이의(理義)는 대진철학(戴震哲學)의 중심의제이다.

따라서 김태동은 대진철학(戴震哲學)의 논리적 구조에 대하여 다음과 같이 말하고 있다.

> 인도(人道)의 근거(根據)는 인간의 본성(本性)이고 인간의 본성(本性)은 자연계에서 발원(發源)하는 것으로 볼 수 있다. 그러므로 그가 천명하려는 인도(人道)는 사물의 욕망에서 발원한 '법칙(法則)'이었으며, 그가 비판하려고 한 것은 '하늘에서 얻은 마음이 간직된' 인욕(人欲)을 억제하고 질식시키고자 했던 주희(朱熹)의 '이(理)'이다. 그러므로 대진(戴震)은 혈기심지(血氣心知)의 인식론(認識論)을 전개하면서 인식대상인 '물(物)'을 혈기(血氣)와 심지(心知)의 주체를 통하여 인식(認識)한다고 하였다. 혈기(血氣)와 심지(心知)는 모두 작용력을 발휘하는데, 스스로 작용력을 가진 것을 욕망이라 정의할 수 있다.421)

---

421) 김태동, 앞의 논문, p.157.

그러므로 대진(戴震)은 '물(物)'을 인식하는 욕망과 함께 심지(心知)가 작용하여 정도를 잃지 않으면 바른 인식(認識)이 이루어지지만, 그렇지 못할 때는 욕망은 사욕(私欲)에 빠지고 지(知)는 가려지게 된다고 하였다. 대진(戴震)은 사(私)와 폐(蔽)를 없애야 함을 주장하고 있으며 그러한 방법(方法)으로 심지(心知)의 작용을 강조하고 있는 것이다.

> 욕(欲)이 그릇되어 사(私)가 되는데 그 삿됨에는 탐냄과 간사함이 따르게 된다. 정(情)이 그릇되어 치우침이 되는데 그 치우침에는 어김과 벗어남이 뒤따른다. 지(知)가 그릇되어 가림이 되는데 그 가림에는 틀림과 오류가 따른다. 삿되지 않으면 그 욕(欲)은 모두 인(仁)이요 모두 예의(禮義)이다. 치우치지 않으면 그 정(情)은 반드시 화이(和易)롭고 평화로우며 용서함이다. 가림이 없으면 그 앎은 곧 총명하고 성스러운 지혜이다.[422]

욕망이 잘못되면 사욕(私欲)이 되고, 욕망이 정당하면 인(仁)이 되는 것이다. 정(情)이 잘못되면 치우친다고 말하고, 정당하면 '화이(和易)'하고 '평서(平恕)'하다고 말한다. 나아가 심지(心知)의 작용의 잘못됨을 가린다고(蔽) 하고 정당하면 총명하고 성인(聖人)의 경지라고 하고 있다. 그러므로 대진(戴震)은 인식(認識)의 오류에 있어 순서와

---

422) 『孟子字義疏證』, 卷 下, 「才」: "欲之失爲私, 私則貪邪隨之矣, 情之失爲偏, 偏則乘戾隨之矣, 知之失爲蔽, 蔽則差謬隨之矣, 不私則其欲皆仁也, 皆禮義也, 不偏則其情必和易而平恕也, 不蔽則其知乃所謂聰明聖智也."

영향에 대하여 '혈기(血氣) → 욕망 → 사(私)'와 '심지(心知) → 지(知) → 폐(蔽)'의 순서로 진행됨을 알 수 있다.

그렇다면 혈기(血氣)에서 나타난 '욕망'이 '사(私)'가 될 때의 그 '실(失)'의 척도는 무엇인가? 또한 그것은 무엇을 기준으로 삼기에 그렇게 되는 것인가에 대한 의문이 발생한다. 그 해답은 다음 구절에 나타나고 있다.

> 인간의 질환으로는 사(私)와 폐(蔽)가 있다. 사(私)는 정(情)과 욕(欲)으로부터 생기고 폐(蔽)는 심지(心知)로부터 생겨난다. 사(私)가 없는 것은 인(仁)이다. 폐(蔽)가 없는 것이 지(知)이다.[423]

사(私)가 정(情)과 욕망으로부터 발생한다는 것은 욕망의 실(失)은 정(情)에 근거(根據)한다는 것임을 알 수 있다. 그렇다면 대진(戴震)에게 있어 정(情)은 무엇이며 정(情)과 욕망의 관계는 무엇인가? 또한 주희(朱熹)와는 어떻게 달리 말해지고 있는가를 살펴보자.

앞에서도 언급하였듯이 주희(朱熹)는 심(心)이 몸을 주재(主宰)한다고 하였다. 그러므로 심(心)은 성(性)과 정(情)을 갖추고 있는데 심(心)이 움직이지 않은 것은 성(性)이며 움직인 것은 정(情)이다. 또한 정(情)이 발(發)하여 나온 것이 욕망[424]으로, 이러한 정(情)은 이(理)를 따라 발현(發現)되기도 하나 이(理)를 따르지 않아 사욕(私欲)으

---

423) 『孟子字義疏證』, 卷 上, 「理」: "人之患, 有私有蔽, 私出於情欲, 蔽出於心知, 無私仁也, 不蔽知也."
424) 『朱子語類』, 卷5, 「性理二」: "欲是情發出來底."

로 나타나기도 한다.

그러나 대진(戴震)에게 있어서는 심(心)이 성(性)에 포함되는 것이다. 이것은 주희(朱熹)와 대진(戴震)의 이개념(理槪念)이 다르기 때문이다. 대진(戴震)에게 있어 심(心)은 혈기(血氣)와 함께 성(性)에 통섭(通攝)되는 것이다. 따라서 주희(朱熹)는 욕망이 정(情)에서 나온다고 보는 반면에 대진(戴震)은 정(情)이 욕망에서 나온다고 보는 것에서 그 차이가 드러난다. 주희(朱熹)는 정(情)의 발현(發現)이 이치(理致)를 따르지 않는 것을 '사(私)'라 하여 이(理)와 인욕(人欲)을 대립적으로 파악하였지만 대진(戴震)은 욕망을 부정적으로 보지 않고 인간의 자연스러운 바람(自然)으로 보았으며 그러한 자연(自然)의 상호관계 속에서 정(情)이 발생한다고 하였다.[425]

따라서 대진(戴震)에게 있어 '실(失)'의 척도는 '정(情)'에 있음을 알 수 있다. 그래서 대진(戴震)은 "이미 욕(欲)이 있으니 이에 정(情)이 있다."[426]고 하였다. 이 점에서 대진(戴震)에게 있어 정(情)의 의미를 고찰해 보면 앞의 항에서도 지적한 것처럼 천리(天理)와 인욕(人欲)의 관계를 말함에 있어 대진(戴震)은 '욕망이 情을 넘지 않는

---

425) 임옥균, 「戴震哲學에 나타난 朱子學的 사유의 비판에 관한 연구」, 성균관대학교 박사학위논문, 1994, P.94.에서 이것을 도표화하여 다음과 같이 표현하고 있다.

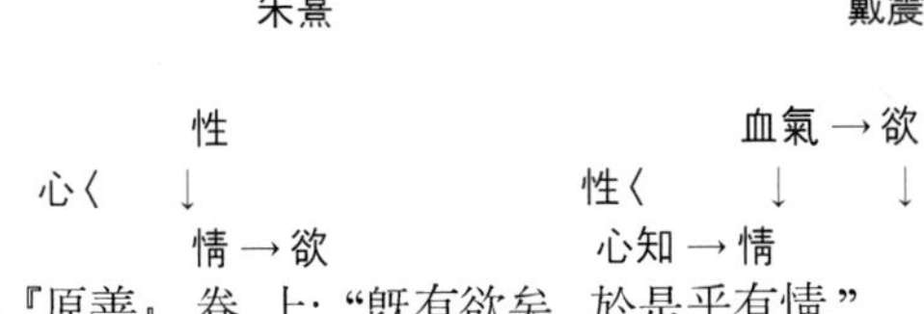

426) 『原善』, 卷 上: "旣有欲矣, 於是乎有情."

것.'이라 하였다. 그러므로 정(情)과 욕망의 관계는 정(情)이 욕망의 제한을 받아야 한다는 것이며, 욕망이 자니치거나 절도에 맞는 기준이 바로 정(情)이라는 것임을 알 수 있다. 따라서 희로애락(喜怒哀樂)의 정(情)은 욕망이 작용되는 한계를 제시하고 있음을 알 수 있다. 또한 대진(戴震)은 정(情)은 욕망의 기준이 되지만 욕망의 통제는 '지(知)'가 하는 것이라 하여 다음과 같이 말하고 있다.

> 오직 욕(欲)이 있고 정(情)이 있고 또 지(知)가 있은 연후에 욕(欲)이 이루어지고, 정(情)이 통달(通達)할 수 있다. 천하의 일은 욕(欲)을 이루어지게 하는 것이며, 정(情)이 통달(通達)할 수 있게 하는 것이다. 오직 사람의 지(知)는 작게는 미추(美醜)의 극치(極致)를 다할 수 있고, 크게는 시비(是非)의 극치(極致)를 다할 수 있다. 그런 이후에 자기의 욕(欲)을 다하는 자는 넓혀서 남의 욕(欲)을 이루어 줄 수 있고, 자기의 감정을 통달(通達)한 사람은 넓혀서 남의 감정을 통달(通達)시킬 수 있다. 도덕(道德)의 성(盛)함은 사람의 욕(欲)이 이루지 못함이 없게 하고, 사람의 정(情)이 통달(通達)하지 못함이 없게 하는 것, 이것일 뿐이다.[427]

그러므로 욕(欲)·정(情)·지(知)가 존재한 연후에 욕망은 이루어지고 정(情)이 통달(通達)할 수 있는 것이다. 그러나 욕망과 정(情)이

---

427) 『孟子字義疏證』, 卷 下, 「才」: "惟有欲有情而又有知, 然後欲得遂也, 情得達也, 天下之事, 使欲之得遂, 情之得達, 斯已矣. 惟人之知, 小之能盡美醜之極致, 大之能盡是非之極致. 然後遂己之欲者, 廣之能遂人之欲. 達己之情者, 廣之能達人之情. 道德之盛, 使人之欲無不遂, 人之情無不達, 斯已矣."

이루어지고 난 다음에는 지(知)가 욕망과 정(情)을 통제하여 나와 타인의 욕망과 정(情)을 이루어지게 하는 것이라 하고 있다. 따라서 지(知)가 있기에 욕망과 정(情)의 통제와 사회적 확충이 가능하다는 것임을 알 수 있다. 이것은 혈기(血氣)에서 나오는 욕망이 있기에 정(情)이 나올 수 있으며 이 정(情)은 결국 심지(心知)에 의해 통제받는다는 것이다. 따라서 욕망의 '실(失)'은 정(情)에 근거한 것임을 알 수 있다.

요컨대 사(私)와 폐(蔽)의 문제가 제거되고 난다면 인간의 욕망의 추구는 정당하다는 것으로 노자(老子)와 석가(釋迦)가 주장한 무욕(無欲)은 현실을 무시한 결과라고 하여 비판하는 것이다. 대진(戴震)은 인성(人性)의 실체를 혈기(血氣)와 심지(心知) 두 부분으로 나누고 혈기(血氣)와 심지(心知)가 있은 후에 욕(欲)·정(情)·지(知)가 있다고 하여 이 세 가지는 자연 생명의 본능에 속하는 것이라 하였다. 정(情)과 욕망은 혈기(血氣)에서 나오는 것으로 반드시 충족되어야 하는 것으로 생명 성장의 자연현상이다.

그러나 대진(戴震)은 자기의 정욕(情欲)을 추구하여 만족을 도모하지만 개인적인 차원에서 머무르는 것이 아니라 다른 사람의 정욕(情欲)도 이루어지기를 바라는 것을 인(仁)이라 본다. 그러므로 욕망을 없애는 것이 아니라 욕망을 인(仁)으로 나아가게 하는 것이 중요하다고 한다.

또한 지(知)는 인성(人性) 가운데 심지(心知)에서 나온다. 그 지(知)를 잘 사용하면 사사물물에 대하여 그 조리(條理)를 얻을 수 있는데 이것이 지(智)이다. 그러나 지(知)를 얻지 못하면 그것은 가려짐, 즉 폐(蔽)일 뿐이다. 그러므로 사사로움은 정욕(情欲)의 잘못됨에서 나오는 것이고 가려짐은 지(知)의 실(失)에서 나오는 것이다. 결국 사사로움이 없을 때 인(仁)이고, 가려짐이 없을 때 지(知)가 되는 것이다. 그래서 대진(戴震)은 인간의 욕망이 방종으로 나가는 것을 경고하고 사사로움과 가려짐을 극복하여 인(仁)으로 나가기 위해 서(恕)와 학(學)을 말하고 있다.

대진(戴震)은 이 점에서 수양(修養)의 방법론으로 서(恕), 혈(絜), 학(學)을 제시하고 있다. 그러나 이것은 실천적인 측면의 것이 아니라 이론적인 것이라 하여 『인간과 윤리』에서는 "이것은 주희(朱熹)의 거경궁리(居敬窮理)나 양명(陽明)의 치양지(致良知)처럼 명확한 것이 아니며, 대진(戴震) 자신이 그러한 노력을 한 흔적은 없다. 또 대진(戴震)의 이욕(理欲)에 관한 이론은 일종의 정치비판과 결부되어 전개된 것임에 유의할 필요가 있다. ……이와 같이 대진(戴震)의 인성론(人性論)은 실천자의 그것이 아니라 이론가의 이론으로서 제출된 것이다. 이 점에서 주희(朱熹)와 양명(陽明)과의 다른 성격을 엿볼 수 있다."428)고 비판하고 있다. 이런 비판에도 불구하고 대진(戴震)의 수양론(修養論)은 '서(恕)'와 '학(學)'에서 시작하고 있다. 수양론(修養論)으로의 '서(恕)'와 '혈(絜)'(타인의 마음을 내 마음으로 헤아리는 것) 그리고 '학(學)'을 살펴보면 다음과 같다.

공자(孔子)의 서(恕)는 "내가 하고 싶지 않은 것을 남에게 하게 하지 말라."라고 하는 소극적 의미의 도덕 명제인 것이었다. 그러나

---

428) 인간과 윤리 편찬위원회, 『인간과 윤리』, 계명대학교 출판부, 2000, pp.116-117.

대진(戴震)에게 있어서는 이러한 소극적 의미의 서(恕)를 적극적 의미의 서(恕)로 이해하고 있음을 볼 수 있는데, 혈기심지(血氣心知)의 사사로움인 실(失)을 제거하여 필연의 도덕법칙으로 가는 데에 필요한 적극적 방법이 서(恕)라고 하였다.

> 서(恕)란 공평하게 베푸는 것이다.[429]

즉 정(情)이나 욕망은 많은 사람들이 나와 같이 욕망이 있는 것이기에 나의 욕망을 통하여 사람의 욕망을 인정하여 주는 적극적 의미의 것이고 나아가 나의 욕망의 추구가 다른 사람에게 미치는 영향을 생각해 보는 것이 서(恕)의 진정한 의미이다.

또한 『논어(論語)』의 ‘서(恕)’와 『대학(大學)』의 ‘혈구지도(絜矩之道)’를 언급하여 다음과 같이 말하고 있다.

> 자공(子貢)이 “한마디 말로써 죽을 때까지 행할 수 있는 것이 있습니까?”라고 물으니, 공자(孔子)가 “서(恕)일 것이다. 자기가 하고자 하지 않는 것을 다른 사람에게 베풀지 말라.”고 하였다. 『대학(大學)』의 치국평천하(治國平天下)를 말하지만, “윗사람에게서 싫은 것을 가지고 아랫사람을 부리지 말며, 아랫사람에게서 싫은 것을 가지고 윗사람을 섬기지 말라.”는 말에 불과한데, 그것은 지위의 높고 낮음을 가지고 한 말이다. “앞 사람에게서 싫은 것을 가지고 뒷사람을 이끌지 말며, 뒷사람에게서 싫은 것을 가지고 앞사람을 따르지 말라.”는 말은 나보다 연장자인 사람과 연하자인 사람을 가지고 한 말이다. “오른쪽에서

---

429) 『原善』, 卷 下: “平所施之謂恕.”

싫은 것을 가지고 왼쪽 사람을 사귀지 말며, 왼쪽 사람에게서 싫은 것을 가지고 오른쪽 사람을 사귀지 말라.”는 말은 나와 동등한 사람을 가지고 한 말이다. “하고자 하지 않는 것.”이라고 말한 것과 “싫은 것.”이라고 말한 것은 사람의 상정(常情)에 불과하다. 이(理)를 말하지 않았지만 이(理)가 여기에서 다하여진 것이다.430)

위의 구절에 드러나듯이 사람이 죽을 때까지 행(行)할 수 있는 것은 서(恕)이며, 이것은 내가 하고자 하지 않는 것을 남에게 베풀지 않는다는 것이다. 따라서 사람마다 욕망과 정(情)을 가지고 있기 때문에 자기의 정(情)과 욕망을 헤아려 다른 사람의 정(情)과 욕망을 이루어주고, 필요한 경우에는 자기의 욕망과 정(情)을 절제할 수 있어야 한다는 것이다.

또한 대진(戴震)은 학(學)을 강조하는데, 학(學)을 이(理)를 구하는 방법으로 여겨 “가려짐을 제거하는 데는 공부만한 것이 없다.(解蔽莫如學)”고 하였다. 인간이 자연(自然) 상태에서 필연(必然)으로 나아갈 수 있는 근거는 인간의 심지(心知)에 있는데 인간에게 심지(心知)가 있고 이것을 통하여 필연(必然)의 순수중정(純粹中正)의 상태로 나아가는 방법은 학문(學問)임을 강조하는 것이다. 결국 유학(儒學)의 전반에 걸쳐 최고의 목표는 결국 성인(聖人)됨에 있다. 이러한

---

430) 『孟子字義疏證』, 卷 上, 「理」: “子貢問曰, 有一言而可以終身行之者乎, 子曰其恕乎, 己所不欲勿施於人. 大學言治國平天下不過曰, 所惡於上無以使下, 所惡於下無以使上, 以位之尊卑言也. 所惡於前無以先後, 所惡於後無以從前, 以類於我與我長言也. 所惡於右無以交於左, 所惡於左無以交於右, 以等於我言也. 曰所不欲曰所惡, 不過人之常情. 不言理而理盡於此.”

성인(聖人)됨의 가장 중요한 방법은 결국 '학(學)'을 말하지 않을 수 없는 것이다.

> 성인(聖人)의 경지는 사람이 쌓아서 이룰 수 있는 것이지만 반드시 학(學)으로부터 말미암는다.[431]

그러므로 성인(聖人)됨의 구체적인 방법으로 학(學)을 강조하고 있는 것은 주희(朱熹)는 학(學)의 과정이 기질(氣質)을 변화시켜 본래의 상태를 회복하는 것이라 여겼다면 대진(戴震)은 경전(經典)을 연구하고 성인(聖人)의 도(道)를 밝혀 심지(心知)를 기르는 것이 학(學)의 과정이라 보았던 차이가 있다. 그러므로 대진(戴震)에게 있어 학(學)은 본래의 상태가 학문(學問)을 통해 점점 발전해 나가고 쌓아서 이루는 것으로 파악하고 있다.

또한 그 학문(學問)의 방법은 경전(經典)을 통하는 것이지만 그 내용은 이의(理義)를 궁구(窮究)해 나가는 것이다. 따라서 욕망을 추구해 나감에 있어 이(理)의 기능을 강조하고 있다. 욕망은 적절하게 작용하면 인덕(仁德)을 이룰 수 있지만 부적절하게 작용하면 불인(不仁)의 위험이 있다. 그러므로 대진(戴震)은 욕망이 사욕(私欲)으로 기우는 것을 경계(警戒)하라고 지적하였으며 그 경계(警戒)의 기준으로 이(理)를 제시하고 있다.

정(情)이 지나침도 없고 정(情)이 미치지 못한 것도 없는 것이 이

---

431) 『孟子字義疏證』, 卷 中, 「性」: "聖人雖人之可積而致, 必然由於學."

(理)이다.432)

천리(天理)라고 하는 것은 자연의 나뉜 이(理)를 말하는 것인데, 자연의 나뉜 이(理)란 나의 정(情)으로 타인의 정(情)을 헤아려 그 평형을 얻는 것이다.433)

위의 구절에서 알 수 있듯이 천리(天理)란 욕망을 제거하는 것이 아니라 욕망이 사욕(私欲)으로 흐름을 제어하는 것이다. 따라서 '이(理)'라는 것은 인간의 본성에 내재되어 있는 욕망이 물(物)과 결합하면서 악(惡)하게 되는 경우가 있는데 이것을 바로잡아 주는 역할을 하는 것이 바로 천리(天理), 즉 이(理)이다. 따라서 정주학(程朱學)에서는 인간의 욕망을 멸(滅)하여 '이(理)'로 나아가야 하지만 대진(戴震)은 인간의 욕망을 경험하면서 이(理)를 실천해야 함을 말하고 있다.

그러므로 대진(戴震)은 정주학(程朱學)에서 이(理)로써 멸(滅)해 버렸던 욕망을 해방시켜 생명활동의 원천으로 삼았으며, 이(理)를 욕망에서 출발하고 나아가서 이(理)가 욕망 가운데 있는 것이라 하여 정주학(程朱學)에서 이욕관(理欲觀)을 정면으로 반대하고 있다. 예컨대 대진(戴震)은 "사람의 병통에는 사(私)가 있고 폐(蔽)가 있다. 사(私)는 정욕(情欲)에서 나오고 폐(蔽)는 심지(心知)에서 나온다.(人之患, 有私有蔽, 私出於情欲, 蔽出於心知)"고 하였다. 그러므로 대진

---

432) 『孟子字義疏證』, 卷 上, 「理」: "無過情, 無不及情之謂理."
433) 『孟子字義疏證』, 卷 上, 「理」: "天理云者, 言乎自然之分理也, 自然之分理也, 以我之情絜人之情, 以無不得其平是也."

(戴震)은 사(私)와 폐(蔽)가 없어야 인의예지(仁義禮智)의 온전한 덕(德)을 실현할 수 있다고 말한다. 그러나 인의예지(仁義禮智)는 혈기심지(血氣心知)가 정도를 벗어나지 않아야 도달할 수 있다. 그러므로 대진(戴震)은 인식에 있어서 사(私)와 폐(蔽)를 없애고 인(仁)과 지(智)에 도달해야 한다고 주장하면서 이것이 가능하기 위해서는 사람들마다 가지고 있는 욕망을 긍정하고 이루어 주어야 한다고 말하고 있다.

나아가 대진(戴震)에게 있어서 욕망의 실현과 절제의 문제가 아니라 사람들이 추구하는 욕망이 사(私)와 폐(蔽)에 의하여 치우치지 않음이 문제이다. 이러한 인식의 문제를 해결하는 주체가 바로 심지(心知)인 것으로 혈기(血氣)의 욕망이 사(私)로 치우치고 심지(心知)가 지(知)의 잘못된 요인으로 인하여 폐(蔽)로 가는 것이 잘못된 것이지 인간에게 있어 욕망의 구현이 잘못된 것은 아니라는 것이 대진 인식론(戴震 認識論)의 요체이다.

그러므로 대진(戴震)의 선악관(善惡觀)을 살펴보면 고재욱은 대진(戴震)의 인성론(人性論)을 일러 "그의 경우는 주희(朱熹)에서처럼 성(性)이 순수지선(純粹至善)한 것은 아니다. 대진(戴震)에게 있어 성(性)이란 사람이 태어나면서부터 지니고 온 가장 자연스러운 것으로써 그것은 결코 완전한 것이 아니다. 성(性)이 선(善)하다는 것은 오직 사람이 노력하여 욕망과 정(情)을 달성함으로써 도달할 수 있는 도달점을 말하는 것이다. 그러므로 대진(戴震)의 성선(性善)은 조금은 불완전한 성선설(性善說)이다. 오히려 성유선유악론(性有善有惡論)이라 하겠다."434)고 하여 대진(戴震)의 인성론(人性論)을 순수한 성선(性善)이 아니라 성유선유악론(性有善有惡論)이라고 주장하고 있다. 그러나 이러한 비판에도 불구하고 대진(戴震)은 자신의 저술에서 드러나듯이 맹자(孟子)의 사상(性善說)을 계승하고 있으며 그의 인성론(人性論)은 성악론(性惡論)보다 성선론(性善論)에 근접해 있다.

그러므로 대진(戴震)은 성선론(性善論)의 견지에서 사람들이 추구해야 할 것으로 선(善)을 밝히는 것을 강조하여 "마음의 주(主)가 되게 하는 것으로는 충(忠)과 신(信)이 가장 중요하고 추구해야 할 것으로는 선(善)을 밝히는 것이 가장 중요하다."435)고 하여 마음이 추구해야 할 것으로 가장 주요한 것이 바로 선(善)을 밝히는 것이라 하였다. 선(善)을 밝힌다는 것은 사(私)와 폐(蔽)로 인해 가려진 인간의 본성을 회복하는 것이고 회복한다는 것은 인(仁)으로 돌아감을 말하고 있는 것이다.

> 하늘의 덕(德)이라고 하는 것에는 세 가지가 있는데 인(仁), 의(義), 예(禮)라고 하니 이것은 선(善)의 큰 항목이고 행동의 기준이다.436)

그러하기에 그는 하늘의 덕인 인(仁), 의(義), 예(禮)를 선(善)을 향한 행동의 기준으로 설정하고 있음을 볼 수 있다. 또한 그 방법적인 것으로는 다음과 같이 말하고 있다.

---

434) 고재욱, 「戴震哲學研究」, 중국철학회, 『中國哲學』 제1집, 1985, p.70.
435) 『原善』, 卷 下: "得所主莫大乎忠信, 得所止莫大乎明善."
436) 『原善』, 卷 下: "是故謂之天德者三, 曰仁, 曰禮, 曰義, 善之大目也, 行之所節中也."

마음과 이의(理義)의 관계는 혈기(血氣)와 기욕(嗜欲)의 관계와 같고, 모두 성(性)으로부터 기인하는 것이다. ……의(義)와 이(理)는 다른 것이 아니며, 가부를 판단하여 합당한 것이니 이를 일러 이(理)와 의(義)라고 한다.[437]

따라서 선(善)으로 나아가기 위해 그 방법적으로 이의(理義)에 나아가야 함을 말하고 있다. 그러므로 그는 감각작용으로부터 얻어진 것이 절제를 얻고 적절한 균형을 유지하기 위해서는 이의(理義)에 따라가야 함을 강조하였다. 그러므로 이의(理義)를 다음과 같이 설명하고 있다.

맹자(孟子) 당시에 천하의 사람들이 이의(理義)가 자신의 본성(本性)인지 알지 못하고 도(道)를 해치는 말이 분출하여 선왕(先王)의 법도(法度)를 어지럽혔다.[438]

따라서 이의(理義)라는 것은 내 마음에 존재하여 나의 행동에 합당함을 주는 것으로 인간의 욕망이 물(物)과 결합했을 때, 사사로움으로 치우치지 않고 바르게 작용하게 할 수 있는 기준이 되는 것이다. 이처럼 이의(理義)가 자신의 본성이기에 도의(道義)와 욕망이 서로 밀접하게 묶여져 있다. 그러므로 대진(戴震)의 인성론(人性論)에

---

437) 『孟子字義疏證』, 卷 上, 「理」: "以此見之於理義, 一同乎血氣之於嗜欲, 皆性使然耳, ……理義非他, 可否之而當, 是謂理義."
438) 『原善』, 卷 下: "當孟子時, 天下不知理義之爲性, 害道之言紛出以亂先王之法."

나타난 욕망론은 도덕적(道德的) 욕망과 감각적(感覺的) 욕망은 모두 동등하게 인간의 본성에서 나오기에 이의(理義)를 통하여 인간의 욕망이 사욕(私欲)으로 치우치지 않을 수 있다는 주장이다.

> 보통 사람의 욕(欲)은 방종(放縱)하게 되면 사특하거나 편벽됨, 쟁탈과 난(亂)을 일으키는 지경까지 이르지만, 성인(聖人)의 욕(欲)은 미덕(美德)이 아닌 것이 없다. 욕(欲)은 같더라도 선악(善惡)의 차이가 이와 같다.439)

이와 같이 인간에게 보편적인 욕망이 존재하지만 이러한 욕망이 편벽되고 사특하게 되지 않기 위해서는 기준이 있어야 한다. 또한 동일한 욕망에도 선악(善惡)의 차이가 있기 마련인데 이러한 차이의 기준이 바로 이의(理義)이다.

그러므로 이의(理義)를 얻을 것을 강조하여 "맹자(孟子)가 말하기를 마음이 똑같이 옳게 여긴다는 것은 무엇인가? 이(理)이며, 의(義)이다. 성인(聖人)이란 먼저 우리들 마음의 그렇게 같은 바를 얻을 따름이다."440)라고 하여 성인(聖人)의 마음도 범부(凡夫)의 마음과 동일하나 이의(理義)를 얻은 것과 아닌 것의 차이에 의하여 분별됨을 말하고 있다.

나아가 대진(戴震)은 정욕(情欲)을 생명을 유지하기 위한 필수불

---

439) 『孟子字義疏證』, 卷 上, 「理」: "常人之欲, 縱之至於邪僻, 至於爭奪作亂, 聖人之欲, 無非懿德, 欲同也, 善不善之殊致若此."
440) 『孟子』, 「告子 上」: "孟子曰, 心之所同然者何也, 謂理也, 義也, 聖人先得我心之所同然耳."

가결한 것으로 인정하고 선(善)도 정욕(情欲)을 근거(根據)로 하여야 가능하다고 생각하였다. 혈기심지(血氣心知)나 욕(欲)·정(情)·지(知)는 모두 성(性) 자체이고 성(性)에 본래부터 있는 것이라고 보았기 때문에 만약 정욕(情欲)을 부정한다면 성(性) 자체가 존재할 수 없다는 결과가 된다. 비록 욕(欲)·정(情)의 상태를 선(善)이라 할 수 없지만 악(惡)으로서의 가능성보다는 선(善)으로서의 가능성을 더 중시하는 면에서 대진(戴震)은 욕(欲)·정(情)을 긍정하고 있음을 볼 수 있다.

대진(戴震)이 욕망과 정(情)을 긍정한다는 것은 욕망과 정(情)의 자연 상태를 선(善)이라는 필연(必然)에의 길로 이끌어야 한다는 문제가 발생한다. 따라서 이 문제를 해결하는 방법이 무엇인가를 밝혀야 할 것이다. 그 방법은 실(失)을 제거하는 것이다. 결국 성(性)을 자연(自然)으로 인지(認知)하면 성(性)에도 실(失)이 있다는 것이며, 성(性)의 실체(實體)인 욕(欲)·정(情)·지(知)도 실(失)이 있다는 것이 된다. 이 성(性)에서 실(失)을 없애는 것이 욕정(欲情)은 필연(必然), 즉 선(善)이 된다.

대진(戴震)은 앞에서도 언급하였듯이 "욕(欲)의 실(失)은 사(私)이고 정(情)의 실(失)은 편(偏)이며 지(知)의 실(失)은 폐(蔽)이다.(欲之失爲私, 情之失爲偏, 知之失爲蔽)"라 하고 또는 "사람의 근심에는 사사로움과 가려짐이 있다. 사사로움은 정(情)의 욕(欲)에서 나오고, 가려짐은 지(知)에서 나온다.(人之患有私有蔽, 私出於情欲蔽出於知)"라고 하였다. 사(私)는 자신의 욕망(私欲)만을 채우려고 하는 이기심에서 나오고 폐(蔽)는 오관에만 고집하여 인식이나 판단이 잘못되거나 바르지 않는 데서 생긴다. 이목구비(耳目口鼻)의 오관(五官)은 다만 보고 듣는 기능만 가지고 있지 사유(思惟)하지는 못하기 때문이다. 편(偏)은 정(情)의 치우침으로 인해 생긴다. 그러므로 대진(戴震)은 "사(私)는 (마음에 생기게 되면) (무엇을) 탐하게 되고 간사해지며, 편(偏)은 (하게 되면) 사람이 비뚤어지게 되고 폐(蔽)는 (하게 되면) 착오가 생긴다. 그러므로 사(私)가 되지 않으면 그 욕(欲)은 모두 인(仁)과 예(禮)와 의(義)가 되고 편(偏)하지 않으면 그 정(情)이 반드시 온화하여 편안할 것이며 폐(蔽)하지 않으면 그 지(知)는 총명한 성인(聖人)의 지혜(智)慧가 될 것이다.(私則貪邪隨之矣, ……偏則乖戾隋之矣, ……蔽則差謬隋之矣, 不私則其欲皆仁也皆禮也皆義也, 不偏則其情必和易而平恕也, 不蔽則其知乃所謂聽明聖智也)"라고 하여 사(私)와 폐(蔽)와 편(偏)의 폐해를 지적하고 결국 욕망을 달성하여 선(善)을 이룰 수 있는 방법으로 무사(無私), 무편(無偏), 무폐(無蔽)함을 지적하고 있음을 볼 수 있다. 그러므로 사(私)를 제거하는 데에는 '타인을 이해하도록 노력해야 한다.'는 도덕률(道德律)이 적용되는 것이다. 사(私)가 자신의 욕망만을 채우려고 하는 것은 이기심에서 나온 것이라면, 무사(無私)란 자신의 욕망뿐만 아니라 타인의 욕망도 인정해 줌으로써 생겨나기 때문이다. 이것이 앞에서 지적한 것처럼 대진(戴震)이 긍정하고 있는 욕망에는 인(仁)이 내재되어 있다는 것이다. 따라서 인간의 욕망이 천하(天下)의 욕망과 통한 것(자신의 욕망과 타인의 욕망이 통한 것을 말함)을 인(仁)[441]이라 한 것

---

441) 『原善』, 卷 下: "人之有欲也, 通天下之欲仁也."

이다. 결론적으로 말한다면 선(善)을 이루기 위한 수양론(修養論)으로 대진(戴震)은 무사(無私), 무편(無偏), 무폐(無蔽)함을 지적하고 있다는 것이다.

요컨대 대진(戴震)은 인간에게 욕망은 본성에 당연히 존재하는 것이기에 욕망을 절제하거나 억압할 수 없는 것이다. 그러나 이러한 욕망은 물(物)과 접촉하면서 사사롭게 될 수 있는데 이러한 사사롭게 되거나 편벽되는 것을 막는 것이 인간의 본성에 내재되어 있는 이(理)와 의(義)442)인 것이다.

또한 대진(戴震)이 말하는 이(理)와 의(義)는 정주학(程朱學)에서 말하는 이(理)와는 다르다. 정주학(程朱學)에서는 인욕(人欲－私欲)을 멸(滅)하기 위해 이(理)를 강조하여 천리(天理)로 나아가기 위해서 인욕(人欲－私欲)을 멸(滅)해야 한다고 강조하지만 대진(戴震)에게 있어 이(理)는 인욕(人欲)을 실현함에 있어 인욕(人欲)이 공정하고 나아가 사사롭게 되는 것을 막는 기능을 하는 것이다. 따라서 대진(戴震)은 인간의 본성에 내재되어 있는 이의(理義)를 함양(涵養)하여 인간의 본성에 내재되어 있는 인욕(人欲)을 발현할 것을 적극적으로 주장하고 있다.

그러하기에 욕망을 없애기 위해 노력해야 할 것이 아니라 그 욕

---

442) 이러한 理義는 情에 내재되어 있는 것이다. 따라서 戴震은 朱熹와는 달리 性과 情을 동일시하였는데 朱熹는 性은 理라고 하여 是非善惡을 판단할 수 있는 근거라고 했다면 戴震은 性과 情은 동일한 것이고 나아가 情의 기능이 是非善惡을 판단할 수 있는 근거라는 것이다. 이러한 性과 情의 관계의 差異는 理에 대한 개념의 해석과 이해의 差異에서 오는 것이다.

망의 추구를 사사롭지 않게 해야 하고 나아가 다른 사람의 욕망도 이루어질 수 있도록 노력해야 한다. 그러므로 할 수 있는 것을 다하는 '충(忠)'과 밝힐 수 있는 것을 다 밝힐 수 있는 '신(信)'과 공평하게 베푸는 '서(恕)'를 지극하게 한 다음에 낳고 낳는 '인(仁)'과 '조리(條理)'를 얻는 지혜에 도달할 수 있고, '충(忠)', '신(信)', '서(恕)'를 포괄하는 '인(仁)', '의(義)', '예(禮)'를 실천하면 지극한 선(善)에 도달할 수 있다.

V. 理學과 氣學의
욕망론 비교

1. 理學 人欲觀의 특성

앞서 살펴보았듯이 정주학(程朱學)에서 욕망에 대한 견해는 윤리 사상(倫理思想)의 핵심적인 문제이며 학문의 가장 중요한 요소로 간주되었다. 그 이유는 개인의 도덕적 완성과 사회질서의 유지에 있어서 그 기초를 '거인욕 존천리(去人欲 存天理)'에 두고 있기 때문이다.

주희(朱熹)는 『예기(禮記)』의 「악기(樂記)」 편의 천리(天理)·인욕(人欲)에 대한 구절을 주석(註釋)하면서 다음과 같이 말한다.

'사람이 태어나 고요함은 하늘의 성(性)이요 물질에 감응(感應)되어 움직임은 성(性)의 욕(欲)이다'라고 하였는데, 이것은 성정(性情)의 오묘함을 말할 것으로 사람이 태어나면서 가지고 있는 것이다. 무릇 사람이 천지(天地)의 중(中)을 받아 태어남에 느끼지는 못하나 순수지선(純粹至善)의 모든 이치가 갖추어져 있으니 이른바 성(性)인 것이다. 그러나 사람에 이 성(性)이 있음에 이 형체(形體)가 있고 이 형체(形體)가 있음에 이 마음이 있어서 물질에 감응(感應)할 수 없다가 물질에 감응(感應)하여 움직이니 곧 성(性)의 욕(欲)이라는 것으로 드러난

다. 선(善)과 악(惡)이 이에서 나뉘니 성(性)의 욕(欲)은 곧 이른바 정(情)이다.[443]

주희(朱熹)는 인간에게 있어 성(性)과 정(情)을 구분하여 말하고 있다. 천지(天地)의 성(性)을 ‘성(性)’이라 하고, 성(性)의 욕망을 ‘욕망(情)’이라 하였다. 그러나 인간은 태어나면서 ‘성(性)’과 ‘정(情)’을 누구나 가지고 태어난다. 따라서 성(性)과 정(情)의 구별을 미발(未發)과 이발(已發)로써 구분하고 있다. 미발(未發)의 상태의 성(性)은 순수지선(純粹至善)으로 인식(認識)되지만 이발(已發) 상태의 정(情)은 감정이 겉으로 표현되어 선악(善惡)이 혼재한다고 본 것이다.

특히 주돈이(周敦頤)는 즐김에 있어 사사로움을 제거해야 한다고 하였으며, 천리(天理)와 인욕(人欲)을 다음과 같이 구분하고 있다.

질문하여 “주자(周子)가 정자(程子)에게 안자(顏子)가 즐기는 것이 어떤 일인가 찾아보도록 했는데 주자(周子)와 정자(程子)는 끝내 말을 하지 않았습니다. 선생님은 그 즐긴 것이 어떤 일이라고 생각하십니까?”라고 하니. 답하여 이르되 “사람이 즐겁지 아니한 것은 사의(私意)가 있기 때문이다. 자기의 삿됨을 이기면 곧 즐거워진다. 그러므로 정자(程子)는 ‘사람이 자신을 이길 수 있으면 마음이 넓어지고 몸이 살찐다.’고 하였으니, 우러러 부끄럽지 않고 굽어서도 부끄럽지 않으

---

443) 『禮記』, 「樂記」, 卷18, 朱子註: “朱子曰 人生而靜, 天之性也. 感於物而動, 性之欲也. 此言性情之妙, 人之所生而有者也. 蓋人受天地之中, 以生其未感也, 純粹至善萬理具焉, 所謂性也. 然人有是性則有是形, 有是形則有是心, 而能無感於物. 感於物而動, 則性之欲者出焉, 而善惡於是乎分矣. 性之欲卽所謂情也.”

면 그 즐거움을 알 수 있는바, 쉼이 있으면 부족하게 되는 것이다.”라
고 하였다.444)

“사람이 즐겁지 아니한 것은 사의(私意)가 있기 때문이다.”는 구절
에서 드러나듯이 사람은 즐김에 있어 사사로움이 없어야 한다는 것
을 말하고 있다. 사사로움으로 인하여 즐기는 것은 순간적이어서 오
래가지 않는다. 그러나 사의(私意)를 버림을 통하여 즐기는 것은 마
음이 넓어지고 몸이 윤택해지는 것으로 자신 스스로와 남에게 부끄
럽지 않은 것이다. 그러므로 인간에게 있어 낙(樂)을 추구하는 욕망
은 당연한 것이나 이 욕망에서는 반드시 사의(私意)가 없어야 한다
는 것으로 도덕적 제어가 필요하다는 것이다. 이는 공자(孔子)의 견
해에서도 잘 나타나고 있다. 공자(孔子)는 음악(音樂)을 즐김에 대하
여 다음과 같이 말하고 있다.

　음악(音樂)이란 즐김이다. 군자(君子)는 그 도(道) 얻기를 즐기고 소
인(小人)은 그 욕심 채우기를 즐긴다. 도(道)로써 욕심을 절제하면 즐
기면서 혼란함이 없으나 욕심으로 도(道)를 잊으면 미혹(迷惑)되고 즐
기지 못한다.445)

---

444) 『性理大全』, 「通書」－23: “問 周子令程子尋顔子所樂何事, 而周子程子
　　終不言, 先生以爲所樂何事. 曰, 人之所以不樂者, 有私意耳. 克己之私,
　　則樂矣. 故程子云人能克己, 則心廣體胖, 仰不愧, 俯不怍, 其樂可知,
　　有息則餒矣.”
445) 『禮記』, 「樂記」: “樂者樂也, 君子樂得其道, 小人樂得其欲, 以道制欲,
　　則樂而不亂, 以欲忘道, 則惑而不樂.”

이는 공자(孔子)가 도(道)로써 욕망을 절제해야 함을 지적하고 있다. 군자(君子)와 소인(小人) 그리고 도(道)와 욕망을 상대적으로 대칭하여 인간의 사사로운 욕망이 도(道)를 망치고 즐거움을 망친다고 하는 것이다. 그러므로 위의 구절에서 알 수 있듯이 즐거움의 추구를 원천적으로 막자는 것이 아니라 즐김에 있어서는 반드시 도덕적 제어가 필요함을 강조하고 있음을 볼 수 있다.

따라서 도덕적 제어를 통한 욕망은 인욕(人欲-私欲)이 아니라 천리(天理)인 것임을 알 수 있다. 또한 사욕(私欲)이 제거된 이후의 낙(樂-즐김)에 대하여 다음과 같이 말하고 있다.

질문하여 "안자(顔子)는 그 즐김에 변함없으니 이는 사욕(私欲)이 이미 제거된 것으로 한 마음 속에 곧 천리(天理)가 유행(流行)하여 그치거나 쉼이 없으니, 이는 곧 지극히 부유하고 지극히 귀한 이치로서 천하의 물건을 들어서도 그보다 높을 수 없으니 어찌 크게 즐길 수 있는 것이 아니겠습니까?"라고 하니, 주자(朱子)는 말하기를 "주자(周子)의 이른바 '지극히 부유하고 지극히 귀함.'이란 곧 빈천(貧賤)에 대하여 말한 것인데 지금 이 말을 끌어온 것은 얕은 것으로 염려된다. 다만 사욕(私欲)이 제거되지 않은 것으로서 예컨대 입이 좋은 맛보려는 것이나 귀가 좋은 소리 들으려는 것들은 모두 욕(欲)이니 그 욕구(欲求)를 가지는 것이 곧 사욕(私欲)으로 도리어 얽매게 되니 어찌 족히 즐거울 수 있겠는가. 만약 그 욕구(欲求)를 얻지 못하면 오로지 그것을 추구하게 되므로 그 마음이 또한 즐겁지 못하다. 오직 이 사욕(私欲)이 이미 제거되면 천리(天理)가 유행(流行)하여 동정어묵(動靜語默)의 일상생활에서 천리(天理) 아님이 없어 가슴속이 확 트이니 어찌 즐겁지 않을 수 있겠는가?"라고 했다.446)

위의 문장에서 알 수 있듯이 입이 좋은 것을 맛보려고 하는 것이나 귀가 좋은 소리를 들으려고 하는 것은 곧 사사로움으로 인하여 발생하는 욕망으로써 이러한 욕망은 사욕(私欲)으로 다시 얽매이게 된다는 것이다. 따라서 사사로움으로 발생하는 욕망을 얻지 못하면 오로지 그것만을 추구하게 됨으로, 사람이 즐겁지 못한 것은 이것에서 기인한다는 것이다.

그러므로 사사로움이 제거되고 난 다음에는 천리(天理)만이 유행(流行)하기에 사람의 생활 속에도 천리(天理) 아님이 없는 것이다. 이에 사람들은 즐거움을 즐길 수 있다는 것이다. 따라서 안빈낙도(安貧樂道)라는 것은 사사로운 욕망을 제거되어 일상생활의 모든 것에 천리(天理)가 유행(流行)할 때 이루어지는 것임을 알 수 있다. 따라서 천리(天理)와 인욕(人欲-私欲)은 대립적 긴장관계에 놓여 있기 때문에 결코 양립할 수 없다는 것이 주돈이(周敦頤)의 견해이다.

다음 문장을 본다면 주돈이(周敦頤)의 견해를 받아들여 확장시킨 주희(朱熹)의 견해를 좀 더 명확히 할 수 있다.

인간은 단지 천리(天理)와 인욕(人欲)을 가지고 있을 뿐이다. 이것이 이기면 저것은 물러나고 저것이 이기면 이것이 물러나니, 중간에

---

446) 『性理大全』, 「通書」-23: "問, 顔子不改其樂, 是私欲旣去, 一心之中, 便是天理流行, 無有止息, 此乃至富至貴之理, 擧天下之物, 無以尙之, 豈不大有可樂, 朱子曰, 周子所謂至貴至富, 乃是對貧賤而言, 今引此說, 恐淺, 只是私欲未去, 如口之於味, 耳之於聲, 皆是欲, 得其欲, 卽是私欲, 反爲所累, 何足樂. 若不得其欲, 只管求之, 其心亦不樂, 惟是私欲旣去, 天理流行, 動靜語默日用之間, 無非天理, 胸中廓然, 豈不可樂."

서서 나가지도 물러나지도 않을 도리가 없다. 무릇 인간은 나가지 않으면 곧 물러난다.447)

그러므로 주희(朱熹)는 천리(天理)와 인욕(人欲－私欲)의 관계에 대하여 '이것이 이기면 저것이 물러나는' 것으로 파악하고 있다. 즉 천리(天理)와 인욕(人欲－私欲)은 '시이소'의 관계로서 두 가지는 서로 융합하거나 병립할 수 없는 관계로 설명하여 다음과 같이 말하고 있다.

사람의 한 마음에는 천리(天理)가 보존되면 인욕(人欲)이 없어지고 인욕(人欲)이 이기면 천리(天理)가 없어진다. 천리(天理)와 인욕(人欲)이 뒤섞이는 일은 없다.448)

성인(聖人)의 천 가지 만 가지 말은 단지 사람들에게 천리(天理)를 보존하고 인욕(人欲)을 멸(滅)하라고 가르친 것이다.449)

그러므로 사람의 한 마음에는 천리(天理)와 인욕(人欲－私欲)이 같이 섞여 있을 수 없다. 천리(天理)와 인욕(人欲－私欲)은 섞일 수 없는 것이기에 사람은 반드시 인욕(人欲－私欲)을 없애고 천리(天理)를 보존해야만 한다. 따라서 성인(聖人)의 말은 천리(天理)를 보

---

447) 『朱子語類』, 卷13, 「學七」: "人只有箇天理人欲, 此勝則彼退, 彼勝則此退, 無中立不進退之理, 凡人不進便退也."
448) 『朱子語類』, 卷13, 「學七」: "人之一心, 天理存則人欲亡, 人欲勝則天理滅, 未有天理人欲來雜者."
449) 『朱子語類』, 卷12, 「學六」: "聖人千言萬語, 只是教人存天理滅人欲."

존하고 인욕(人欲－私欲)을 없애라고 가르치는 것이라 하였다.

이와 같은 주희(朱熹)의 천리(天理)와 인욕(人欲－私欲)에 대한 대립적 긴장관계로의 이해는 인간의 주관적 심성(主觀的 心性)에 기초한 이론적 근거를 통한 강한 반발을 불러일으키게 되었다. 따라서 양명(陽明)은 주희(朱熹)가 천리(天理)와 인욕(人欲－私欲)을 대립관계로 보는 것을 비판하여, 양자(兩者)를 일물(一物)의 차원에서 설명하였다. 천리(天理)와 인욕(人欲－私欲)은 인간이라는 하나의 주체적 사유작용(主體的 思惟作用)에 기인하기 때문에 이물(二物)이 될 수 없다는 것이다. 또한 양자(兩者)는 대립적 개념(對立的 概念)이 아니라 보완 관계(補完 關係)에 있는 상대적 개념(相對的 概念)에 지나지 않는다고 하였다. 즉 심리합일(心理合一)의 차원에서 천리(天理)와 인욕(人欲－私欲)은 일물(一物)이기에 '선악개천리(善惡皆天理)'라는 주장이 나오게 되는 것이다.

그러나 주희(朱熹)는 인의예지(仁義禮智)의 발현이 천리(天理)라고 하여 인욕(人欲－私欲)과 반대되는 개념으로 사용하였다. 이것은 앞에서도 고찰한 본연지성(本然之性)과 기질지성(氣質之性)의 차이로써 본연지성(本然之性)은 기질지성(氣質之性)에 내재(內在)해 있는 것으로 성(性)은 동일하나, 그 발현처에 따라 그 내용은 다름을 주장한다. 그러므로 주희(朱熹)는 생존욕(生存欲)은 '성(性)'이 아니라 '정(情)'이라고 하고 있으며, 이러한 정(情)의 발현이 사사로움과 결합되어 나타나는 욕망을 '인욕지사(人欲之私)'라 하였다. 따라서 주희(朱熹)는 본연지성(本然之性)에 내재(內在)해 있는 것을 성(性)이라 하고 기질지성(氣質之性)에 내재(內在)해 있는 것이 정(情)이라 하여 성(性)과 정(情)을 분리하고 있을 볼 수 있다. 뿐만 아니라 주희(朱熹)는 인간의 마음속에 천리(天理)와 인욕(人欲－私欲)을 다 가지고 있다 하였다. 이러한 주희(朱熹)의 주장을 미루어 볼 때, 인간의 마음속에는 천리(天理)와 인욕(人欲－私欲)이 두 가지로 존재하나 인욕(人欲－私欲)은 천리(天理)의 본래성(本來性)을 방해하는 요인으로 제거의 대상일 뿐만 아니라 성인(聖人)의 밝은 기질(氣質)을 통해 없애 버릴 수 있는 것으로 인식하였다. 그러므로 천리(天理)와 인욕(人欲－私欲)은 병립할 수 없는 존재로 규정되는 것이다.

이렇듯 천리(天理)와 인욕(人欲)은 인간의 마음속에 내재(內在)해 있는 존재이지만 그 발현처(發現處)의 여부와 그 사용처에 따라 천리(天理)에 소속된 욕망과 천리(天理)가 아닌 기질지성(氣質之性)의 욕망으로 구분된다. 따라서 천리(天理)에 소속된 욕망은 선(善)을 지향하는 욕망으로서 작게는 사단(四端)의 단서(端緒)로서의 욕망으로 사욕(私欲)을 제거하려는 개인적인 수양(修養)의 욕망일 것이요, 크게는 성인(聖人) 되기 위해 노력하는 수양론(修養論)의 본질적인 욕망을 말함이다. 이러한 욕망은 당연히 지향의 대상이 되어야겠지만 이와 반대인 사욕(私欲)으로서의 욕망은 천리(天理)로 나아가는 인간들의 노력(勞力)과 수양(修養)을 방해하는 욕망으로 인식(認識)된다.

나아가 주희(朱熹)가 주장한 천리(天理)·인욕(人欲)의 관계에서 인욕(人欲)은 기질지성(氣質之性)에 내재(內在)해 있는 욕망으로서, 기질지성(氣質之性)은 본연지성(本然之性) 속에 포함되어 있다. 그러므로 본연지성(本然之性)이 근본(根本)이고 기질지성(氣質之性)은 그 본연지성(本然之性) 속에 내재(內在)해 있는 것으로 행동의 양식으로 나타나는 것이다. 따라서 본연지성(本然之性)의 순수함은 기질지성(氣質之性)의 혼탁함에 의해 가려지는데, 그 이유는 기질지성(氣質之性)에 내재(內在)된 인욕(人欲-私欲)에 의해 천리(天理)가 가려지기 때문이다. 그러므로 주희(朱熹)는 인욕(人欲)을 성(性)으로 보지 않고, 기질(氣質)에 내재(內在)해 있는 정(情)으로 인식(認識)하고 있는 것이다.

또한 인욕(人欲-私欲)은 기질지성(氣質之性)인 정(情)의 발현(發現)이기에 인간의 본연지성(本然之性), 즉 천리(天理)를 가리고 있다. 따라서 정주학(程朱學)에서의 인욕(人欲-私欲)은 철저한 제거의 대상인 것이다. 천리(天理)와 인욕(人欲-私欲)의 구분 근거(根據)에 있어서는 소당연(所當然)으로서의 '이(理)'를 말하고 있다. 이러한 이(理)는 공평함과 사사로움의 기준근거(基準根據)가 되는 것으로 식욕(食欲)과 성욕(性欲) 자체를 사욕(私欲)이라 하지 않고 식욕(食欲)과 성욕(性欲)이 '이(理)'에 합당하지 않을 때 사욕(私欲)이라 하는 것이다.

그러므로 '이(理)'는 본연지성(本然之性)의 성실함이라 할 수 있다. 따라서 주희(朱熹)는 인심(人心)과 인욕(人欲-私欲)은 구분되어야 한다고 주장했다. 이(理)에 합당한 욕망이 천리(天理)라면, 이(理)에 합당하지 않은 것은 사욕(私欲)이라 이름한 것이다. 그러하기에 주희(朱熹)의 인욕관(人欲觀)은 이기이원론(理氣二元論)에서 출발하여 본연지성(本然之性)과 기질지성(氣質之性)을 다르게 보고 있으며, 이러한 이유로 해서 천리(天理)와 인욕(人欲-私欲)을 구분하여 인욕(人欲-私欲)을 제거의 대상이라 인식했다. 나아가서는 인심(人心)과 인욕(人欲-私欲)을 구분하여 '이(理)'에 근거(根據)한 인간의 마음과 '이(理)'에 어긋난 인간의 마음을 다른 기준으로 설명하고 있다. 그러나 이것은 인간에게 두 가지의 마음이 있다고 한 것이 아니라 마음의 사용처가 다르다는 것을 의미하고 있는 것이다. 그러므로 인심(人心)이 나쁘다는 것이 아니라 인심(人心)의 사용처가 사욕(私欲)일 때 나쁘다는 것으로, 이러한 사욕(私欲)은 제거의 대상이다.

요약하면 주희 인욕관(朱熹 人欲觀)의 특성에 나타나는 중심단어는 천리(天理), 인욕(人欲), 사욕(私欲)이다. 주희 인욕관(朱熹 人欲觀)의 특징은 이욕이원론(理欲二元論)에 있다. 인욕(人欲)은 그 자체만으로는 선(善)과 악(惡)을 논(論)할 수 없다. 또한 인욕(人欲)은 선(善)을 지향하는 욕망과 선(善)과 악(惡)이 존재하지 하지 않는 욕망, 그리고 사사로움에 의하여 나타나는 욕망(사회나 타인에게 해악을 끼치는 욕망)으로 나누어진다. 먼저 선(善)과 악(惡)이 존재하지 하지 않는 욕망은 생존을 위해 인간에게 반드시 필요한 욕망을 지칭함을 볼 수 있다. 이것은 인심(人心)의 자연스러움에서 일어나는 것으로 인간에게 없앨 수 있는 요인은 아니다. 다음으로 선(善)을 지향하는 욕망은 예(禮)를 실천하고 인(仁)을 구현하려는 욕망에 있어서 이러한 욕망은 성인(聖人)의 경지에 이르기 위하여 절대적으로 필요한 욕망이며 나아가 천리(天理)를 보존하고자 하는 욕망으로 궁극적으로 학문(學問)함의 본질적 이유이다.

주희(朱熹)의 인욕관(人欲觀)에 있어 여기까지는 큰 문제가 발생하지 않으나 마지막으로 나타나는 사사로움에 의하여 나타나는 욕망이 문제가 된다. 물론 사욕(私欲)이라 하여 무조건적으로 나쁘다는 것은 아니다. 다만 사욕(私欲)이라 이름한 것은 '더 나은 것', '남보다 더'라는 사회적 관계성이 내포되어 있기에 문제의 상황이 발생할 수 있다는 것이다. 따라서 '음식을 먹는 것은 천리(天理)이나 더 맛난 것을 추구하는 것은 사욕(私欲)이다.'라는 것에서 알 수 있듯이 사회적 관계성(社會的 關係性) 속에서 발생하는 취욕(取欲)하는 마음이 인간의 욕망을 논함에 있어 문제라는 것을 주희(朱熹)는 주장하고 있다. 그러하기에 주희(朱熹)는 인간의 욕망은 성(性)이 아니라 정(情)이라고 하는 것이다.

인간의 본성은 하늘로부터 부여받았기에 순연(純然)하다. 이러한 순연(純然)한 성(性)에는 사사로움이 절대 개입될 수 없다. 따라서 주희(朱熹)에게 있어 인간의 욕망은 성(性)에 존재하는 것이 아니라 정(情)에 있는 것이다. 정(情)의 발현(發現)이기에 인간의 욕망은 본연지성(本然之性)이 아니라 기질지성(氣質之性)에 있는 것이다. 이러한 주희(朱熹)의 인욕관(人欲觀)을 이욕이원론(理欲二元論)이라 한다. 결론적으로 주희 인욕관(朱熹 人欲觀)의 가장 큰 특징은 이(理)와 욕망을 분리하여 인간의 본성을 고찰하고 있고, 이(理)에서 욕망을 분리하였기에 욕망은 철저한 제거의 대상으로 남아 정리적 엄격주의를 완성했다는 것이다.

2. 氣學 人欲觀의 특성

다음으로 주희(朱熹)의 이(理)중심의 철학과 이욕이원론(理欲二元論)에 반대하여 욕망의 정당한 실현(實現)에 천리(天理)가 발현(發現)된다고 하여 이욕일원론(理欲一元論)의 철학을 전개하고 있는 대진 인욕관(戴震 人欲觀)의 특성을 살펴보자.

명말 청초(明末 淸初)의 시기에 '실학(實學)'이란 이름으로 나타난 기(氣)중심의 철학에서는 인간의 욕망을 송명리학(宋明理學)에서 바라본 것과는 달리 철저하게 욕망을 긍정하고 배양(培養)해야 할 가치라 인정하고 있다. 나아가서 욕망을 인간존재(人間存在)의 근거(根據)로서 인정하기에 욕망이 존재하지 않으면 인간의 구체적인 삶은 물론 인간의 존재(存在)도 규명할 수 없다는 입장으로, 욕망이 사회문화의 발전 원동력이라 하여 욕망을 인간의 본성(本性)이라 하고 있다. 이러한 기(氣)중심적 철학(哲學)은 왕부지(王夫之)를 선두로 하여 안원(顔原)과 대진(戴震)으로 이어지고 있고 대진(戴震)은 기철학(氣哲學)의 인욕관(人欲觀), 즉 인욕긍정(人欲肯定)을 통한 철학사유(哲學思惟)를 완성하였다.

따라서 대진(戴震)은 정주(程朱)의 인욕관(人欲觀)에서 나타난 천리(天理)·인욕(人欲)의 구분을 철저하게 부정하고 다음과 같이 말했다.

> 송(宋)나라 이래 이(理)를 말함에서는 '이(理)에서 나온 것이 아니면 욕(欲)에서 나온 것이고 욕(欲)에서 나온 것이 아니면 이(理)에서 나온 것이다.'고 주장한다. 그리하여 이(理)와 욕(欲)의 경계를 구별하여 군자(君子)와 소인(小人)도 이것으로부터 구별된다고 여겼다. 이제 나는 그릇되지 않은 감정을 이(理)로 여긴다. 그러면 이(理)는 욕(欲) 안에 내재한다. 그러므로 욕(欲)을 없애는 것 또한 잘못이 아니겠는가?450)

이 구절에서 대진(戴震)은 '이(理)에서 나온 것이 아니면 욕망에서 나온 것이고 욕망에서 나온 것이 아니면 이(理)에서 나온 것이다.'는 송유(宋儒)의 주장에 대하여 반대하고 있다. 또한 그릇되지 않은 감정을 이(理)로 여기고 있기에 이(理)는 욕망 안에 내재한다고 하여 욕망을 없앤다는 것은 잘못된 것이라 하였다.

이는 맹자(孟子)의 과욕론(寡欲論)을 송유(宋儒)의 해석과 달리한 것으로 욕망은 없앨 수 있는 것이 아니고 적게 할 뿐인 것으로 이해하는 데서 기인된다. 그러므로 대진(戴震)에게 있어서는 인간에게 욕망이 없다면 인(仁)도 없고 불인(不仁)도 없다는 것이다. 그러므로 대진(戴震)의 인성론(人性論)은 정주(程朱)의 인욕관(人欲觀)인 '거인

---

450) 『孟子字義疏證』, 卷 上, 「理」: "問: 宋以來之言理也, 其說爲, 不出於理則出於欲, 不出於欲則出於理, 故辨乎理欲之界, 以爲君子小人, 於此焉分. 今以情之不爽失爲理, 是理者, 存乎欲者也. 然則無欲亦非歟."

욕 존천리(去人欲 存天理)'의 명제를 철저하게 부정하고 나아가 욕
망을 없애면 안 된다는 욕망의 긍정의 입장에서 자신의 인성론(人性
論)을 전개하고 있다.

또한 대진(戴震)은 사람이 혈기(血氣)·심지(心知)가 있기 때문에
생(生)할 수 있는 것이며, 욕망은 혈기(血氣)에서 나온다고 했다. 그
러므로 욕망이 있기 때문에 인간이 존재할 수 있는 것이다. 혈기(血
氣)와 심지(心知)는 기(氣)가 품수(稟受)된 기질(氣質)에 속하는 것이
므로 혈기(血氣)와 심지(心知)를 선(善)으로 삼는다는 것은 기질(氣
質)을 성(性)으로 삼는다는 것을 의미한다. 그러므로 대진(戴震)은
기질지성(氣質之性)을 성(性)이라 여겨 기질지성(氣質之性)이 내재
(內在)된 혈기(血氣)와 심지(心知)가 인간의 본성이라 하였다. 따라
서 혈기(血氣)와 심지(心知)가 성(性)이라면, 혈기(血氣)와 심지(心知)
에 내재(內在)되어 있는 인욕(人欲)은 마땅히 성(性)이 되는 것이다.

그러므로 대진(戴震)은 그가 성(性)으로 여기고 있는 인간의 혈기
(血氣)와 심지(心知)가 발현하는 현상으로서 정(情)·욕(欲)·지(知)
를 제시하고, 인간의 욕망은 정(情)의 바탕이며, 정(情)이 생겨나기
이전에 욕망이 인간에게 존재하기에 정(情)이 생겨날 수 있다는 것
으로, 인간에게 있어서 욕망이라는 것은 인간이 인간으로 존재할 수
있는 가능근거(可能根據)인 것이다.

따라서 인간에게 있어서의 욕망은 인간의 존재근거(存在根據)로
서, 욕망이 없으면 '행위(行爲)'도 없고 욕망이 없으면 '이(理)'도 없
다는 것이다. 그러므로 정(情)이나 지(知)를 포함한 인간 마음의 모
든 작용은 욕망이 있으므로 존재할 수 있는 것이고, 욕망이 있기에

가능한 것이다. 뿐만 아니라 대진(戴震)은 도덕성(道德性)의 실현마저도 욕망의 건전한 발휘를 통하여 가능함을 말하고 있다. 나아가 인의예지(仁義禮智)를 행(行)할 수 있다는 것은 인간을 도덕적 의식(道德的 意識)이 확립되어 있는 인간으로 본 것이다. 그러므로 인간에게 욕망의 존재가 바로 도덕성(道德性)의 기반(基盤)이다. 이러한 점에서 주희(朱熹)와 대진(戴震)의 인욕관(人欲觀)에 나타난 차이는 극명하게 드러난다.

주희(朱熹)가 욕망을 정(情)에 분속시켜 욕망이 인간의 본성이 아니라 한 데 반해 대진(戴震)은 욕망이 인간의 본성이라 하고 있다. 나아가서 주희(朱熹)가 '거인욕 존천리(去人欲 存天理)'의 명제를 철저히 하여 인욕(人欲−私欲)의 제거야말로 수양론(修養論)의 출발이라 한 것과 달리 대진(戴震)은 인욕(人欲)은 인간의 생존(生存)과 존재근거(存在根據)이기에, 인욕(人欲)이란 것이 없다면 천리(天理)가 없기에 수양론(修養論) 자체가 의미가 없음을 말하고 있다.

그러므로 대진(戴震)은 인욕(人欲)을 적극적으로 긍정하여 '거인욕(去人欲)' 내지 '무욕(無欲)'을 추구하는 송대 이욕(宋代 理欲)의 금욕주의적 수양방법(修養方法)을 정면으로 거부하여 그 폐해성(弊害性)을 다음과 같이 지적하고 있다.

옛사람의 학문은 행사에 있어 백성의 욕(欲)을 통하게 하고 백성의 정(情)을 체득(體得)하게 하는 데 있다. 그러므로 학문이 이루어지면 백성이 이에 의뢰하여 살게 된다. 그런데 후대의 유학자(儒學者)들은 어두운 마음으로 이(理)를 구(求)하여 이(理)로써 얽어매는 것이 상앙

과 한비자의 법보다 심하다. 그러므로 학문이 이루어져도 백성의 정
(情)을 알지 못하게 된다. 천하가 이로부터 생각이 굽어 있는 유학자
(儒學者)들이 많아지고 그 백성을 꾸짖음에 미쳐서는 백성이 변명하
지 못하면 저들은 바야흐로 스스로 이(理)를 얻었다고 생각하니 천하
사람들이 그 해(害)를 입는 것이 매우 많았다.[451]

그러나 대진(戴震)의 욕망에 대한 긍정은 욕망의 무절제한 방임
(放任)이 아니라 균형 있는 절제(節制)를 전제하고 있다는 점을 주
목해야 할 것이다. 나아가 대진(戴震)은 송대 '이' 철학[性理學]이
'이(理)'로서 묶어버렸던 욕망을 풀어내어 생명활동의 원천으로 삼고
있다. 그러므로 이(理)의 출발점을 욕망이라 보고 있으며, 나아가 이
(理)가 욕망 가운데 있는 것이라 하여 송대 성리학(宋代 性理學)이
대립적으로 이(理)와 욕망을 고찰한 것을 통합하려고 하였다.

따라서 대진(戴震)에게 있어서 욕망의 의미는, 욕망은 사람에게
있어 고유한 것으로 끊어 버릴 수 없다는 것이다. 또 자기의 욕망은
때에 따라서는 타인의 욕망을 침범할 수도 있다. 원래 욕망이란 절
제(節制)하기 힘든 것이긴 하지만 자기의 생(生)을 이룩하려는 것이
타인의 생(生)을 이룩하는 것이라고 본다면 자기 자신의 사욕(私欲)
을 끝없이 추구(追求)할 수는 없는 것이다. 즉 절제(節制)를 해야 한
다는 것이다. 다만 욕망을 절제(節制)한 상태가 이(理)의 상태라고

---

451) 『與某書』: "古人之學, 在行事, 在通民之欲, 體民之情, 故學成而民賴
　　 以生, 後儒冥心求理, 其繩以理, 嚴于商韓之法, 故學成而民情不知, 天
　　 下自此多迂儒, 及其責民也, 民莫能辨, 彼方自以爲理得, 而天下受其
　　 害者衆矣."

하여 욕망과 이(理)는 분리되는 것은 아니다. 욕망이 격리된 다른 곳에 이(理)가 있다면 이것은 곧 송유(宋儒)가 말하는 理이다. 그러므로 욕망을 끝까지 추구하는 것도 잘못이지만 욕망을 막는 것도 옳은 일은 아니다. 일반적으로 욕망을 잘 절제(節制)한 사람을 일러 군자(君子)나 성인(聖人)으로 표현한다면 성인(聖人)은 욕망을 막는 데 주력하는 것이 아니라 욕망을 잘 인도하여 이의(理義)에 따르도록 하는 것이다. 이러한 이유로 인해 대진(戴震)은 "이(理)는 욕(欲) 속에 존재한다."라고 하는 것이다. 이(理)와 욕망은 서로 분리할 수 없는 것이므로 이(理)는 각각의 생(生)의 욕망 속에서 구해야 한다는 것이다.

그러므로 욕망은 생양(生養)의 시작인 것이다. 생양(生養)의 도(道)를 버리고 존재할 수 있는 것은 아무것도 없다. 모든 일은 욕망이 있기에 이루어지는 것이므로 무욕(無欲)이면 무위(無爲)가 된다는 것이다. 결국 생양(生養)의 도(道)는 욕망이 되고 욕망을 갖도록 하는 것은 정(情)이 된다. '생생이불식(生生而不息)' 하고 조리(條理) 있는 자연계의 모습 그대로가 욕망이고 정(情)이다. 그러므로 정욕(欲情)이 자연(自然)이라면 이(理)는 그 필연(必然)으로서 정욕(欲情)이 과불급(過不及)이 없이 완성된 상태인 것이다. 따라서 대진(戴震)은 앞 장에서 언급하였던 것처럼 무사(無私), 무편(無偏), 무폐(無蔽)를 지적하고 있는 것이다. 욕망을 추구하나 무사(無私), 무편(無偏), 무폐(無蔽)하면 그 욕망은 천리(天理)를 벗어나지 않는다는 것이다.

요약하면 대진 인욕관(戴震 人欲觀)의 특성은 인욕(人欲)의 제거를 통하여 천리(天理)를 보존하고자 한 주희(朱熹)의 철학에 정면으로 반박하고 있다는 것이다. 대진(戴震)은 이학(理學)의 폐해를 주장하고 있다. 나아가 인간에게 있어 욕망은 반드시 필요한 것임을 강조하고 있다. 욕망을 통하여 인간이 완성되기에 천리(天理)라는 것 역시 인간의 욕망을 다할 때 그 속에서 나온다고 하였다. 이러한 욕망은 혈기(血氣)에서 나오기에 혈기(血氣)의 자연(自然)이 욕망이며, 욕망은 성(性)이라는 것이다. 주희(朱熹)는 성(性)과 정(情)을 분리하여 욕망은 성(性)이 아니라 정(情)이라고 한 데 반해 대진(戴震)은 성(性)과 정(情)은 하나이기에 욕망은 곧 성(性)이자 정(情)으로 인식(認識)되고 있다. 그러나 대진(戴震)은 무사(無私), 무편(無偏), 무폐(無蔽)를 지적하면서 욕망을 제대로 발현하기 위해서는 무사(無私), 무편(無偏), 무폐(無蔽)함을 경계해야 한다고 주장하였다. 대진(戴震)이 이와 같은 주장을 했다고 해서 주희(朱熹)와 동일하게 사욕(私欲)을 주장하고 있는 것은 아니다.

주희(朱熹)는 인욕(人欲) 중에서 사사로움으로 인해 나타나는 욕망에 한정하여 사욕(私欲)이라 하고 철저한 경계와 배척을 주장하지만 대진(戴震)의 무사(無私), 무편(無偏), 무폐(無蔽)는 혈기(血氣)와 심지(心知)의 잘못된 작용으로 인하여 이것이 발생하기에 욕망을 실현함에는 문제가 없으나 욕망을 제대로 실현하기 위해서는 무사(無私), 무편(無偏), 무폐(無蔽)를 경계해야 함을 주장하고 있다.

무사(無私), 무편(無偏), 무폐(無蔽)를 경계하라고 한 점에서 알 수 있듯이 대진(戴震)의 인욕관(人欲觀)은 욕망에 있어서 무절제한 방임(放任)을 주장하는 것은 아니다. 주희(朱熹)와의 비교에서 드러나듯이 대진 인욕관(戴震 人欲觀)의 특징은 인간의 욕망을 제거하여 천리(天理)를 보존하고자 한 것이 아니라 욕망을 적절하게 조절한 것으로부터 천리(天理)를 도출해 내고자 하였으며, 의의는 이학(理學)의 특수성과 정리적 엄격주의로 인하여 억압받고 있던 민중의 욕망을 인정함으로 민중을 이(理)의 절대성으로부터 해방시키고자 했던 노력이다.

3. 理學과 氣學 人欲觀의 동이점과 그 의의

주희(朱熹)와 대진(戴震)의 인욕관(人欲觀)을 비교 고찰함에 있어 반드시 선행되어야 할 과제가 있다. 그것은 주희(朱熹)와 대진(戴震)은 동일한 시대를 살았던 인물이 아니라 그들 각자가 전개한 사상은 특별한 시대적 상황과 함께한다는 것이다. 또한 이러한 시대적 배경과 환경적 요인의 차이가 결국 인욕(人欲)의 이해에 대한 본질적인 차이로 이어지고 있다.

주희(朱熹)가 자신의 철학을 전개하는 시대적 배경은 선진유가(先秦儒家)와 제자백가(諸子百家)의 사상을 거쳐 송대(宋代)에 들어오면서 장재(張載)와 주돈이(周敦頤)를 출발로 하여 철학(哲學)의 주제(主題)를 본체론(本體論)과 인성론(人性論)으로 나누어 고찰하는 시기이다. 송대(宋代)의 철학은 이기(理氣)와 심성(心性)의 연구로, 이(理)와 기(氣)의 문제는 본체론(本體論)에서 다루고 있고 심성(心性)의 문제는 인성론(人性論)에서 다루고 있다. 철학의 전반에 걸친 해석을 본체론(本體論)과 인성론(人性論)으로 나누면서 이(理)와 기(氣)

를 나누어 이(理)는 본체론(本體論)의 천리(天理)의 개념(概念)으로 고정불변(固定不變)의 것이며 이(理)는 본연지성(本然之性)으로 기(氣)는 기질지성(氣質之性)으로서 이러한 이(理)와 기(氣)는 수직적 관계를 형성하고 있다. 그러므로 이(理)와 기(氣)의 수직적 관계의 설정은 인간의 본연의 순수한 이(理)가 형기(形氣)의 사사로움으로 인해 방해받는다고 하여 제거의 대상으로 인식(認識)되고 있는 것이다.

또한 도심(道心)과 인심(人心)은 두 마음이 아니라 하나이지만 기질(氣質)의 순수하지 못함, 즉 사사로움으로 인해 인심(人心)이 사욕(私欲)으로 흐르는 것이고 사욕(私欲)으로 흐른 인심(人心)이 결국 해악(害惡)의 근원(根源)이며 제거의 대상이라 한다. 그러므로 주희(朱熹)에게 있어 인욕(人欲)은 성(性)과 정(情)을 분리하고 미발(未發)인 성(性)은 본연지성(本然之性)이라 하여 천리(天理)로 향하는 순수한 마음이라면 이발(已發)인 정(情)은 기질(氣質)과 결합하여 형기(形氣)의 사사로움으로 드러나는 것으로 결국 인간의 사회성과 결합하면서 사욕(私欲)으로 흘러 경계의 대상으로 남는 것이다. 반대로 대진(戴震)은 주희(朱熹)가 풍미했던 시대와는 전혀 다른 세상에서 인간의 본성을 이해하게 된다.

명말(明末)에 자본주의의 맹아가 발생한 이래 청대(淸代)에 와서도 그것은 꾸준히 발전하여 대토지를 소유하는 부농이 형성되기 시작하였고 정치적으로는 만주족이 한족(漢族)을 지배함으로써 발생했던 사상의 억압과 정치의 모순이 날로 증가하던 시기였으며 또한 학문적으로 정주학(程朱學)은 관학화(官學化)되어 더 이상 민중의 의식(意識)을 대변하지 못하는 학문으로 전락해 버리고 만 것이다. 이러한 시대적 상황 속에서 대진(戴震)의 철학은 당연히 억압받고 있던 민중(民衆)의 욕망에로 눈을 돌릴 수밖에 없었다. 그러므로 기존의 정주학(程朱學)에 주장했던 천리(天理)의 보존(保存)을 통한 인간이 욕망을 억제하려고 했던 사상은 더 이상 쓸모없는 관념(觀念)의 철학(哲學)이 될 수밖에 없었고 인욕(人欲)을 인간의 본성으로 인정하여 인욕(人欲)을 통하여 생존(生存)의 측면을 강조해야만 하는 그러한 상황으로까지 전개된 것이다.

뿐만 아니라 나날이 증가하는 조세의 부담은 민중에게 있어 엄청난 부담으로 작용하였고 이러한 경제적 난관을 극복하기에 욕망의 긍정은 당연한 결과인 것이다. 이러한 시대적 상황이 말해 주듯 대진(戴震)에게 있어, 기질(氣質)의 사사로움에서 비롯되었다고 하는 정주(程朱)의 인욕관(人欲觀)은 현실을 외면한 관념(觀念)의 철학(哲學)일 뿐이었고 명대(明代)의 왕수인(王守仁) 이후에서부터 명말 청초(明末 淸初)의 왕부지(王夫之)의 철학에서 드러나는 것처럼 인간의 욕망은 생존(生存)뿐만 아니라 행복의 추구라는 절대적 논리 앞에 천리(天理)의 보존(保存)과 인간의 완성에 있어 필수불가결한 요인으로 남게 되는 것이다.

따라서 대진(戴震)은 철학은 이러한 시대적 배경을 반영하듯 인욕(人欲)의 적극적 실현(實現)과 추구(追求)가 천리(天理)의 실현(實現)이라 하는 것이다. 그러므로 이러한 대진(戴震)의 성론(性論)은 다분히 순자(荀子)의 위선(僞善)에 동조하고 해폐책(解蔽策)으로 송유(宋儒)의 수양론(修養論)보다는 지식(知識)을 통한 자각(自覺)을 주장했다. 그러므로 그는 성(性)을 자연(自然)으로 보고 선(善)을 필연(必

然)으로 보아 성선(性善)을 지적 인위(知的 人爲)의 소산으로 보고 있다. 따라서 인간에게 있어 욕망이 없다는 것도 잘못된 것이라 주장하고 있다.

모든 욕망은 삶을 위해 생긴다. 생명이 있다는 것은 욕망이 있다는 것으로, 다만 그 욕망이 조절되지 않음을 걱정하고 있는 것이다. 그러므로 욕망이 조절되지 않는 것이 바로 사(私)이고 사(私)는 무지(無知)에서 나오는 것이다. 이런 이유로 인해 욕망 그 자체는 시비 선악(是非善惡)이 없고 다만 무지(無知)가 잘못된 것이라 한다. 그러하기에 멸욕(滅欲)을 주장할 것이 아니라 지적 자각(知的 自覺)을 통해 그 욕망을 사(私)가 아닌 공(公)으로 되게 하는 노력이 필요하다는 것이다. 그러므로 천하의 생명에는 생양(生養)의 도(道)를 버리고 존재하는 것이 없다. 모든 일은 욕망에서 나온다. 따라서 무욕(無欲)하면 무위(無爲)하고, 무위(無爲)하면 무생명과 다를 것이 없다는 것이다. 예컨대 군자(君子)는 사(私)가 없을 뿐이지 무욕(無欲)은 아니다. 맹자(孟子)도 과욕(寡欲)은 주장하였지만 무욕(無欲)을 말하지 않은 것은 바로 이러한 이유이다.

대진(戴震)이 이렇게 주희(朱熹)에 반대하여 인간의 정(情)과 욕망을 중요시한 것에 대해 양계초(梁啓超)는 정감주의(情感主義)라 부르면서 다음과 같이 말하여 대진(戴震)의 인욕 긍정론(人欲 肯定論)에 대하여 절대적으로 지지하였고, 그의 학문을 주희(朱熹)와 양명(陽明)만큼 높이 평가하고 있다.

송명(宋明) 이래의 주관적 이지철학(主觀的 理智哲學)은 청대 초

(淸代 初)에 이르러 대반동을 불러일으켰다. 그러나 대진(戴震) 이전의 철학자들은 파괴사업을 한 데 불과했고, 아직 새로 건설하지 못하였다. 동원(東原 – 대진의 호)에 이르러 겨우 홀로 정감주의(情感主義)를 중시할 것을 주장하여 훌륭한 일가를 이루었다. 그의 이러한 작업은 당시의 사람들에게는 중시되지 않았지만, 우리들은 그의 말이 세계철학사상 매우 가치 있다고 생각한다. 최소한 주자(朱子), 양명(陽明)과 동등하게 대우해 주어야 한다. 그래서 동원(東原)은 우리의 '철학계의 건설가'라고 할 수 있다.452)

인성론(人性論)의 전개에 있어 인욕(人欲)이 핵심적 위치에 있다는 것은 주지의 사실이다. 그러므로 인성(人性)을 어떻게 규정하느냐에 따라 인간을 평가하는 가치(價値)와 의의(意義), 교육방법(敎育方法), 정치관(政治觀), 사회풍속(社會風俗)은 달라지게 마련이다. 예를 들면 맹자(孟子)의 성선설(性善說)은 도덕정치(道德政治)와 윤리질서(倫理秩序)를 존중하고 사람이 만물의 영장이 되는 소이(所以)로 오륜(五倫)이 제시되었는가 하면 순자(荀子)의 성악설(性惡說)은 법(法)과 형벌(刑罰)의 정치(政治)와 권력구조(權力構造)를 중시하고 인간의 특성도 덕성(德性)이 아니라 지능(知能)이라고 보고 있는 것이다. 그러므로 인성(人性)을 보는 차이에 따라 각 시대마다 인간을 이해하는 기준을 달리했다. 인간된 소이(所以)를 덕(德)에다 두고 그 덕성(德性)을 천명(天命)과 동일시한 송대(宋代)에는 정(情)과 기(氣)를

---

452) 梁啓超, 『戴東原哲學』, 臺北, 中華書局, pp.38 – 39. ; 임옥균, 「戴震哲學에 나타난 朱子學的 사유의 비판에 관한 연구」, 성균관대학교 박사학위논문, 1994, p.45. 재인용.

멸(滅)해야만 인간의 정신세계가 도심(道心)으로 나아가 천리(天理)의 순연함을 이룰 수 있다는 논리적 전개에 인성론(人性論)을 설정하고 있는 것이다.

그러나 청대(淸代)에 들어오면서 인간은 하늘도 아니요 그렇다고 만물과 같은 것도 아닌 인간자체라고 솔직하게 반성하면서 인성론(人性論)을 전개하고 있다. 그러므로 인간의 생명성(生命性)을 강조하여 생명성(生命性)을 지속시킬 수 있는 인간의 욕망을 배양하여 적극적으로 추구할 때 천리(天理)로 나아감을 말하는 것이다. 이러한 사상에는 순자(荀子)의 천인상참설(天人相參說)453)이 크게 작용하게 된다. 순자(荀子)가 말한 대로 천도(天道)니 인도(人道)니 하는 것은 인간 나름대로 파악한 사람이 자연을 정복하고 이용하기 위해 만든 도(道)이다. 인간은 자연세계 그대로의 천지만물 중간에 위치한 공간적 존재가 아니라 인문세계의 창조 속에 움직이고 있는 존재, 즉 시간적 존재임을 청대(淸代)가 해석한 인간관(人間觀)이요 인성론(人性論)의 특징이다. 그러나 공통되는 사실은 인성(人性)을 그것이 본래선(本來善)이든 본래악(本來惡)이든 간에 고정불변의 것으로 보지 않고 후천적 습성(後天的 習性)에 따라 변하고 구축되는 것으로 보

---

453) 『荀子』「天論」에 말하기를 "하늘에는 사시가 있고 땅에는 자원이 있으며, 인간에게는 그것을 다스리는 방법이 있다. 이것을 일러 능히 참여한다고 말한다. 참여하는 수단을 버리고 참여하기만을 바라면 미혹에 빠진다.(天有其時, 地有其財, 人有其治, 夫是之謂能參, 舍其所以參, 而願其所參, 則惑矣)"고 하였다. 이에 모종삼은 『名家與荀子』(臺灣, 學生書局) p.213.에서 "하늘은 낳고 인간은 완성한다"는 말이 순자 사상의 기본원칙이라고 하였다.

고 있다는 데에는 사상의 일치점을 찾을 수 있다.

그러므로 주희(朱熹)와 대진(戴震)의 욕망론에 나타난 유사점은 다음의 몇 가지로 나타남을 알 수 있다.

첫째, 주희(朱熹)나 대진(戴震)에게 있어 인간의 본연적인 욕망, 즉 생존(生存)을 위한 욕망은 부인되지 않았다는 점이다. 주희(朱熹)는 인간의 기본적인 삶을 위해 기본적으로 필요한 식욕(食欲)과 성욕(性欲)에 한하여 마땅히 추구해야 한다고 하였다. 그러나 여기에는 '이(理)'에 부합한가 그렇지 아니한가의 문제가 남을 뿐이다. 앞에서도 고찰한 바와 같이 주희(朱熹)는 인욕(人欲)을 제거하여 천리(天理)를 보존하고자 하였지만 여기서의 인욕(人欲)은 인간의 생존을 위한 욕망이 아니라 사사로움으로부터 나오는 욕망이다. 비록 생존을 위한 욕망과 사사로움으로 인하여 발생하는 욕망의 차이는 실로 미세하다. 그러나 이것은 '심(心)'을 통하여 '성(性)'과 '정(情)'을 통섭[心統性情]하고 '계신공구(戒愼恐懼)'와 '신독(愼獨)'을 통하여 그 차이를 깨달아 스스로 사욕(私欲)을 제거해야 함을 지적하였다. 따라서 주희(朱熹)는 생존을 위한 욕망은 부인하지 않았지만 그 생존을 위한 욕망에도 도덕적 제어(理에 합당한가의 문제)가 필요함을 지적하고 있음을 알 수 있다. 또한 대진(戴震)은 생존을 위해 필요한 인간의 욕망을 천리(天理)라 하였다. 그러므로 인간의 욕망은 천리(天理)로부터 발출한 것이라 하였다. 따라서 인간의 삶을 지속하기 위하여 필요한 욕망은 대진(戴震)에게 있어 반드시 필요한 것임을 알 수 있다.

둘째, 주희(朱熹)와 대진(戴震)은 모두 사욕(私欲)을 제거해야 함을 지적하고 있다는 사실이다. 주희(朱熹)는 "천리(天理)에서 자연적으로 발출(發出)하지 않은 것은 사욕(私欲)."이라고 하였다. 그러므로 '이(理)'의 소재에 의하여 인욕(人欲)은 천리(天理)로 향하는 욕망과 사욕(私欲)으로 나누어지고 있다. 따라서 천리(天理)에 어긋나는 인간의 사욕(私欲)은 철저한 제거의 대상이 되고 있음을 알 수 있다. 또한 대진(戴震)이 욕망을 긍정하였다고 하여 사욕(私欲)마저도 긍정한 것은 아님을 알 수 있다. 앞에서도 고찰한 바와 같이 대진(戴震)에게 있어서 '사(私)'는 주희(朱熹)에서처럼 철저한 제거의 대상으로 인식되고 있다. 대진(戴震)은 혈기(血氣)에서 나온 욕망이 잘못되어 나타나는 것을 '사(私)'라 하였다. 이러한 사(私)는 정(情)에 의하여 발출(發出)되는 것으로 욕망이 정(情)을 넘지 말아야 함을 말하는 것이다. 그러므로 대진(戴震)에게 있어 인욕(人欲)은 "절제하여 정(情)에 모자라지도 넘치지도 않는 것."을 의미하고 있으며 이러한 정(情)을 넘은 인간의 욕망은 '사(私)'라 하여 제거의 대상이 되고 있음을 알 수 있다. 따라서 주희(朱熹)나 대진(戴震)의 인욕관(人欲觀)에 있어 사욕(私欲)은 제거의 대상임을 알 수 있다.

마지막으로 주희(朱熹)와 대진(戴震)은 모두 '천리(天理)'를 보존(保存)해야 함을 지적하고 있다. 비록 대진(戴震)이 자신의 학문을 전개함에 있어 천리(天理)의 개념(概念)을 주희(朱熹)와 달리 해석하고 있지만 천리(天理)를 부정하고 있지 않음을 알 수 있다. 먼저 주희(朱熹)는 천리(天理)를 온전히 보존하기 위하여서는 반드시 사욕(私欲)을 제거해야 함을 지적하였다. 이는 주희(朱熹)가 천리(天理)와 욕망을 분리하여 이원적(二元的)으로 해석하고 있기에 그러하다.

따라서 생존(生存)을 위한 식욕(食欲)과 성욕(性欲)은 천리(天理)로부터 발출(發出)한 것으로 인간에게 있어 마땅한 것으로 이해하고 있지만 이러한 생존(生存)을 위한 필요한 욕망을 제외한 인간의 사사로움으로 인하여 나타나는 욕망에 한하여 사욕(私欲)이라 이름하고 천리(天理)와 분리하여 철저하게 제거해야 함을 지적하고 있음을 볼 수 있다. 그러나 이러한 천리(天理)와 사욕(私欲)의 이원적(二元的) 고찰(考察)을 반대한 대진(戴震)은 욕망은 천리(天理)로부터 나오는 것이라 하였다. 욕망은 천리(天理)로부터 발출(發出)되는 것이기는 하지만 '정(情)'에 의하여 욕망이 사욕(私欲)으로 흐르는 것을 경계해야 함을 지적하고 있다. 따라서 대진(戴震)은 주희(朱熹)와는 달리 천리(天理)와 욕망을 분리하여 고찰(考察)한 것이 아니라 욕망의 절제(節制)와 조절을 통하여 천리(天理)를 찾고자 하였다. 그러므로 "절제하여 지나치지 않으면 천리(天理)에 의존(依存)한 것이다."라고 한 것이다. 이처럼 '절제하여 지나치지 않는' 점의 근거(根據)가 대진(戴震)에게 있어서는 '정(情)'이지만 주희(朱熹)에게 있어서는 '이(理)'인 것이다. 따라서 주희(朱熹)와 대진(戴震)에게 있어 사욕(私欲)의 근거는 '정(情)'과 '이(理)'의 차이는 있지만 이것은 모두 천리(天理)를 온전히 하고자 하였던 것으로 파악된다. 이는 두 학자가 욕망을 다른 관점으로 이해하였기에 발생한 문제이지 천리(天理)를 부정한 것은 아님을 알 수 있다.

요약하면 주희(朱熹)와 대진(戴震)은 욕망을 이해하는 기준은 달랐다고 할 수 있으나 주희(朱熹)는 사욕(私欲)을 철저하게 제거해야 한다고 주장함을 볼 수 있고 대진(戴震) 역시도 욕망을 긍정하였다고 하여 무절제한 추구를 주장하는 것이 아님을 볼 수 있다. 또한 그들이 이해한 천리(天理)의 개념(槪念)과 보존(保存)의 의미는 각기 달랐으나 천리(天理)를 부정한 것은 아니라는 공통점을 가지고 있음을 볼 수 있다. 그러므로 대진(戴震)은 송·명 이학(宋·明 理學)이 도덕적 가능성(道德的 可能性)을 실현하는 데 있어 천리(天理)·인욕(人欲)의 이분법(二分法)으로써 인간의 생리적인 생명력인 욕망에 대하여 지나친 부정을 하는 데 대한 새로운 비판으로서 인간의 욕망에 대한 긍정을 통하여 송·명 이학(宋·明 理學)의 경직되고 왜곡된 인간관을 타파하려 한 것이다. 그러나 주희(朱熹)가 인간의 도덕적 기능(道德的 機能)과 도덕적 의무(道德的 義務)를 강조하여 사욕(私欲)으로 흐를 수 있는 인간의 욕망을 '이(理)'로써 제어하여 도덕적 완성(道德的 完成)을 이루고자 하였던 것처럼 대진(戴震)의 인간관도 유교(儒敎)의 전통적 도덕관(道德觀) 위에 서서 욕망의 절제를 말하고 있다는 점에서 '도덕적 인간관(道德的 人間觀)'을 지향하고 있음을 알 수 있다. 따라서 주희(朱熹)와 대진(戴震)의 욕망론은 '사사로움'을 배제해야 한다는 도덕적 의무(道德的 義務)에 있어서는 동일하게 욕망의 절제(節制)와 조절을 지적하고 있음을 알 수 있다.

이에 반하여 주희(朱熹)와 대진(戴震)의 차이는 인간의 욕망을 보는 기준이 주희(朱熹)는 이(理)를 통해 구체적으로 언급하였기에 인욕(人欲－私欲)을 부정했다고 할 수 있으나, 대진(戴震)은 기(氣)의 기능을 강조하여 혈기(血氣)와 심지(心知)의 움직임, 즉 기질지성(氣質之性)으로서의 욕망을 인정하고 있기에 대진(戴震)의 인욕관(人欲觀)은 인욕(人欲)을 긍정론(肯定論)으로 이해할 수 있다. 그러므로 주희(朱熹)와 대진(戴震)의 차이의 근원(根源)은 '이(理)의 소재(所在)'에 있다. 이(理)가 사회의 지배이데올로기로 작용하게 되는 것은 주자학(朱子學)이 이(理)를 자연(自然)의 존재원리(存在原理)로 삼고 인간의 정(情)·욕(欲)에 대립되는 도덕원리(道德原理)로 파악했던 필연적인 결과이다. 이것은 이(理)의 추구를 위해서는 욕망은 마땅히 억제되어야 하는 것이었다. 이와는 반대로 기철학(氣哲學)은 사회의 지배이데올로기인 주자학(朱子學)의 비판적 입장을 취하면서 현실타파와 사회개혁을 주장하였다. 이러한 주희(朱熹)와 대진(戴震)의 차이를 이기론(理氣論)으로 살펴보자.

주희(朱熹)는 이(理)와 기(氣)를 이원(二元)으로 파악하였다. 이(理)는 기(氣)에 선재(先在)하며 기(氣)의 소이연(所以然)이므로 이(理)의 가치는 기(氣)보다 우위에 있다. 따라서 이(理)에 우월한 가치를 부여하고 있기에 기(氣)의 소외현상이 발생하여 기(氣)의 발현(發現)인 인간의 삶의 물질적 기초는 무시되고 이(理)의 발현(發現)인 윤리(倫理), 도덕(道德)과 같은 원리(原理)가 강조되는 결과를 초래하였다. 반면에 기철학(氣哲學)에서는 이(理)의 선재성(先在性)을 거부하고 이(理)가 기(氣)의 이(理)이지 기(氣)가 이(理)의 기(氣)는 아니라고 하여 기(氣)가 없으면 이(理) 역시 존재하지 않는다고 하였다. 따라서 기철학(氣哲學)은 이철학(理哲學)에 대립적으로 나타나, 주자학(朱子學)을 사회의 지배이데올로기로 삼고 있는 지배층에 강력한 비판을 제기하고 피지배층의 실질적인 삶에 관심을 집중시켜, 실질적인 삶의 원동력인 인간의 욕망을 긍정하는 철학으로 발전하게 된다. 그러므로 대진(戴震)의 철학은 주희(朱熹)의 이개념(理概念)을 비판하고 기철학(氣哲學)에 입각한 이개념(理概念)을 제시하면서 현실세계에서 느끼는 피지배층의 소외에 대한 문제의식으로 출발하여 이루어졌다. 이에 이(理)의 지배 이데올로기화를 비판하여 다음과 같이 말하고 있다.

> 지위가 높은 사람은 이(理)를 가지고 지위가 낮은 사람을 책망하고, 어른은 이(理)를 가지고 어린 사람을 책망하고, 귀한 사람은 이(理)를 가지고 천한 사람을 책망하여 비록 자신들이 잘못하더라도 옳다고 하며, 지위가 낮은 사람, 어린 사람, 천한 사람은 이(理)를 가지고 다투어 타당함을 얻었더라도 거스른다고 한다. 이에 아래에 있는 사람은 천하의 동정(同情), 천하의 동욕(同欲)을 가지고 위로 상당할 수 없고, 위에 있는 사람은 이(理)를 가지고 아래에 있는 사람을 책망하니, 아래에 있게 된 죄가 사람마다 이루 다 헤아릴 수가 없다. 사람이 법(法)에 걸려 죽으면 오히려 불쌍하게 여기는 사람이 있지만 이(理)에 걸려 죽으면 누가 불쌍하게 여기겠는가?454)

이처럼 대진(戴震)은 "사람이 법에 걸려 죽으면 오히려 불쌍하게 여기는 사람이 있지만 이(理)에 걸려 죽으면 누가 불쌍하게 여기겠는가?"라고 하여 지배층에서 이(理)를 지배 이데올로기화하여 피지배층을 억압하는 현실에 대하여 강한 불만을 표현하였다. 또한 그는 주자학자(朱子學者)들이 말하는 이(理)를 가혹한 관리가 가진 법에

---

454) 『孟子字義疏證』, 卷 上, 「理」: "尊者以理責卑, 長者以理責幼, 貴者以理責賤, 雖失謂之順, 卑者幼者賤者以理爭之, 雖得謂之逆. 於是下之人不能以天下之同情, 天下所同欲達之於上, 上以理責其下, 而在下之罪, 人人不勝指設. 人死於法, 猶有憐之者, 死於理, 其誰憐之."

비유하여 가혹한 관리는 법(法을) 가지고 사람을 죽이고 주자학자(朱子學者)들은 이(理)를 가지고 사람을 죽인다(以理殺人)고 하였다.

그러므로 주희(朱熹)가 주장하고 있는 이(理)의 개념(槪念)에 반대하여 지배 이데올로기로의 이(理)가 아닌 사회 구성원이 '같이 그렇게 여기는 것(所同然)'이 이(理)가 되는 것이라 하여 다음과 같이 주장하였다.

> 마음이 같이 그렇다고 여기는 것을 원래 이(理)라 하고 의(義)라 한다. 같이 그렇다고 여기는 것에 이르지 않으면 그 사람의 의견에 보존되어 있는 것이 이(理)가 아니고 의(義)가 아니다. 한 사람이 그렇다고 여기는데 천하(天下)와 만세(萬世)의 모든 사람이 '이것은 바꿀 수 없다'고 하면 이것을 같이 그렇게 여기는 것이라고 한다.[455]

위의 구절에서 "같이 그렇다고 여기는 것에 이르지 않으면 그 사람의 의견에 보존되어 있는 것이 이(理)가 아니고 의(義)론 아니다."고 하는 것은 한 사람 한 사람이 그렇다고 여기는 바의 의견이 없다면 모든 사람이 그렇다고 여기는 바의 공동의 의견이 있을 수 없지만, 개인의 잘못이 있을 수 있으므로 반드시 공동의 의견에 이르러야 한다는 것으로 대진(戴震)에게 있어 이(理)란 소동연(所同然)의 이(理)를 말함을 알 수 있으며, 이 소동연(所同然)의 이(理)는 필연(必然)인 것이다. 그러므로 지배층에 의해 규정된 이(理)는 필연(必

---

455) 『孟子字義疏證』, 卷 上, 「理」: "心之所同然, 是謂之理, 謂之義. 則未至於同然, 存乎其人之意見, 非理也, 非義也. 凡一人以謂然, 天下萬世皆曰, 是不可易也, 此之謂同然."

然)으로서의 이(理)가 아니며 소동연(所同然)으로의 이(理)만이 필연(必然)인 것이다. 이것이 대진(戴震)이 주희(朱熹)의 이개념(理槪念)에 반대하여 주장한 이(理)의 개념(槪念)이며, 소동연(所同然)으로서의 이(理)를 강조하기에 민중(民衆)에게 있는 이(理) 역시 천하(天下)의 이(理)이다. 이러한 이개념(理槪念)의 전환을 통하여 민중(民衆)에게 실질적으로 필요한 욕망을 인정하는 철학을 전개하고 있음을 볼 수 있다.

따라서 주희(朱熹)는 천리(天理)와 인욕(人欲)을 분리하여 인간의 '이(理)'를 '성(性)'이라 하고, '욕(欲)'을 '정(情)'이라 하였지만 대진(戴震)은 인욕(人欲)의 적절한 실현이 천리(天理)라고 보고 있음을 알 수 있다. 다시 말해 대진(戴震)은 혈기(血氣)와 심지(心知)를 이(理)로 인식하였기에 생존을 위해 필요한 욕망뿐만 아니라 감성적 욕망마저도 인간 본연의 모습이라 하였으나, 주희(朱熹)는 생존(生存)을 위해 필요한 욕망을 제외한 감성적 욕망에 한해서 '정(情)'이라 하여 '성(性)'이라 하지 않는다. 그러기에 인욕(人欲-私欲)을 철저한 제거의 대상으로 인식하는 것이다.

그러나 천리(天理)와 인욕(人欲)에 대한 주희(朱熹)와 대진(戴震)의 입장은 동일하게 인욕(人欲)의 절제(節制)를 주장하고 있고, 그러한 인욕(人欲)의 절제(節制)의 이유가 바로 순연한 천리(天理)의 보존(保存)인지 아니면 인욕(人欲)의 적절한 배양(培養)인지의 차이다. 따라서 주희(朱熹)와 대진(戴震)은 인욕(人欲)을 바라본 기준(基準)이나 근거(根據)가 달랐다. 그것은 주희(朱熹)가 심통성정(心統性情)의 입장에서 성정(性情)을 구별하고 다시 본연지성(本然之性)과 기질지성(氣質之性)으로 나누는 데서 출발했다면, 대진(戴震)은 이기합일(理氣合一)의 차원에서 욕망의 실현은 천리(天理)라 말하고 있는 점이다.

주자학(朱子學)이 사물에 나아가 이치를 찾아내고 가치 판단을 행하기 때문에 어쨌든 객관적으로 정해진 이치, 제도, 권위, 질서, 관습 등이 전제되어 그 주어진 조건을 통해 마음의 이치를 찾아야 하는 정리론(定理論)의 범주에 속한다면, 대진(戴震)의 철학은 마음이 상황을 개변시킬 수 있는 가능성을 항상 염두에 두고 있으면서 이치(理致)에 대한 자유로운 이해와 인식을 가능하게 하는 여지를 항상 갖게 하는 주관 능동성에 그 초점이 맞추어진다. 따라서 주희(朱熹)의 정리론(定理論)에 입각하여 천리(天理)와 인욕(人欲)을 설명할 때는 천리(天理)라는 객관 실재에 근거되어야 하는 '거인욕 존천리(去人欲 存天理)'의 윤리 강상론(倫理 綱常論)을 주장할 수밖에 없다. 반면에 대진(戴震)은 주관 능동성에 입각하여 천리(天理)와 인욕(人欲)을 말한다면 개인의 주관적 사유판단이 곧 천리(天理)이므로 천리(天理)와 인욕(人欲)은 대립관계로 설정할 수 없는 것이다.

요약하면 주희(朱熹)는 천리(天理)와 인욕(人欲)을 구분 지으면서 단순히 천리(天理)와 인욕(人欲)을 구분한 것이 아니라 인욕(人欲) 중에서 생존(生存)에 필요한 욕망이나 선(善)으로 나아가고자 하는 욕망, 즉 천리(天理)에 순응(順應)하고자 하는 욕망이나 인(仁)을 실현하고자 하는 욕망은 형기(形氣)의 사사로움에서 나오는 욕망과 분리하여 고찰하였다. 그러므로 천리(天理)의 순연함을 보존하고 천리(天理)를 따르기 위한 욕망은 인욕(人欲)임에도 불구하고 천리(天理)

라고 이름하였고, 사사로움에서 일어나는 욕망은 사욕(私欲)이라 하여 천리(天理)와 철저히 분리하여야 함을 강조하였다. 따라서 천리(天理)와 인욕(人欲)을 분리한 것이 아니라 천리(天理)와 사욕(私欲)을 분리하였음을 볼 수 있다.

그러나 이에 반해 대진(戴震)은 이(理)의 개념(槪念)을 정의하면서 주희(朱熹)와는 다른 의미로 사용하고 있다. 주희(朱熹)는 이(理)의 개념(槪念) 안에 기(氣)가 내재되어 있다고 주장하지만 대진(戴震)은 이(理)와 기(氣)는 동일하다는 시각에서 인성론(人性論)을 전개하고 있다. 따라서 戴震은 性卽氣라는 관점에서 기일원론(氣一元論)을 전개하고 있다. 그러므로 기(氣)의 발현(發現)인 욕망은 마땅히 성(性)을 이루는 근본요소이다. 또한 천리(天理)의 실현마저도 욕망의 실현을 통하여 가능하다고 하여 주희(朱熹)가 분리하였던 인욕(人欲)의 의미를 부정하고 있다. 따라서 주희(朱熹)와 대진(戴震)의 본질적 차이는 인간의 본성을 이(理)에 근거(根據)하고 있느냐 아니면 기(氣)에 근거(根據)하고 있느냐의 차이에서 인성론(人性論)을 전개하기에, 이(理)의 순연한 모습인 천리(天理)를 보존하기 위해 인욕(人欲－私欲)을 제거하고자 하는 주희(朱熹)의 의견과 기(氣)의 발현인 정(情)의 욕(欲)을 인정하고 확충하는 것이 천리(天理)의 올바른 실현이며 천리(天理)의 보존(保存)은 인욕(人欲)을 다할 때 제대로 보존(保存)된다는 것으로 이해할 수 있다.

또한 주희(朱熹)와 대진(戴震)의 욕망론에 나타난 의의(意義)를 살펴보면 다음과 같다. 먼저 주희(朱熹)가 말하는 ‘거인욕 존천리(去人欲 存天理)’는 선진유가(先秦儒家)의 욕망론을 한 단계 발전시킨 이론으로서, 천리(天理)와 인욕(人欲) 그리고 의(義)와 이(利)의 구별은 도덕이성(道德理性)을 감정욕망과 대립된다는 전제조건 아래 이성으로서 감정욕망을 억제하고자 하는 데 있다. 이것은 사회 안정과 집단의 이익을 중시하는 사상과 불가분의 관계에 있으며 나아가 집단의 이익이 바로 개인의 이익이 될 수 있는 가능성을 제시하였다는 점에서 의의가 있다. 또한 공맹(孔孟)의 가르침으로 볼 때, 사욕(私欲)은 본래부터 간직하여온 본성이 아니라는 입장이기에 인욕지사(人欲之私)의 욕(欲)은 곧 인성론(人性論)의 문제로 직결된다. 사욕(私欲)의 문제를 인성론(人性論)과 결부하여서는 맹자(孟子)와 순자(荀子) 그리고 송학(宋學)의 견해가 있다. 이들은 각기 다른 견해를 피력하고 있으나 궁극적으로 인간의 도덕성과 합치된 욕망을 실현해야 한다는 것을 가르치고자 하는 순기능으로서의 그 이론적 귀결점은 모두 일치하고 있다. 그러므로 '거인욕 존천리(去人欲 存天理)'의 정신은 이성을 중시하고 종욕주의(縱欲主義)를 배척하며 사람들로 하여 강력한 사회적 사명감을 주는 것으로 사람들의 올바른 이성을 간직하게 하는 점에서 유익하며 오늘날의 인격교육에 있어서도 그 역할과 영향력은 크다고 할 수 있다.

나아가 대진(戴震)의 욕망론에 나타난 의의(意義)는 당시의 통치체제를 날카롭게 비판하여 당시 서민의 계층을 대표하는 사상으로 자리매김하였으며 선진유가(先秦儒學)의 사상을 새롭게 해석하면서도 전통적인 입장과의 조화를 상실하지 않고 있다는 점이다. 그러므로 대진(戴震)은 맹자(孟子)와 순자(荀子)의 사상을 종합하면서도 욕망이 가지는 선(善)과 악(惡)의 양면성(兩面性) 중에서 악(惡)으로의 가능성보다 선(善)으로서의 가능성을 중시하여 적극적이고 능동적인 생활을 영위하고자 하였음을 알 수 있다. 따라서 대진(戴震)에게 있어 성선(性善)이란 수욕달정(遂欲達情)된 상태를 말하는 것이며 이는 올바른 도덕을 확립해 보려는 하나의 의도임을 알 수 있다. 그러므로 대진(戴震)에서 도덕은 욕망을 막기 위함이 아니라 욕망을 달성하기 위해 존재하는 것임을 알 수 있다.

대진(戴震)은 주희(朱熹)의 인간관이 이(理)와 욕망의 지나친 대결 구도에 의한 경직된 인간관임을 비판하고 욕망의 측면에서 인간의 구체적인 모습을 고찰했다는 데 의미가 있다. 따라서 대진(戴震)의 철학이 인욕긍정론(人欲肯定論)이라 하여 욕망의 무절제한 방임(放任)을 말하는 것은 아님을 알 수 있다. 또한 주희(朱熹)의 욕망론을 금욕주의(禁慾主義)라 하여 인간이 가지는 모든 욕망을 부정한 것이 아니라 인간이 삶을 영위하기 위하여 반드시 필요한 욕망에 한해서는 인정하고 있음을 볼 수 있다.

Ⅵ. 유학에 나타난 욕망

　인간에게 있어서 다의적 의미를 가지고 있는 욕망은 서양철학이나 동양철학 전반에 걸쳐 인간의 본성을 탐구함에 있어 중요한 요인으로 자리잡고 있으며 욕망의 의미는 원래 선악(善惡)의 개념(槪念)과는 분리된 인간 본연의 순수한 모습이다. 이러한 욕망이 인간 생활 또는 의식과 결합되면서 선악(善惡)의 문제, 절제(節制)의 문제 그리고 수양(修養)의 문제가 나타난다. 그러므로 앞에서 주희(朱熹)와 대진(戴震) 욕망론의 사상적 연원(淵源)으로 선진유가(先秦儒家)의 공자(孔子), 맹자(孟子), 순자(荀子) 그리고 노자(老子)와 장자(莊子)의 인성론(人性論)과 욕망론을 고찰하였고 나아가 송대(宋代)의 주돈이(周敦頤), 장재(張載), 이정(二程) 그리고 주희(朱熹)의 인성론(人性論)과 욕망론 마지막으로 명대(明代)와 청대(淸代)의 대표적 사상가로서 심학(心學)을 전개한 왕양명(王陽明)과 왕부지(王夫之) 그리고 대진(戴震)의 욕망론과 사욕(私欲)의 제거를 위한 수양론(修養論)을 고찰해 보았다. 따라서 주희(朱熹)와 대진(戴震)의 인욕관(人欲觀)에 대하여 살펴보면 다음과 같다.

천리(天理)·인욕(人欲)이라는 단어는 앞에서 언급하였듯이 『예기(禮記)』의 「악기(樂記)」 편에 처음으로 등장하고 있다. '천리(天理)'라는 것은 하늘이 인간에게 부여한 '성(性)'의 고요하고 순연한 모습을 의미하는 것으로 악(惡)이나 사(私)가 개입되어 있지 않은 모습을 의미하고 있다. 또한 욕망이라는 것은 성(性)의 욕망으로서 물질에 감응하여 움직이는 것이다. 이러한 물질은 사람을 감응시킴에 한이 없고, 나아가 사람은 물질에 동화되어 절도(節度)가 없게 되어 마침내 천리(天理)를 없애고 인욕(人欲)에 사로잡히게 된다. 그러므로 인욕(人欲)은 천리(天理)의 상대적 개념(相對的 槪念)으로 천리(天理)의 순수성을 가리는 요인으로 인식되고 있다.

먼저 주희(朱熹)가 말한 천리(天理)와 인욕(人欲)의 개념(槪念)을 고찰해 보면, 주희(朱熹)가 확립한 이개념(理槪念)에서 이(理)의 가장 중요한 의미는 사물의 존재원리(存在原理)이며 형이상적(形而上的)인 사물의 규율(規律)과 도덕원칙(道德原則)이라는 점이다. '이(理)'를 인성론(人性論)의 측면에서 말한다면, 천리(天理)란 하늘이 인간에게 부여한 도덕본성(道德本性)이다. 이에 반하여 인욕(人欲)의 의미를 규정해 보면 인간의 마음속에 욕망의 존재는 인정하나 그러한 욕망이 사사로움에 처할 때도 있다는 것을 의미한다. 이것은 곧 사욕(私欲)을 의미함이다. 그러나 인욕(人欲) 그 자체가 곧 사욕(私欲)이라는 것이 아니라 인간이 가지고 있는 보편적 욕망에는 사욕(私欲)으로 흐를 수 있는 욕망도 있음을 말한다. 인욕(人欲)이 사사로움으로 흐른다는 것은 '가능성(可能性)'의 의미이다. 인욕(人欲)이 선(善)을 지향하는 욕망으로 흐르는 것은 나쁜 것이 아니다. 그러나 인욕(人欲)이 사사로움과 결합한다면 그 욕망은 반드시 악(惡)의 근원이 된다는 것을 말한다. 또한 주희(朱熹)가 '거인욕 존천리(去人欲存天理)'라고 한 것은 인욕(人欲)을 배제하고 천리(天理)를 보존(保存)하는 것이 두 가지가 아니라 하나의 일이라는 것이다. 천리(天理)와 인욕(人欲)은 둘이 아니다. 천리(天理)와 인욕(人欲)은 단지 한 사람의 마음이다. 도리(道理)에 합당한 것이 천리(天理)이고 정욕(情欲)에 따르는 것이 인욕(人欲)이니, 그 나뉘는 곳을 반드시 깨우쳐야 한다는 것이다. 따라서 욕망이 이(理)에 합당할 때는 천리(天理)로 나아가지만 이(理)에 합당하지 않으면 사욕(私欲)으로 흐른다는 것으로 그 중심점에 이(理)가 있어 천리(天理)와 인욕(人欲)의 분기점이 된다는 것이다. 따라서 마음이 지향하는 것에 따라 천리(天理)와 인욕(人欲)이 나뉜다. 그러므로 천리(天理)와 인욕(人欲)이 비록 한사람의 같은 행위일지라도 정(情)이 나아가는 방향이 다른 것이다. 즉 정욕(情欲)이 공명함으로 향하는가, 사사로움으로 흐르는가의 차이이다.

인욕(人欲)은 인간이 가지고 있는 욕망 전체를 의미한다. 이러한 욕망은 두 가지로 나누어진다. 그 첫째는 인간이 나면서 하늘로부터 부여받은 생존과 성장에 관한 식욕(食欲)과 성욕(性欲)이며, 다음으로 인간이 외부세계와 물욕(物欲)에 빠져 생겨나는 욕망으로 사욕(私欲)이다. 따라서 천리(天理)와 인욕(人欲)의 관계를 고찰함에 있어 중요한 위치에 있는 것은 생존이나 성장을 위한 욕망이 아니라 사사로움으로 인해 발생하는 사욕(私欲)에 있다. 천리(天理)와 인욕(人欲)의 관계와 의미를 고찰하는 것은 인간의 사사로움으로 인해 발생하는 사욕(私欲)과 천리(天理)의 관계를 고찰하는 것이며 이러한 사욕(私欲)의 문제로 인하여 선(善)과 악(惡)의 문제가 나타난다. 그러므로 '성명(性命)의 바름'과 '인욕(人欲)의 사사로움'을 통하여 주희철학(朱熹哲學)에서의 선(善)과 악(惡)에 문제에 대한 해답을 찾을 수 있다. '성(性)과 명(命)의 바름'은 '천리(天理)'의 실체이다. 그러나 이것은 기질(氣質)의 치우침으로 인하여 사지(四肢)의 좋아함이 나타나 천리(天理)의 본래성을 가리는 사욕(私欲)이 나타난다는 것이다. 따라서 천리(天理)의 본래성을 가리는 것이 곧 사욕(私欲)이다. 그러나 성인(聖人)의 기질(氣質)은 밝고 순수하여 그 자체가 천리(天理)이기에 인욕(人欲)의 사사로움은 없다는 것으로 천리(天理)의 실체는 성명(性命)의 바름이요 성명(性命)의 바름을 간직한 욕망에는 사사로움이 없다. 여기에서 인간의 욕망은 '성인(聖人)의 욕망'과 '사욕(私欲)'으로 구분됨을 알 수 있다. 성인(聖人)의 욕망은 인(仁)을 실현하고자 하는 욕망과 사지(四肢)의 좋아함에 치우치지 않은 욕망을 말함이요 사욕(私欲)은 사지(四肢)의 좋아함이나 개인의 사사로움으로 인해 발생하는 욕망이다. 따라서 '성인(聖人)의 욕망'은 천리(天理)이나 '사지(四肢)의 좋아함으로 나타나는 욕망'은 그 본래성, 즉 성명(性命)의 바름을 해하는 사욕(私欲)이기에 천리(天理)와 대립적 관계에 놓여 있다. 이처럼 주희(朱熹)에게 있어서 천리(天理)와 인욕(人欲)의 관계는 천리(天理)가 있으면 인욕(人欲)은 없고, 인욕(人欲)이 있으면 천리(天理)가 멸(滅)해지는 철저한 상호 대립적 관계인 것이다. 또한 천리(天理)와 인욕(人欲)이 섞일 수 없다는 것은 천리(天理)와 인욕(人欲)은 섞이면 안 된다는 경고와 철저한 분리(分

離)를 의미하는 것이다. 천리(天理)에서 인욕(人欲)을 분리한다는 것은 인욕(人欲)을 멸(滅)할 때만 인간의 도덕본성(道德本性)을 고양할 수 있고 이러한 도덕본성(道德本性)의 고양을 통해 성인(聖人)으로 나아가고자 함이다.

이와는 반대로 대진(戴震)이 주장하고 있는 천리(天理)와 인욕(人欲)은 이(理)와 정욕(情欲)을 분리시켜 보지 않고 그것을 통일시켜 이(理)가 욕망 속에 있다는 '이욕통일론(理欲統一論)'의 관점에서 인욕관(人欲觀)을 전개하고 있다. 이러한 대진(戴震)의 이(理)에 대한 해석은 주희(朱熹)의 이개념(理槪念)에 반대해서 전개하고 있는데 주희(朱熹)의 이(理)는 육경(六經)과 공자(孔子), 맹자(孟子)가 말하는 이(理)가 아니라고 하였다. 그러므로 대진(戴震)은 이(理)란 자연(自然)이 갖는 법칙성(法則性)에 불과한 것으로 보았다. 따라서 대진(戴震)의 논리에 따르면 사물(事物－自然)이 없으면 이(理)도 없게 된다. 또한 그는 욕망을 자연(自然)으로, 이(理)를 필연(必然)이라 한다. 그러나 필연(必然)은 자연(自然)을 벗어날 수 없고 이(理) 역시 욕망을 벗어날 수 없다. 그러므로 대진(戴震)의 관점에서 본다면 정(情)을 부정한 것이 아니라 오히려 정(情)을 적절하고 정당하게 운용하는 것을 이(理)라고 말하고 있다. 그러므로 '이(理)의 존재근거(存在根據)는 이(理)가 욕망 중에 있다'는 것이다.

대진(戴震)은 사람이 혈기(血氣)·심지(心知)가 있기 때문에 생(生)할 수 있는 것이며, 욕망은 혈기(血氣)에서 나온다고 했다. 욕망은 기질지성(氣質之性)인 혈기(血氣)에서 나오기에 인간의 삶에 있어 근원적인 행동양식이며, 이것을 추론해 보면 욕망이 있기 때문에 인간이 존재할 수 있는 것이다. 또한 인간의 욕망을 긍정한다는 것은 기질지성(氣質之性)을 성(性)으로 본다는 것으로 주희(朱熹)의 이욕관(理欲觀)과는 선명한 구별이 이루어지고 있음을 볼 수 있다. 나아가 대진(戴震)은 정(情)의 의미에 근거하여 천리(天理)와 인욕(人欲)의 관계를 설명하고 있는데, 이는 앞에서도 살펴본 바와 같이 "절제하여 정(情)을 넘지도 정(情)에 모자라지도 않게 하는 것이 어찌 천리(天理)가 아니라고 하겠는가?"라고 한 데에서 알 수 있다. 그러므로 대진(戴震)은 인욕(人欲)과 천리(天理)의 관계를 말하여 욕망이 정(情)을 넘지 않은 상태를 천리(天理)라고 하였다. 이러한 정욕(情欲)의 관계는 욕망이 정(情)의 제한을 받아야 한다는 말로서 욕망이 지나치거나 절도에 맞는 기준이 정(情)이라는 말이다. 따라서 희로애락(喜怒哀樂)의 정(情)은 욕망이 작용되는 한계를 제시하고 있다. 결과적으로 말한다면 대진(戴震) 역시도 인욕(人欲)의 규정에 있어 '절제하여 정(情)에 모자라지도 넘치지도 않는 것.'을 의미함을 볼 수 있다. 그렇다면 대진(戴震)이 주장하고 있는 인욕긍정론(人欲肯定論)은 인욕(人欲)을 천리(天理)의 자연스러움이라고 판단한 것이지 인욕(人欲)의 무절제한 방임을 말하는 것은 아니다. 그러므로 인욕(人欲)에 관한 주희(朱熹)와의 차이는 인욕(人欲)을 천리(天理)의 본성으로 볼 것인가 아닌가의 문제이지 인욕(人欲)의 무절제한 방임이나 사욕(私欲)의 추구를 주장하는 것이 아님을 볼 수 있다. 이 무절제한 방임을 인지하고 조절하는 것이 주희(朱熹)의 견해에서는 '천리(天理)의 보존(保存)'이지만 대진(戴震)에게 있어서는 '정(情)'인 것이다. 따라서 그는 인간의 욕망은 정(情)의 바탕이라고 말하고 있다.

　요컨대 대진(戴震)의 천리 인욕관(天理 人欲觀)은 천리(天理)와 인욕(人欲)을 하나의 통일적 관계로 파악했음을 볼 수 있다. 나아가 대진(戴震)은 정주학(程朱學)에서 주장했던 본연지성(本然之性)과 기질지성(氣質之性)을 일러 본연지성(本然之性)은 원래부터 존재하지 않는다고 하여 기질(氣質)의 성(性)만이 인간의 본성이라는 견해를 피력하여 주희(朱熹)가 주장했던 보편으로서의 이개념(理槪念)을 버리고 이(理)의 특수성을 주장하였다. 또한 혈기심지론(血氣心知論)을 통하여 정주학(程朱學)에서 성(性)과 정(情)을 구분하였던 것을 반대하여, 성(性)과 정(情)은 혈기(血氣)와 심지(心知)의 자연(自然)인 것으로 자연(自然)은 필연(必然)으로 나아가기 위해 지속적으로 추구되어야 함을 말하고 있다. 이러한 이유로 인하여 대진(戴震)의 학문은 정주학(程朱學)에서 천리(天理)와 인욕(人欲)을 분리하여 천리(天理)를 보존(保存)을 위하여 인욕(人欲－私欲)의 제거를 주장했던 사상을 배격하고 천리(天理)의 온전함은 인욕(人欲)의 실현을 통하여 가능함을 말하고 있는 것이다. 그러므로 혈기(血氣)와 심지(心知)의 구체적인 내용인 욕망이 인간의 본성이기에 인간이 살아가면서 가지는 욕망이나 희로애락(喜怒哀樂)의 정(情)을 없앤다는 것은 불가능하며, 오히려 인간의 생존을 위해 없어서는 안 되는 생존근거인 것이다.

　여기서 대진(戴震)의 인욕관(人欲觀)에 있어 천리(天理)와 인욕(人欲)의 관계를 살펴보면, 정주학(程朱學)에서 천리(天理)라 함은 '하늘이 부여한 도덕본성'이라 하여 보편적 인간들의 마음에 마땅히 내재되어 있어야 하는 절대적 가치를 지니는 의미라고 한다면 대진(戴震)에게 있어 천(天)은 자연천(自然天)일 뿐이요, 나아가 이(理)는

‘특수(特殊)’ 즉 어떠한 경우에는 적용할 수 있지만 어떠한 경우에는 적용할 수 없는 개념으로서 인간에게 보편적으로 내재되어 있는 그러한 절대적 가치를 지니는 의미는 아니다.

그러므로 천리(天理)와 인욕(人欲)의 관계에 있어 정주학(程朱學)에서 주장하고 있는 ‘인욕(人欲)을 제거하여 천리(天理)를 보존한다.’는 논리에 정면으로 반박하고 있으며, 인욕(人欲)은 인간의 기질(氣質) 속에 내포되어 있는 자연스러움으로 혈기(血氣)와 심지(心知)라는 단어를 사용하여 표현하고 있다. 나아가 대진(戴震)에게 있어 천리(天理)와 인욕(人欲)의 관계는 인욕(人欲) 속에 천리(天理)가 있다고 하는 논리로서 천리(天理)의 의미를 인욕(人欲) 속에 포함시켜 천리(天理)의 보존을 위해 인욕(人欲)을 제거해야 하는 것이 아니라 인욕(人欲)의 올바른 사용과 배양(培養)이 천리(天理)에 순응(順應)하는 것이라는 논리를 피력하고 있다. 그리하여 대진(戴震)은 “절제하여 지나치지 않으면 천리(天理)에 맞다.(節而不過, 則依乎天理)”고 하여 천리(天理)라는 것은 절제하여 인욕(人欲)이 방종하지 않은 상태를 의미하는 것이다. 이렇듯 대진(戴震)에게 있어 천리(天理)와 인욕(人欲)의 관계는 욕망의 구체적인 발현이 천리(天理)의 자연스러운 모습이자, 천리(天理)의 보존(保存)임을 알 수 있다. 그러므로 대진(戴震)은 정주학(程朱學)에서 주장하고 있는 “인욕(人欲)을 제거하여 천리(天理)를 보존한다.”는 것은 인간의 생명활동에 어긋난다고 하여 맹자(孟子)의 과욕론(寡欲論)을 비판하기도 하였다. 따라서 인간에게 있어서의 욕망은 인간의 존재근거(存在根據)로서, 욕망이 없으면 행위(行爲)도 없고 욕망이 없으면 이(理)도 없다. 그러므로 정(情)이나

지(知)를 포함한 인간 마음의 모든 작용은 욕망이 있으므로 존재할 수 있는 것이고, 욕망이 있기에 가능한 것이다. 이것을 바꾸어 말하면 천리(天理)로서의 '욕망의 바름'은 '정(情)의 참됨'과 '지(知)의 정확함'으로 인하여 기인됨을 알 수 있다. 뿐만 아니라 대진(戴震)은 송대 성리학(宋代 性理學)이 '이(理)'로서 묶어버렸던 욕망을 풀어내어 생명활동의 원천으로 삼고 있다. 그러므로 이(理)의 출발점을 욕망이라 보고 있으며, 나아가 이(理)가 욕망 가운데 있는 것이라 하여 송대 성리학(宋代 性理學)이 대립적으로 파악한 이(理)와 욕망을 통합하려고 하였다.

또한 주희(朱熹)와 대진(戴震)의 사욕(私欲)에 대한 견해와 수양(修養)의 논리(論理)는 다음과 같다.

먼저 주희(朱熹)에게 있어 '거인욕 존천리(去人欲 存天理)'의 명제는 결코 인욕(人欲), 즉 모든 감성적 욕망을 제거하라는 것이 아니며 도덕원칙(道德原則)에 위배되고 인간의 순연한 도덕본성(道德本性)을 '해(害)'하는 욕망을 도덕의식(道德意識)으로 극복(克復)하라는 의미이다. 또한 인간의 희로애락(喜怒哀樂)에 대한 기본적인 욕망에 대해서는 인정을 하고 있으며 천리(天理)의 발현이라고 말하고 있다. 그러나 이러한 자연스러운 천리(天理)의 발현이 사욕(私欲)에 치우쳐서는 안 됨을 강조하고 있고 만약 이것이 사욕(私欲)에 치우치게 된다면 비록 시작은 천리(天理)의 발현이지만 인간의 사사로움으로 인하여 악(惡)이 되어버리는 것이다. 따라서 인간의 욕망이 천리(天理)에 순응(順應)하면 도심(道心)으로 천리(天理)에 어긋나면 사욕(私欲)이 되는 것일 뿐이다. 또한 주희(朱熹)는 천리(天理)에서 자연적으로 발출하지 않은 것은 모두 사욕(私欲)이라 하였다. 앞에서도 고찰하였듯이 천리(天理)라는 것은 하늘로부터 부여받은 순연한 이치(理致)를 말한다. 그러므로 하늘로부터 부여받은 이(理)에 어긋나는 것은 이유를 막론하고 사욕(私欲)인 것이다. 이러한 사욕(私欲)의 제거를 위해 주희(朱熹)의 수양방법(修養方法)은 ‘거경(居敬)’과 ‘궁리(窮理)’이다. 따라서 주희(朱熹)는 ‘삼감’을 강조하고 있는데, ‘삼감’이라는 것은 인심(人心)이 천리(天理)를 떠나는 것이 아니라 천리(天理)에 순연할 수 있는 마음의 상태를 유지하는 것이다. 마음이 천리(天理)에 순연해진다면 마음(人心)의 작용으로 인해 일어나는 욕망의 사사로움을 제거할 수 있기 때문이다. ‘사욕(私欲)을 제거하여 천리(天理)로 나아간다는 것.’은 성인(聖人)이 되기 위해 수양(修養)하는 그 과정이다. 따라서 주희(朱熹)의 사상에 있어 일관적으로 견지되는 내성외왕(內聖外王), 즉 초월적 경지와 현실세계의 어느 한쪽에도 치우치지 않으려 하는 관점이 수양론(修養論)에 적용된 것임을 알 수 있다.

또한 대진(戴震)은 ‘물(物)’을 인식(認識)하는 욕망과 함께 심지(心知)가 작용하여 정도를 잃지 않으면 바른 인식(認識)이 이루어지지만, 그렇지 못할 때는 욕망은 사욕(私欲)에 빠지고 지(知)는 가려지게 된다고 하였다. 따라서 욕망이 잘못되면 사욕(私欲)이 되고, 욕망이 정당하면 인(仁)이 되는 것이다. 혈기(血氣)에서 나타난 ‘욕망’이 ‘사(私)’가 될 때의 그 ‘실(失)’의 척도는 ‘정(情)’이다. 그러므로 정(情)과 욕망의 관계는 정(情)이 욕망의 제한을 받아야 한다는 것이며, 욕망이 지나치거나 절도에 맞는 기준이 바로 정(情)이라는 것이다. 또한 대진(戴震)은 정(情)은 욕망의 기준이 되지만 욕망의 통제는 '지(知)'가 하는 것이라 하였다. 따라서 지(知)가 있기에 욕망과 정(情)의 통제와 사회적 확충이 가능하다는 것임을 알 수 있다. 그러나 대진(戴震)은 자기의 정욕(情欲)을 추구하여 만족을 도모하지만 개인적인 차원에서 머무르는 것이 아니라 다른 사람의 정욕(情欲)도 이루어지기를 바라는 것을 인(仁)이라 본다. 그러므로 욕망을 없애는 것이 아니라 욕망을 인(仁)으로 나아가게 하는 것이 중요하다고 한다. 그래서 대진(戴震)은 인간의 욕망이 방종으로 나가는 것을 경고하고 사사로움과 가려짐을 극복하여 인(仁)으로 나가기 위해 서(恕), 혈(絜) 그리고 학(學)을 말하고 있다. 정(情)이나 욕망은 많은 사람들이 나와 같이 욕망이 있는 것이기에 나의 욕망을 통하여 사람의 욕망을 인정하여 주는 적극적 의미의 것이고 나아가 나의 욕망의 추구가 다른 사람에게 미치는 영향을 생각해 보는 것이 서(恕)의 진정한 의미이다. 또한 대진(戴震)은 학(學)을 이(理)를 구하는 방법으로 여겨 "가려짐을 제거하는 데는 공부만한 것이 없다(解蔽莫如學)."고 하였다. 그러므로 성인(聖人)됨의 구체적인 방법으로 학(學)을 강조하고 있는 것은 주희(朱熹)는 학(學)의 과정이 기질(氣質)을 변화시켜 본래의 상태를 회복하는 것이라 여겼다면 대진(戴震)은 경전(經典)을 연구하고 성인(聖人)의 도(道)를 밝혀 심지(心知)를 기르는 것이 학(學)의 과정이라 보았던 차이가 있다. 따라서 대진(戴震)에게 있어 학(學)은 본래의 상태가 학문을 통해 점점 발전해 나가고 쌓아서 이루는 것으로 파악하고 있다. 또한 그 학문의 방법은 경전을 통하는 것이지만 그 내용은 이의(理義)를 궁구해 나가는 것이다. 따라서 욕망을 추구해 나감에 있어 이(理)의 기능을 강조하고 있다. 그러므로 대진(戴震)은 욕망이 사욕(私欲)으로 기우는 것을 경계하라고 지적하였으며 그 경계(警戒)의 기준으로 이(理)를 제시하고 있다. 천리(天理)란 욕망을 제거하는 것이 아니라 욕망이 사욕(私欲)으로 흐름을 제어하는 것이다. 따라서 '이(理)'라는 것은 인간의 본성에 내재되어 있는 욕망이 물(物)과 결합하면서 악(惡)하게 되는 경우가 있는데 이것을 바로잡아 주는 역할을 하는 것이 바로 천리(天理), 즉 이(理)이다. 따라서 정주학(程朱學)에서는 인간의 욕망을 멸(滅)하여 '이(理)'로 나아가야 하지만 대진(戴震)은 인간의 욕망을 경험하면서 이(理)를 실천해야 함을 말하고 있다. 나아가 대진(戴震)은 정욕(情欲)을 생명을 유지하기 위한 필수불가결한 것으로 인정하고 선(善)도 정욕(情欲)을 근거로 하여야 가능하다고 생각하였다. 그러므로 정주학(程朱學)에서는 인욕(人欲－私欲)을 멸(滅)하기 위해 이(理)를 강조하여 천리(天理)로 나아가기 위해서 인욕(人欲－私欲)을 멸(滅)해야 한다고 강조하지만 대진(戴震)에게 있어 이(理)는 인욕(人欲)을 실현함에 있어 인욕(人欲)이 공정하고 나아가 사사롭게 되는 것을 막는 기능을 하는 것이다. 따라서 대진(戴震)은 인간의 본성에 내재되어 있는 이의(理義)를 함양(涵養)하여 인간의 본성에 내재되어 있는 인욕(人欲)을 발현할 것을 적극적으로 주장하고 있다. 그러하기에 욕망을 없애기 위해 노력해야 할 것이 아니라 그 욕망의 추구를 사사롭지 않게 해야 하고 나아가 다른 사람의 욕망도 이루어질 수 있도록 노력해야 한다고 주장하고 있다.

결론적으로 말하면 송명리학(宋明理學)의 주희(朱熹)와 청대 기철학(淸代 氣哲學)의 대진(戴震)은 공자(孔子)의 인(仁)의 철학의 토대

위에서 존재하고 있다. 따라서 그들의 인성론(人性論)에 대한 철학적 견해는 인(仁)의 철학을 계승 발전시켜 자신들의 각기 다른 관점에서 인간의 본질을 이해했다. 그러므로 그들의 사상이 출발점은 서로 같지만 철학의 견해가 달랐다는 것은 시대적 영향을 받았다는 증거이다. 그러나 결국 그들이 주장했던 수양론(修養論)을 통해 인간을 성인(聖人)의 세계로 인도하고자 했다는 점에서 그들 사상의 일치점을 볼 수 있다.

이러한 연구 성과를 토대로 송명리학(宋明理學)의 주희(朱熹)와 청대 기철학(靑代 氣哲學)의 대진(戴震)의 인욕관(人欲觀)은 다음과 같은 차이가 있음을 볼 수 있다.

첫째, 그들이 파악한 인간의 본성은 근본적으로 차이가 있는 것이다. 주희(朱熹)는 『중용(中庸)』에서의 이른바 '천명지위성(天命之謂性)'에 충실하여 '거인욕 존천리(去人欲 存天理)'의 명제를 철저히 따랐지만, 대진(戴震)에 있어서는 인욕(人欲)은 인간의 성(性)이고 나아가 정(情)이기에 인욕(人欲)의 인정을 통하여 인간의 본성을 규명할 수 있다는 입장이고 나아가 기(氣)의 실질적 작용성을 인정해야 한다고 하고 있다. 주희(朱熹)는 이(理)로써 기(氣)의 작용을 제어할 수 있다고 주장하지만 대진(戴震)에게 있어서 기(氣)는 바로 이(理)이고 기(氣)의 작용성을 통하여 인간의 구체적인 모습이 현상계에 드러난다고 하였다. 따라서 인욕(人欲)의 발현이 이(理)의 작용인지 기(氣)의 작용인지의 구분이 주희(朱熹)와 대진(戴震)이 인간의 欲을 달리 해석한 분기점이라 할 것이다.

둘째, 그들은 본성을 바라보는 시각이 달랐기 때문에 인욕(人欲)

의 사용처를 달리하고 있다. 주희(朱熹)는 인간의 본성은 하늘로부터 부여받았고 나아가 하늘로부터 부여받은 본성은 성(性)이 되며 이러한 성(性)이 이(理)기에 천리(天理)를 보존하기 위해서는 인욕(人欲-私欲)을 제거해야 함을 말하고 있다. 따라서 인욕(人欲-私欲)을 철저하게 부정하고 있지만 대진(戴震)은 천(天)의 주재성(主宰性)에 대하여 부정하고 있고 나아가 성(性)은 정(情)이고 기(氣)이기에 기(氣)의 발로인 인간의 욕망은 당연히 존재해야 함을 역설하고 있다. 따라서 인욕(人欲)이 있기에 사회문화의 발전이 가능하다고 하여 인간의 욕망은 사회발전의 원동력이라 하고 있다. 따라서 대진(戴震)은 앞에서 언급하였던 것처럼 무사(無私), 무편(無偏), 무폐(無蔽)를 지적하고 있는 것이다. 욕망을 추구하나 무사(無私), 무편(無偏), 무폐(無蔽)하면 그 욕망은 천리(天理)를 벗어나지 않는다는 것이다. 욕망이 천리(天理)를 벗어나지 않을 때, 그 욕망은 부정의 대상이 아니라 추구의 대상이 된다는 것이다. 따라서 대진(戴震)의 인욕긍정론(人欲肯定論)은 천리(天理)와 순응(順應)하기 위한 방법론(方法論)에서 욕망의 인정이지 사사로운 개인의 욕망을 무조건적으로 추구하는 것을 주장하는 것이 아님을 볼 수 있다. 그러나 주의해야 할 점은 대진(戴震)이 욕망을 긍정하였다고 해서 무절제한 방임을 주장하였다고 한다면 이것은 지나친 오해일 것이다. 대진(戴震)이 수양론(修養論)으로 주장하였던 것은 무사(無私), 무편(無偏), 무폐(無蔽)로서 욕망의 무절제한 방임이 아니라 절도 있고 조절된 욕망의 추구를 말하고 있는 것임을 알 수 있다. 이것이 천리(天理)와 하나 되는 욕망의 올바른 모습일 것이다. 그러나 이러한 차이점에도 불구하고 유사

점이 발견되는데 그것은 다음과 같다.

주희(朱熹)나 대진(戴震)은 욕망을 이해하는 기준은 달랐으나 주희(朱熹)는 사욕(私欲)을 철저하게 제거해야 한다는 시각, 즉 무욕(無欲)을 말하는 것은 아님을 볼 수 있고, 대진(戴震) 역시도 욕망을 긍정하였다고 하여 무절제한 추구를 주장하는 것이 아님을 볼 수 있다. 대진(戴震)은 주희(朱熹)의 인간관이 이(理)와 욕망의 지나친 대결 구도에 의한 경직된 인간관임을 비판하고 욕망의 측면에서 인간의 구체적인 모습을 고찰했다는 데 의미가 있다. 주희(朱熹)는 선(善)을 향한 욕망이나 생존에 필요한 욕망에 대하여서는 인정을 하고 있음을 볼 수 있고 대진(戴震)은 욕망의 사사로움(私)과 편향됨(偏) 그리고 가려짐[蔽]을 지적함으로써 욕망을 추구해야 하는 것은 인간의 본성이나 추구하되 사(私)와 폐(蔽)와 편(偏)의 폐해를 막기를 희망하고 있음을 볼 수 있다. 이것은 두 학자 모두 유가(儒學)의 '도덕적 인간관(道德的 人間觀)'의 틀에서 벗어나지 않고 있다는 증거이며, 또 인간을 자연이나 우주와의 생명적 유기적 연관(天人合一) 속에서 파악하면서도 인간의 공동체 속에서의 역할과 의무(人倫)라는데 항상 도덕적 초점을 맞춘데 그 공통적인 면이 드러난다. 그러므로 대진(戴震)의 인간관도 역시 유가(儒敎)의 전통적 도덕관 위에서 욕망의 절제를 말하고 있다는 점에서는 주희(朱熹)의 의견과 일치하여 '도덕적 인간관(道德的 人間觀)'을 지향하고 있다.

參考文獻

1. 原　典

『三經正文』, 서울, 여강출판사, 1986.

『書經』『周易』, 서울, 여강출판사, 1986.

『禮記』, 서울, 성균관대 대동문화연구원, 1985.

『經書』(論語 大學 中庸 孟子), 서울, 성균관대 대동문화연구원, 1970.

『荀子』, 서울, 혜원출판사, 1999.

『老子』, 서울, 보경문화사, 1994.

『莊子』, 서울, 보경문화사, 1994.

『通書』, 경기, 청계출판사, 2000.

『正蒙』, 台北, 世界書局, 民國 51.

『二程全書』, 北京, 中華書局, 1981.

『二程遺書』, 上海, 古籍出版社, 1992.

『四書集註』『四書或問』, 서울, 보경문화사, 1983. 1986.

『朱子大全』, 臺北, 大化書局, 民國 74.

『朱子語類』, 北京, 中華書局, 1983.

『四書正文』, 서울, 동인서원, 2001.

『性理大全』, 서울, 보경문화사, 1994.

『陸象山全集』, 서울, 동양문화사, 1985.

『王陽明全集』, 東京, 明德出版社, 1983.

『戴東原集』, 臺北, 商務印書館, 1968.
『戴東原先生全集』, 臺北, 大化書局, 1978.
『孟子字義疏證』, 臺北, 商務印書館, 1968.
『原善』, 臺北, 商務印書館, 1968.
『緒言』, 臺北, 商務印書館, 1968.

2. 單行本

① 번역서 및 해외도서

金谷治, 조성을 역,『중국사상사』이론과 실천, 1994.
溝口雄三, 정태섭·김용천 역,『중국의 공과 사』, 신서원, 2006.
戴震, 임옥균 역,『맹자자의소증·원선』, 홍익출판사, 1998.
戴震, 임종진·장윤수 역,『대진의 맹자읽기』, 소강, 1996.
大濱晧, 이형성 역,『범주로 보는 주자학』, 예문서원, 1997.
程敏政, 조대봉·김종석 역,『완역 심경부주』, 이문출판사, 1991.
牟宗三, 정인재·정병석 공역,『중국철학특강』, 형설출판사, 1985.
方立天, 김학재 역,『중국철학과 지행의 문제』, 예문서원, 1998.
方立天, 박경환 역,『중국철학과 인성의 문제』, 예문서원, 1998.
徐復觀, 유일환 역,『중국인성론사-선진편』, 을유문화사, 1995.
梁啓超, 이기동·최일범 역,『청대학술개론』, 여강출판사, 1987.
王茂 외, 김동휘 역,『청대철학』1.2.3., 신원문화사, 1995.
李 開,『戴震評傳』, 南京大學出版社, 1992.
張岱年, 최형식 역,『중국유물사상사』, 이론과 실천, 1991.

朱伯崑, 전명용 역,『중국고대윤리학』, 이론과 실천, 1997.

陳立夫, 정인재 역,『중국철학의 인간학적 이해』, 민지사, 1992.

陳大齊, 안종수 역,『공자의 학설』, 이론과 실천, 1995.

陳 來, 안재호 역,『송명 성리학』, 예문서원, 1997.

村瀨裕也, 王守華 等 譯,『戴震的 哲學』, 山東人民出版社, 1996.

蔡仁厚, 최병돈 역,『공자의 철학』, 예문서원, 2000.

蔡仁厚, 최병돈 역,『맹자의 철학』, 예문서원, 2000.

蔡仁厚, 최병돈 역,『순자의 철학』, 예문서원, 2000.

馮友蘭, 정인재 역,『중국철학사』, 형설출판사, 1999.

馮友蘭, 박성규 역,『중국철학사』상, 하, 까치, 1999.

侯外廬, 박완식 역,『송명리학사』1.2., 이론과 실천, 1995.

梁啓超,『淸代學術槪論』, 北京, 東方出版社, 1996.

② 국내도서

강봉수,『유교도덕교육론』, 원미사, 2001.

김기곤,『욕망의 인간학』, 세종출판사, 1997.

김길락,『상산학과 양명학』, 예문서원, 1995.

김길락 외,『왕양명철학연구』, 청계, 2001.

박재주,『동양의 도덕교육 사상』, 청계, 2000.

안영석,『육상산의 도덕철학』, 세종출판사, 2000.

이강수 외,『욕망론－철학적·종교적 해석』, 경서원, 1995.

이규성,『생성의 철학－왕선산』, 이화여대출판부, 2001.

인간과 윤리 편찬위원회,『인간과 윤리』, 계명대학교출판부, 2000.

임옥균,『대진』, 성균관대학교출판부, 2000.

유명종,『청대철학사』, 이문출판사, 1989.

유승국,『동양철학연구』, 근역서재, 1983.
윤사순,『東洋思想과 韓國思想』, 을유문화사, 1996.
전경갑,『욕망의 통제와 탈주』, 한길사, 1999.
조긍호,『유학심리학』, 나남출판, 1998.
조남국,『성학십도』, 교육과학사, 2000.
조남욱 외,『현대인의 유교읽기』, 아세아문화사, 2005.
조현규,『동양윤리의 담론』, 새문사, 2006.
중국철학연구회,『논쟁으로 보는 중국철학』, 예문서원, 1994.
최봉영,『주체와 욕망』, 사계절, 2000.
최상진 외,『동양심리학』, 지식산업사, 1999.
蔡茂松,『퇴계·율곡철학의 비교연구』, 성균관대출판부, 1985.
한국동양철학회,『 동양철학의 본체론과 인성론』, 연대출판부, 1996.
한덕웅,『한국유학심리학』, 시그마프레스, 2003.

3. 論文類

강연희,「胡宏의 마음이론과 工夫論」, 서울대 철학과 『哲學論究』 제28
        집, 2000.
강중기,「黃宗羲의 朱子學 批判과 氣一元論」, 서울대 철학과 『哲學論
        究』 제19집, 1991.
김기현,「孟子의 性善說과 荀子의 性惡說에 대한 現代的 照明」, 대한
        철학회 『哲學研究』 제79집, 2001.
김성범,「二程思想의 比較研究」, 영남철학회 『哲學論叢』 제8집, 1992.
김용걸,「朱子에 있어 心의 本質과 修養論」, 중국학회 『中國學報』 제

17집, 1976.

김정호, 「18세기 중국 戴震 氣哲學의 政治思想의 意義와 限界」, 대한정치학회『大韓政治學會報』제12집 2호, 2004.

김병채, 「荀子의 天에 관한 研究」, 단국대 동양학연구소『東洋學』제12호, 1982.

김인규, 「氣哲學의 成立과 그 展開樣相」, 한서대 동양고전연구소『동방학』제2집, 1996.

김형찬, 「理氣論의 一元論化 研究」, 고려대박사학위논문, 1996.

김태동, 「戴震의 心知論－血氣心知의 인식을 중심으로」, 영남대박사학위논문, 2001.

고재욱, 「戴震哲學研究」, 중국철학회『中國哲學』제1집, 1985.

고재욱, 「戴震의 社會思想 研究」, 한림대 태동고전연구소『泰東古典研究』제7집, 1991.

고재욱, 「戴震의 氣一元論的 宇宙論」, 한림대 태동고전연구소『泰東古典研究』제3집, 1987.

금장태, 「戴震의 氣學的 세계관과 茶山實學」, 단국대 동양학연구소『東洋學』제31집, 2001.

노영필, 「戴震의 欲望論」, 범한철학회『범한철학』제17집, 1998.

유명종, 「羅整庵의 氣哲學과 李朝儒學」, 성균관대 인문과학연구소『人文科學』제3집, 1973.

유명종, 「船山 王夫之의 氣哲學」, 동아대 석당전통문화연구원『石堂論叢』제11집, 1986.

류일환, 「孔子學에서 禮에 관한 研究」, 충남대박사학위논문, 2002.

송준식, 「新儒學의 聖人自期에 관한 研究」, 한국교원대박사학위논문, 1998.

송하경, 「王陽明의 心卽理說 研究」, 한국유교학회『儒敎思想研究』제2

집, 1987.

송하경, 「王陽明의 良知說에 관한 研究」, 한국유교학회『儒敎思想硏究』
    제1집, 1986.

신창호, 「儒學의 人性論에 內在된 敎育의 方向－원시유학과 주자성리
    학의 견해를 중심으로」, 안암교육학회『韓國敎育硏究』제8집, 2002.

안병주, 「儒敎의 自然觀과 人間觀」, ‘尙虛’안병주교수정년기념논문집『동
    양철학의 자연과 인간』, 아세아문화사, 1998.

안재호, 「王夫之 理欲觀 研究」, 한국중국학회『中國學報』제45집, 2002.

안재호, 「戴震의 天道論 試探」, 한국공자학회『孔子學』제7집, 2000.

오석원, 「心經의 구성과 修養論」, 동양철학연구회『東洋哲學研究』제36
    집, 2004.

오종일, 「유학사상에 있어서 欲의 문제」, 범한철학회『범한철학』제17
    집, 1998.

이규성, 「王船山 氣哲學體系 研究」, 서울대박사학위논문, 1989.

이규성, 「朱子의 限界를 통해 본 戴震의 批判的 哲學」, 서울대학교 동
    아문화연구소,『동아문화』제20집, 1982.

이동희, 「朱子學의 哲學的 特性과 그 展開樣相에 관한 研究」, 성균관
    대박사학위논문, 1990.

이동희, 「羅欽順의 工夫論」, 동양철학연구회『東洋哲學研究』제32집, 2003.

이동희, 「羅欽順의 理氣渾一의 哲學과 李栗谷의 理氣之妙 哲學과의
    비교연구」, 계명대학교 한국학연구소『韓國學論集』제16집, 1989.

이동희, 「荀子와 宋明理學」, 동양철학연구회『東洋哲學研究』제15집, 1995.

이동희, 「朱子實踐論의 基本精神」, 동양철학연구회『東洋哲學研究』제
    10집, 1989.

이명수, 「人間 欲求의 近代的 解釋－譚嗣同의 情感主義」, ‘尙虛’안병
    주교수정년기념논문집『동양철학의 자연과 인간』아세아문화사,

1998.

이명수, 「中國 近代哲學의 自然과 人間의 問題」, 동양철학연구회『東洋哲學研究』제34집, 2003.

이명수, 「유가철학에 있어 욕망론 전개의 단초와 그 禮의 의미」, 한국사상문화학회,『韓國思想과 文化』제32집, 2006.

이상익, 「朱子學의 주객합일론과 그 해체」, 한국정치사상학회『政治思想研究』제4집, 2001.

이상은, 「人心 道心의 原始解釋」, 한국철학회『哲學』1호, 1955.

이상호, 「朱子學에 내재된 理論分化 가능성에 관한 考察」, 한국유교학회『儒敎思想研究』제6집, 1993.

이상훈, 「朱子의 心性論」, 단국대 동양학 연구소『東洋學』제27집, 1997.

이철승, 「儒家哲學에 나타난 인간 本性論의 構造와 現實」, 동양철학연구회,『東洋哲學研究』제36집, 2003.

이혜경, 「戴震의 氣一元的 倫理論」, 서울대학교 철학회,『哲學論究』18집, 1990.

이해영, 「荀子의 人間理解」, '尙盧'안병주정년기념논문집『동양철학의 자연과 인간』, 아세아문화사, 1998.

임옥균, 「戴震 人性論의 倫理學的 意義」, 한국동양철학회『東洋哲學』제20집, 2003.

임옥균, 「戴震哲學에서의 自然의 길과 人間의 길」, '尙盧'안병주교수정년기념논문집『동양철학의 자연과 인간』, 아세아문화사, 1998.

임옥균, 「戴震哲學에 나타난 朱子學的 思惟의 비판에 관한 연구」, 성균관대박사학위논문, 2005.

임헌규, 「儒家의 心性論 研究」, 한국정신문화연구원박사학위논문, 1999.

유동환, 「李贄의 天理人欲觀 研究」, 고려대박사학위논문, 2000.

윤원현, 「朱子哲學의 生命意志」, 중앙대 중앙철학연구소『哲學探究』제

14집, 2002.

윤용남, 「朱子 理說의 再構成」, 동양철학연구회『東洋哲學研究』 제9집, 1988.

장병한, 「19世紀 主氣的 經學觀의 一斷面」, 연민학회『연민학지』 제4집, 1996.

장병한, 「戴震과 沈大允의 理欲觀 문제」, 한국한문교육학회『漢文教育研究』 제21집, 2003.

장윤수, 「張載 氣哲學의 理論的 構造」, 경북대박사학위논문, 1994.

정병련, 「程明道의 '理有善惡' 眞詮」, 한국유교학회『儒教思想研究』 제8집, 1996.

정태섭, 「顔元과 戴震」, 동국사학회『동국사학』 제29집, 1995.

조남욱, 「虞集의 心性論」, 한국동양철학회『東洋哲學』 제10집, 1999.

조남욱, 「儒家에서 지향하는 '즐김[樂]'의 경지에 관한 연구」, 한국유교학회『儒教思想研究』 제28집, 2007.

조민환, 「朱熹 天理人欲之辨에 관한 美學的 研究」, 한국유교학회,『儒教思想研究』 제6집, 1993.

조홍길, 「욕망의 형이상학과 그 새로운 가능성」, 대동철학회『대동철학』 제35집, 2006.

蔡茂松, 「顔元的氣性哲學」, 한국중국학회『中國學報』 제24집, 1984.

최근덕, 「孔子의 心性論」, 한국동양철학회『東洋哲學』 제3집, 1992.

최복희, 「朱熹의 修養論과 佛教思想」, 한국유교학회『儒教思想研究』 제17집, 2002.

최일범, 「儒教 修養工夫論의 現代的 解釋」, 동양철학연구회『東洋哲究』 제23집, 2000.

최영갑, 「先秦儒家의 道德哲學에 관한 研究」, 성균관대박사학위논문, 1999.

최정묵, 「朱子哲學에 있어 敬의 意味와 位相」, 한국동서철학회『東西哲

學硏究』 제22집, 2001

한　영, 「戴震의 氣學과 丁若庸 實學의 近代性 比較硏究」, 한국정신문
　　　화연구원 박사학위논문, 2001.

황갑연, 「朱子知行論의 長短點 考察」, 한국양명학회 『陽明學』 제9집, 2003.

홍성민, 「戴震의 考證學的 氣一元論」, 중국철학회 『中國哲學』 제8집, 2001.

· 저자 ·

서종호 　　·약　력·

부산출생

부산대학교 윤리교육과 박사학위 취득(문학박사)

현)동아대학교 공학인증센터 공학윤리 담당교수(유교윤리학 전공)

·주요논저·

「순자의 욕망론」(부산대학교 민족문화연구소)

「논어에 나타난 공자의 인과 욕망」(부산대학교 사대논문집)

『한국윤리바로보기』(서현사)

『생활과 매너』(공저, 인간사랑)

유학의 욕망론과 인간해석

· 초판 인쇄　2008년 4월 21일
· 초판 발행　2008년 4월 21일

· 지 은 이　서종호
· 펴 낸 이　채종준
· 펴 낸 곳　한국학술정보㈜
　　　　　　경기도 파주시 교하읍 문발리 513-5
　　　　　　파주출판문화정보산업단지
　　　　　　전화　031) 908-3181(대표) · 팩스　031) 908-3189
　　　　　　홈페이지　http://www.kstudy.com
　　　　　　e-mail(출판사업부)　publish@kstudy.com
· 등　　록　제일산-115호(2000. 6. 19)
· 가　　격　34,000원

ISBN　　978-89-534-8598-3 98230 (Paper Book)
　　　　　978-89-534-8599-0 98230 (e-Book)